U0722463

JUST PUB

硅谷之谜

Secrets of Silicon Valley

吴军 著

人民邮电出版社
北 京

图书在版编目（CIP）数据

硅谷之谜 / 吴军著. -- 北京 : 人民邮电出版社,
2015.12 （2023.3重印）
ISBN 978-7-115-41092-4

Ⅰ. ①硅… Ⅱ. ①吴… Ⅲ. ①电子计算机工业－工业
企业－经济史－美国 Ⅳ. ①F471.266

中国版本图书馆CIP数据核字(2015)第268118号

内 容 提 要

这是一本颠覆人们对信息时代的认识、对创新和创业的理解的好书。作者吴军通过介绍硅谷成功的秘诀，揭示了信息时代的特点和方法论。

近年来，吴军从技术和管理人员变成了投资人，他对 IT 领域，尤其是对科技创新有了更深入的了解。他根据这些年在硅谷所获得的第一手资料，结合自己的思考，回答了长期以来令大家深感困惑的一个不解之谜，那就是——为什么硅谷在全世界其他地区难以复制？

《硅谷之谜》从某种意义上讲是《浪潮之巅》的续集或姊妹篇。在《硅谷之谜》中，吴军站在一个更高的层次，仔细分析了硅谷的起源和发展，对硅谷的创新力进行了深刻剖析，把硅谷的经验提升到了理论高度，并且解释了为什么只有硅谷真正做到了宽容叛逆、宽容失败、多元文化和拒绝平庸。这些特点造就了硅谷几十年的长盛不衰。

◆ 著　　　　　吴 军
　　责任编辑　　俞 彬
　　审稿编辑　　李琳骁
　　版式编辑　　胡文佳
　　策划编辑　　周 筠
　　责任印制　　焦志炜

◆ 人民邮电出版社出版发行　　北京市丰台区成寿寺路 11 号
　　邮编　100164　　电子邮件　315@ptpress.com.cn
　　网址　http://www.ptpress.com.cn
　　临西县阅读时光印刷有限公司印刷

◆ 开本：720×960　1/16
　　印张：19
　　字数：233 千字　　　　　　　　　　2016 年 1 月第 1 版
　　印数：121 001 - 126 000 册　　　　2023 年 3 月河北第 19 次印刷

定价：59.00 元

读者服务热线：**(010)81055410**　印装质量热线：**(010)81055316**
反盗版热线：**(010)81055315**
广告经营许可证：京东市监广登字 20170147 号

For 张彦

序言

为什么硅谷难以复制?

这是一本颠覆人们对信息时代的认识、对创新和创业的理解的好书。作者通过介绍硅谷成功的秘诀,揭示了信息时代的特点和方法论。

吴军的书有一种魔力,以至于让人爱不释手,从他的《浪潮之巅》和《数学之美》,到后来的《文明之光》和《大学之路》,无一不是如此。而他的这本新书《硅谷之谜》依然保持了这个风格,我拿到样稿后一口气读完了这部著作。

在吴军已经出版的四本书中,对中国社会影响最大的可能依然是他的第一本书《浪潮之巅》,其主要内容是基于吴军在谷歌做研究员时,对美国 IT 行业和各大公司进行研究的成果总结而成。此后,吴军没有停止对 IT 行业的研究,从技术和管理人员变成如今的投资人,对 IT 领域,尤其是对科技创新反而有了更深入的了解。他根据这些年在硅谷所获得的第一手资料,尤其是在硅谷地区接触到的 IT 领域的各种风云人物,特别是创业者,并结合自己的思考,总结出了硅谷成功的真正奥秘所在,同时也回答了长期以来令大家深感困惑的一个不解之谜,那就是 —— 为什么硅谷在全世界其他地区难以复制。在《硅谷之谜》一书中,吴军仔细分析了硅谷的起源和发展,对硅谷的创新力进行了深刻剖析,并且把硅谷的经验提升到了理论高度。从某种意义上讲，《硅谷之谜》是《浪潮之巅》的续集或姊妹篇，是对《浪潮之巅》内容的更新和补充，但是在理论高度上，与《浪潮之巅》相比，《硅谷之谜》则又上了一个台阶。

作为 IT 行业的一名老兵，尤其是曾经在硅谷数家公司里负责过多种产品研发的管理者，我对硅谷的情况应该算是相当了解的。我们也一直在探讨硅谷成功的原因，并且不断帮助中国各地区建立科技园，发展新兴产业，同时又尽可能地把硅谷成功的经验介绍给我们所投资的创业公司。在过去的十几年里，创新工场成功地孵化、辅导和投资了很多创业公司，应该说它们在各自的领域里都取得了不错的成绩。但是，相比硅谷的明星公司，中国的科技公司似乎还欠缺点儿什么。从整体上讲，中国各地的创业园区，虽然对当地经济有很大带动，也提升了当地的科技水平，但是相比硅谷的成就，就显得相形见绌了。硅谷了不起的地方，不在于为美国的发展提供了多少 GDP，甚至不在于它是美国经济发展的主要动力之一，而在于它孕育出了许多伟大的公司，比如仙童、英特尔、基因泰克、思科、谷歌和特斯拉等。同时，硅谷催生出了一种高效的风险投资机制，并培养了众多成功的风险投资公司。硅谷依靠工业界的力量，借信息时代的东风，由过去文化和科技都相对落后的"蛮夷地区"，成长为拥有著名的斯坦福大学和加州大学伯克利分校等世界一流大学的科学技术中心。

这么多年来，中国和世界各地仿照硅谷建立了很多科技园，但仍没能出现与硅谷相媲美的创新之都，当然也就不敢说能够引领世界 IT 发展的潮流。那么世界上诸多科技园区和硅谷之间的差距到底在哪里，或者说硅谷究竟具有哪些世界其他地区所不具备的优势呢？关于这些疑问，目前各种媒体都有不同的解释。吴军在《硅谷之谜》中把过去媒体上常见的解释总结成下面几点：

1. 气候说，即硅谷拥有良好的气候条件。

2. 斯坦福之说，即硅谷是靠斯坦福大学不断孵化新的公司而维持繁荣的。

3. 风险投资说，即硅谷的成功是靠风险投资促成的。

4. 政府扶持说，即硅谷的成功靠的是政府的支持。

5. 知识产权保护说，即对专利的保护是硅谷能够不断创新的原因。

这些原因都是我们耳熟能详，经常见诸于报刊电视的，也是大众普遍接受了的。但是，吴军却并不认为上述特点就是硅谷所独有的成功的秘诀，换句话说，即使具备了上述条件，也不可能再造一个硅谷。在《硅谷之谜》中，吴军一一剖析了这五种说法，并且列举对比了世界上其他一些具有这几个特点而且各方面条件良好的地区，比如美国东部的波士顿地区，但那些地区却没有在 IT 领域获得类似硅谷的成功。吴军以波士顿地区作为反例，说明即使有了好大学，有了高科技，甚至有了足够多的人才，依然不足以形成高科技产业。波士顿地区拥有包括哈佛大学和麻省理工学院等世界名校在内的 50 多所大专院校，在技术储备和人才储备上，并不比硅谷地区差，甚至当地的 128 号路沿线地区在 20 世纪 80 年代之前也曾经是比肩硅谷的高科技产业中心。但是进入了 80 年代之后，整个波士顿地区都没有诞生一家能够进入美国财富 500 强的企业，而同期硅谷地区却诞生了思科、雅虎、eBay、谷歌、特斯拉和 Facebook 等伟大的公司。为什么两个曾经同步发展、条件相似的地区会有如此大的差异呢？吴军认为，硅谷地区具有波士顿地区所没有的特质，而这些特质则是硅谷成功的真正奥秘所在。

在《硅谷之谜》一书中，吴军把硅谷成功的奥秘首先归结成叛逆精神和对叛逆的宽容与支持。硅谷的起源在很大程度上是靠一家叫做

仙童的半导体公司，它被称为全世界半导体公司之母，因为在 20
世纪 60 年代到 70 年代，全世界各大半导体公司的负责人大多来自
于仙童公司。这家公司的八个创始人（史称"八叛徒"）则都是从
先前的雇主肖克利半导体公司叛逃出来的。而仙童公司的创始人和
员工们后来继续着这种叛逆行为，并且由此派生出了近百家公司，
包括著名的英特尔公司。正是靠着这样的叛逆行为，才形成了整个
硅谷地区的半导体产业，硅谷也才因此而得名。

然而，如果光是有叛逆者，包括那些不断跳槽的人和离开公司创业
的人，而全社会对此不宽容，那么这种行为也就难以持久。硅谷的
长期繁荣和不断发展，很大程度上靠的是全社会（包括公权力）对
叛逆的宽容和许可。2011 年加州政府起诉苹果、谷歌、英特尔和
Adobe 四家公司，原因居然是它们之间相互不挖角。2014 年法院判
定这四家著名的高科技公司败诉，一共赔偿 3.24 亿美元，这四家公
司不服判决上诉，上诉法庭的判决却是把罚金增加到 4.15 亿美元。
为什么加州的公权力要支持公司之间的相互挖角呢？因为只有这样
才能促进公司之间的人才流动，加强公司的竞争力，并且从长期来
看促进技术进步。与加州不同的是，美国很多工业发达地区，包括
波士顿地区，对员工的叛逆行为都很缺乏宽容。

除了叛逆精神和对叛逆的宽容，吴军还给出了硅谷的另外几条本质
特质，其中最重要的我认为有三点，即第五章里面详细介绍的多元
文化和追求卓越拒绝平庸，以及在第六章里重点讲述的对失败的宽
容。我认为这些特质也恰恰是中国社会所缺失的。拿多元文化来说，
硅谷是个以移民为主的地区，它的发展得益于多元文化，这不仅使
得它的产品都是针对全球市场的，而且使得当地即使是小公司，也
都是跨国公司。相比之下，中国高科技企业基本上是单一文化，产
品也只是针对中国国内市场的。即使它们有幸成长为成功的大型企

业，依然会遇到国际化的瓶颈。再比如追求卓越和拒绝平庸这一点，虽然没有一家中国企业不强调自己在追求卓越，但是很多企业并没有在追求卓越方面脚踏实地地做事。吴军在《硅谷之谜》一书中指出，硅谷的大部分创业公司都是在先前公司基础上更上一层楼，即做 $N+1$ 的工作，而中国的很多公司所做的都是 $N-1$ 的模仿，即做一个成本更低、利润更低的复制品。

虽然所有的投资人和创业者都希望自己能够成功，不希望看到失败，但是对于创新来讲，失败是常态，成功是特例，如果没有对失败的宽容，就难以有持续不断的创新，就没有伟大的发明创造。相比世界上绝大部分地区，硅谷是对失败最为宽容的地方，这一点不仅体现在风险投资对创业失败的宽容，还体现在对公司内部失败项目的宽容。我们总是会看到谷歌、苹果和 Facebook 等公司能不断推出在全世界受到追捧的产品和服务，但是它们内部开展的项目比外界能够看到的多得多，而很多项目都失败了，因此大家看不到相应的产品。但是这些耗资几亿甚至几十亿的失败项目，并没有妨碍这些公司继续在新技术和新产品上大力投入。正是靠着对失败的宽容，硅谷的公司才敢于尝试前人没有做过的事情，从而引领了全球科技产业的发展。

事实上，吴军分析的这些原因，比如多元文化和对失败的宽容，以前也有人提出过，但是很少有人能够将它们系统地整理出来，并且形成一整套理论，因为这并非易事。《硅谷之谜》这本书，好就好在系统而完整地揭示了硅谷的奥秘所在。至于为什么硅谷地区能够形成这种特殊的文化，《硅谷之谜》则从产业的科学基础和方法论出发，提出了一种全新的理论。吴军认为，工业时代的科学基础是牛顿力学，它强调面对未来的确定性和可预测性，而经典的泰勒科学管理方法其实就是牛顿力学的方法论在工业时代管理上的应用。

但是到了信息时代，不确定性和不可预测性成为社会发展和商业活动的主流特征，因此过去那种基于确定性和可预测性的管理方法及产品设计开发方式就不适合新时代的要求了。吴军认为，信息时代的科学基础是三论，即控制论、信息论和系统论。硅谷地区在 1948年三论出现之前没有什么工业，反而不受传统思维方式的约束。从产品研发、公司管理到市场开拓，硅谷公司均跳出了过去工业时代下的局限，直接采用了适合信息产业发展的思维方式和方法论。

在《硅谷之谜》的最后一章，吴军运用三论的方法解读了硅谷宽容叛逆、多元文化、宽容失败、追求卓越拒绝平庸的特质，并说明了这些特质在信息时代企业发展过程中的重要性。例如，关于多元文化的重要性，吴军强调，一个封闭系统总是朝着熵增加的方向变化的，即从有序变为无序，只有从外界引入负熵，才能变回到更有序的状态。因此一个公司也好，一个组织也好，如果引入多元文化，就会变得更好，这就是"他山之石，可以攻玉"的道理。反之，如果一个组织内只有单一文化，近亲繁殖，道路便会越走越窄。正是因为包容多元文化，硅谷才能够不断进步。

读完《硅谷之谜》，很多人可能会有一种"三观被毁"的感觉，因为这本书颠覆了过去人们对硅谷的一般性认识。其实，这并不是说过去我们宣传的硅谷和吴军所描述的硅谷有本质区别，而是吴军站在了一个更高的层次对硅谷的本质进行了深入分析，因而会使读者感到震撼。

在大众创业、万众创新的今天，吴军的《硅谷之谜》一书特别有现实意义，相信各种身份的读者都能够从中获益。书中指出，工业时代人们所热衷的那种顶层设计的思路和层次分明的管理结构，到了信息时代便不再适合产业的发展。我认为这对于政府部门的各级领导者，特别是对那些依然热衷于做规划、做设计的主管们，无疑敲响了警钟。我们必须承认，在瞬息万变的信息时代，自底向上的做事方法才会更有效，大众创业、万众创新的本质也在于此。对于一个地区的主管来讲，支持和宽容叛逆行为，倡导兼收并蓄的多元文化，是保证这个地区能够不断创新，获得可持续性发展的关键所在。而对于企业的主管来讲，只有在追求卓越的同时，学会宽容失败，才能让企业真正具有创造力和核心竞争力。对于 IT 行业的从业者来讲，通过阅读《硅谷之谜》可以了解 IT 产业发展变迁的规律，以及最新的科技动态，更有利于把握未来的机会。当我们真正掌握了硅谷成功的秘诀之后，其实我们并不需要复制一个硅谷，而只需要借鉴它的经验，结合各地的实际情况，按照信息时代的规律办事。如此，就有可能催生出伟大的公司，出现引领世界科技发展潮流的创新之都。

《硅谷之谜》一书资料翔实，分析深入细致，文字平实而生动，是一本难得的全面介绍硅谷的好书。在这本书出版之际，我祝愿中国的创业者们能够不断进步，创办出中国人自己的伟大公司。

李开复

2015 年 11 月于北京

前言
从《浪潮之巅》到《硅谷之谜》

我在《浪潮之巅》一书中，介绍了硅谷的很多公司，并通过这些公司侧面介绍了硅谷。很长时间以来，一直想写一本正面介绍硅谷的书，但是，由于这类书实在太多，因此我一直在寻找一个合适的切入点，从而深入剖析硅谷的奥秘。所幸的是，自从 2012 年我回到 Google 之后，接待了许多来自中国大陆、香港地区和新加坡等地的参观、留学和游学团体，给他们讲了几十堂介绍硅谷的课程，同时我也在斯坦福大学和加州大学伯克利分校给那些想要创业的人开设了关于创业的入门讲座。学员们都是带着问题来听课的，我根据大家关心的问题，心中的困惑，以及我所了解到的中国各级政府部门、各个企业以及很多创业者在扶植创业和自己创业中遇到的问题，结合我在硅谷所看到和听到的，将硅谷的奥秘总结成《硅谷之谜》一书，算作是《浪潮之巅》的续集。

在书中，我首先介绍了硅谷的奇迹。硅谷的奇迹不在于它产生的GDP 有多高、技术有多领先，而在于它不断地创造卓越，这既包括那些改变世界的伟大公司、超一流的大学，也包括那些拥有世界情怀的理想主义者。硅谷的奇迹还在于，自诞生以来，硅谷在历次技术革命中都没有落伍。这些才是硅谷独一无二的地方。那么是什么造就了硅谷的成功呢？不同的人给出了不同的原因。那些原因有的多少有点道理，有的看似有道理实则经不起推敲，因为如果按照那些分析的结论重新打造一个硅谷，是一定不会成功的。硅谷一定还有它独有的特质，是这些特质成就了它。因此，在剖析了他人给出的硅谷成功奥秘之后，我根据自己的思考和分析，给出了硅谷的几个特质。

首先是叛逆精神和对叛逆的宽容。在硅谷形成和发展的历史上，仙童公司的作用独一无二。旧金山湾区今天之所以叫硅谷而不是什么其他的谷，就是因为有仙童公司。虽然今天知道仙童的人未必很多，但是在 20 世纪 70 年代，全世界 90% 以上的半导体行业巨头的领导人都曾在这家公司工作过，可以说仙童是"半导体公司之母"。仙童公司的出现和后来的衰落，都是叛逆的结果。著名的"八叛徒"从肖克利半导体公司出走，成立仙童公司，后来又都再次叛离他们自己创立的仙童公司，创办出英特尔等一系列半导体公司，这一切，无不体现着叛逆的精神。在硅谷地区，没有形成上纽约地区的 IBM 或者新泽西地区的 AT&T 这样的巨无霸型超级垄断公司，却通过由母公司派生出众多公司，创造了整个地区的繁荣，背后靠的就是这种叛逆的精神。当然，这种叛逆精神能够在硅谷生长，除了硅谷的移民在历史上具有冒险精神外，更重要的是硅谷对叛逆的宽容。

硅谷在社会环境方面和企业文化方面一大特质是对失败的宽容。整个美国对失败都相对宽容，硅谷则做得更好。对失败的宽容不仅仅体现在风险投资者对创业者创业失败的宽容，还体现在公司内部的日常工作中。硅谷公司愿意承担风险，去尝试别人不敢设想的事情。而这也正是今天中国公司普遍缺失的。没有对失败的宽容，也就没有伟大的发明创造。

硅谷的第三个特质是多元文化。硅谷地区虽然从领土主权上来讲属于美国，但是从商业、移民的来源、做事情的方法等诸方面来看，它更应该被看作是全世界的硅谷，而不仅仅是美国的硅谷。很多中国的各级领导来硅谷都喜欢问我这样一个问题：中国的创造力如何超过美国？我的看法是，在国家层面，今天已经很难讲中国和美国谁更具有创造力了。但是，那些领导实际上是在把硅谷等同于全美国来跟中国做比较，这种比较意义不大，因为硅谷实际上是全世界创造力的浓缩，并不完全代表美国。我也曾经向中国的一些领导人建议，中国如果要想打造一个真正的硅谷，甚至是比硅谷更卓越的开发区，最好的办法就是给 100 万印度人、100 万犹太人发绿卡。

这里我想提的有关硅谷最后一个、同时是非常重要的特质，就是追求卓越。硅谷地区过去的生活成本和办公成本都很低，自从半导体行业兴起后，各种成本不断上升，原有的支柱型产业的竞争力渐渐衰落。好在硅谷地区从来没有出现过保护现有产业的举措，而是通过市场的力量，不断淘汰旧的行业，把有限的资源让给那些竞争力更强、利润率更高的企业。类似地，硅谷也在不断淘汰过时的人员，从全世界吸收新鲜血液。经过半个多世纪的发展，在硅谷地区便形成了只有卓越才能生存的文化。

这些特质是硅谷独一无二的，也是硅谷成功的真正原因。至于为什么硅谷能够做到上述这几条，最重要的原因，是它诞生在计算机被发明，信息论、系统论和控制论（"三论"）被提出之后。在此之前，硅谷地区的工业基础非常薄弱，也因此很少受到过去大工业时代各种管理制度和文化的影响。反而是为了适应信息时代的要求，独辟蹊径发展出特有的生产关系和人与人的关系。所以，如果我们用三论的视角来观察硅谷的各种现象，就很容易理解硅谷那些看似令人费解的行为方式了。为了阐明这个观点，我对比了工业时代的科学基础 —— 牛顿力学以及信息时代的科学基础 —— 信息论、系统论和控制论（三论），并且以它们为工具，分析了大工业时代的企业制度特点和信息时代硅谷的制度特征。需要指明的是，这类观点在很多管理学著作中早已有人论述过，尤其是在那些将三论应用于管理学的著作中，不过李善友教授将牛顿力学和现代工业制度相关联的思路还是给了我不少启发。在此也向他表示感谢。

我每次给学员们讲课时，最后都要告诉大家，硅谷是无法复制的，也完全没有必要复制。中国很多地区，包括一些创业园区，在创新上有着自己的特色，没有必要再造一个硅谷。当然，硅谷的经验却值得中国 IT 行业的各级从业人员借鉴。只有真正领悟了硅谷的这些精髓之后，再结合各地区的具体情况探寻创新之路，才有可能超越硅谷。

本书能顺利出版和很多人的努力分不开。在此我要感谢出版团队的全体人员。JUSTPUB 的周筠老师不仅帮助我完成并出版了《浪潮之巅》《数学之美》《文明之光》和《大学之路》，也是我和读者联络的桥梁。这次出版《硅谷之谜》，她先后多次审阅全书，从整体结构到具体内容都提出了大量修改建议。创新工场的创始人李开复博士在本书的写作过程中给予我很多帮助，并且在百忙中为本书撰写了序言。人民邮电出版社从社长、总编到编辑、发行人员在合作中一直给予了我莫大的支持，尤其是信息分社的刘涛和俞彬两位领导，以及陈冀康、蔡思雨等朋友。JUSTPUB 的特约编辑李琳骁先生极其认真负责，他细心查找和确认书中的资料数据，还和周筠老师一道帮我反复润色文字，付出了大量心血。胡文佳女士为我排版了多本图书，每一次她都不厌其烦地调整版式，尽最大可能把全书排得美观。著名书法家、瀚海智业投资管理集团的董事长王汉光先生一直热心地在 IT 行业宣传推广我的作品，并且为本书题写了书名。本书封面依然是与我们长期合作的上海 Sigma Marketing 公司邹政方先生带领的团队设计的。在此对他们表示衷心的感谢。

最后，还要感谢我的家人，包括我的母亲朱秀珍女士、我的夫人张彦女士、我的女儿吴梦华和吴梦馨，以及我的弟弟吴子宁博士对本书出版予以的支持。

本人的视角和思考必有局限之处，书中恐多有不足，还请读者朋友多指正。同时，关于硅谷成功秘诀的探究，也是一个开放性的研究课题，《硅谷之谜》的成书，是对这一课题的抛砖引玉，期待更多朋友的参与。

吴军

2015 年 11 月于硅谷

目 录

硅谷地区面积狭小，人口只占美国总人口的 1.5%。但是，就是这样一个地区却创造出了人类科技史和工业史上的奇迹。这些传奇故事每天都在发生，那些传奇人物每天都在不断地涌现。硅谷始终不竭的创新活力，吸引着世界的目光，让人渴望探知"庐山真面目"。

为什么硅谷会出现在旧金山湾区？为什么全世界其他的地方难以复制它的模式，或者说没有出现一个可以和它匹敌的创新中心？目前，各种媒体在分析硅谷时，都做了一些人为的取舍和缩放，故意放大那些冠冕堂皇却并非关键的原因，却又把一些非常重要而拿不上台面的原因给回避掉了，这便产生了误导，以至于很多科技园在试图复制硅谷时都难以成功。

61　**第三章　硅谷的起源**

IBM 公司恰巧在计算机技术刚刚起步时就在美国西海岸开设了研发中心，从而让旧金山湾区占到了天时；而当时在世界气候最好的地方居然空着几十平方公里的土地，可以提供给未来的新技术公司使用，因此又占到了地利；一个诺贝尔奖获得者靠自己的名气聚拢了一批世界上最优秀的技术人才，然后又把他们赶出去办了公司，这件事为湾区日后成为硅谷准备好了人的因素。

84　**第四章　硅谷的发展**

硅谷在 3.0 时代比以往任何时候都更繁荣，以至于在 2008 —2009 年全球金融危机时它可以独善其身，这似乎已经跳出了世界各地区都难以避免的"从兴起，到繁荣，再到衰落"的周期律。在硅谷 3.0 时代，创业不再是一件难事，创业者们只要做好两件事即可：第一，想出真正有创新的点子，并拥有过硬的技术；第二，以最快的速度去实现它。

126　第五章　硅谷的奥秘（上）—— 硅谷的独特之处

外界谈论硅谷时，总是会提到"车库文化"这样一个名词，因为在早期一些介绍硅谷的文章和书中是这样宣传的。其大意是，一些辞职的员工（或尚未全职工作过的年轻人），为了节省办公成本，租下一户人家的车库作为办公室来创业，最后获得了成功。这个说法颇具误导性，是关于硅谷的几个大谎言之一，因为大部分从硅谷走出的伟大公司都不是这样办起来的。

168　第六章　硅谷的奥秘（下）—— 硅谷的企业文化和情怀

硅谷的人们常常会用一种试错法来尝试新的东西，那里的人们常常开动脑子把很多可能性都想到后，不断尝试，直到成功。采用这种方法去创新，需要有人为失败买单，这些买单者通常是大公司、风险投资机构和做事情的那些人。宽容失败带来的好处是，创新者会走通其他人不敢走的路。

思维的形成需要时间，摆脱对一种思维的依赖同样需要时间。虽然现在已经是信息时代，很多人也言必称信息时代，但是其思维和行为方式依然难以摆脱工业时代形成的拥有生产资料的那种优越感。比如很多地方政府在创办科技园时以提供免费场地作为吸引人才的诱饵，骨子里便还是认定场地这种生产资料在经营活动中会起决定性作用，而真正伟大的公司却不是这样扶植出来的。

对于信息时代企业和商业出现的各种现象，很容易用系统论、信息论和控制论解释清楚。硅谷有幸诞生在三论被提出之后，因此它采用了一种全新的方法论来指导其发展，这是硅谷成功的根本原因。硅谷成功的奥秘对于中国的借鉴意义在于，我们需要需要承认各种不确定性，需要利用数据和信息消除它们，而不是采用过去那种顶层设计的方式去解决问题。

第一章　硅谷的奇迹

硅谷并不是一个地理上的概念，在地图或 GPS 上难以找到它，因为并不存在一个叫做"硅谷"的地市区县。硅谷，实际上是外界对旧金山湾区的另一种称谓，这个地区过去有很多半导体公司，而半导体的主要材料是硅，硅谷便因此而得名。硅谷不是行政区，边界很难划分。过去认为硅谷只包括旧金山湾区西部北到红木城、南到圣荷西的一个狭长地区，面积只有 500 平方公里左右。今天，硅谷周围的县市 [1] 也习惯把自己纳入到硅谷的范围里，因为硅谷的名气实在太大，沾上硅谷的光也不错。这样，今天广义上的硅谷就包括了两块夹着旧金山海湾的谷地。在行政区域上，硅谷包括海湾西部的旧金山市、圣马刁县（San Meteo County）、圣塔克拉拉县（Santa Clara County，该县包括硅谷最大的城市圣荷西市）和海湾东部的阿拉密达县（Alameda），甚至有人把更南部的圣塔克鲁兹县（Santa Cruz），以及东北部的伯克利也包括进来。然而，即便把这些县市都算上，硅谷地区可利用的面积也不大，南北长不到 100 公里，东西方向只有靠近海岸线 10~15 公里内的区域才适宜居住，这个可居住面积大约只有北京昌平区的面积大小，大约占美国国土面积的 0.2% 左右。而硅谷地区人口也只有 450~500 万，大约占美国总人口的 1.5%。硅谷虽小，却创造出了人类科技史和工业史上的奇迹。硅谷始终不竭的创新活力，吸引着世界的目光，让人渴望探知其"庐

1
在美国县（County）是市（City）之上的行政单位，有些媒体又将它翻译成郡。

山真面目"。下面，我们就从硅谷的工业、科技和投资这三个方面来看看硅谷所取得的成就。

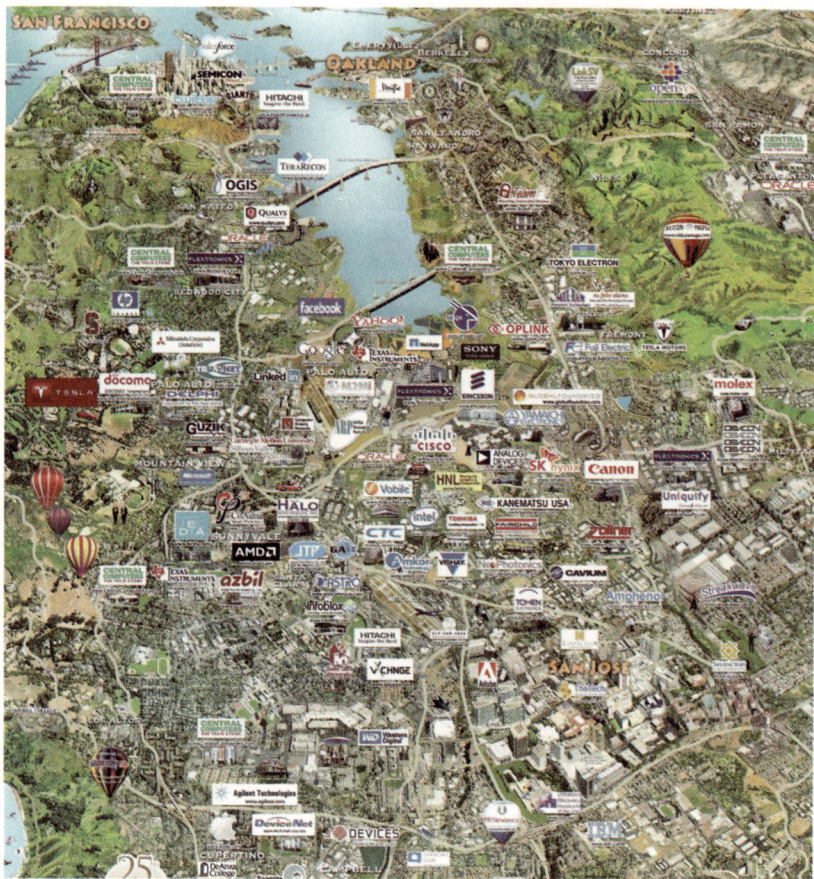

图 1.1 硅谷公司分布图

第一节　硅谷的明星公司

硅谷的传奇首先来自于很多伟大的公司。

我们常常说某一家公司是个好公司，可世界上好公司多的是，但能配得上"伟大的公司"这样的称号的公司并不多见。伟大的公司不仅需要在商业上取得成功，而且还要能够改变世界，为人类的文明进步做出贡献。人们谈到这样的公司时，都会由衷产生敬意，因为世界有了它们的存在而变得更加美好。硅谷的第一个神奇之处，就在于它源源不断地孕育出了一个个伟大的公司。

如今知道仙童半导体公司（Fairchild Semiconductor）的人可能已经不多，但是在 20 世纪 60 年代，仙童就是半导体的代名词，就如同今天 Google 是互联网搜索、微软是 PC 操作系统的代名词一样。仙童的共同创始人诺伊斯（Robert Noyce，1927—1990）和德州仪器的基尔比（Jack Kilby，1923—2005）共同发明了集成电路[2]，这项了不起的发明，是过去半个多世纪里推动全球 IT 发展，乃至全球经济增长的基础。在 20 世纪 60 年代，当全世界半导体公司的巨头们聚到一起开会时，其中九成以上的人都先后任职于仙童公司。这种现象史无前例，至今还没有第二家公司能像仙童这样，对一个巨型产业有如此广大深远的影响力。

仙童公司没有长大，有很多原因，其中最主要的原因是它派生出了太多的新公司。今天，已经很难算得清从仙童那里诞生的子子孙孙究竟有多少，但是，那些成功上市的子孙们还是能数得出来的——截至 2013 年底，共有 92 家公司，其中有 30 多家是上市公司，包括著名的英特尔公司。将这 30 多家上市公司 2013 年的市值加起来，则总市值高达 2.1 万亿美元，这个数据不仅超过了全球任何一家上市公司的市值，而且远远超过印度、巴西和俄罗斯中任何一国当年的 GDP。可以说，没有仙童就没有硅谷。

从仙童派生出来的英特尔公司是另一家伟大的公司。它的创始人除了前面提到的诺伊斯，还有因摩尔定律而闻名的摩尔（Gordon Moore，1929— ）。1968 年，仙童公司的投资人洛克（Arthur Rock，1926— ）帮助诺伊斯、摩尔和格鲁夫（Andrew S. Grove，1936— ）筹集了 500 万美元的风险投资，加上其他投资，共 1000 万美元，创办出当今全球最大的半导体公司英特尔。英特尔公司从

2

1966 年，基尔比和诺依斯同时被富兰克林学会授予美国科技人员最渴望获得的巴兰丁奖章。基尔比被誉为"第一块集成电路的发明家"，而诺依斯被誉为"提出了适合于工业生产的集成电路理论"的人。1969 年，美国联邦法院最后从法律上承认了集成电路是一项"同时的发明"。

成立开始就大规模生产通用的集成电路芯片，其中最著名的产品是
计算机中央处理器（CPU）——英特尔的 x86 系列。

如果没有英特尔，过去几十年 IT 行业的格局或许将会是另一番景象，
因为在英特尔之前，不同的计算机使用不同的 CPU。在 IBM PC 出
现之后的整个个人电脑时代，虽然全球各种品牌的个人电脑不胜枚
举，但是它们都有一颗共同的芯——英特尔的 CPU。英特尔把计算
机行业统一了起来，因此那个时代的 IT 格局被称为 WinTel，其中
Win 代表微软公司的视窗操作系统 Windows，而 Tel 则是英特尔公
司英文名字 Intel 的最后三个字母。

在 IT 行业里，除了摩尔定律外，还有一条左右着这个行业的定律，
那就是"安迪 – 比尔定律"。而安迪则是当年英特尔公司的 CEO
安迪·格鲁夫的名字，他是诺伊斯和摩尔从仙童招到英特尔的第一
人 [3]。

说到硅谷，大家一定会想到苹果公司。这家 1976 年创立于硅谷的
计算机公司，不仅发明了人类第一款真正实用的个人电脑（PC），
并且从此开创了个人电脑新时代。今天的苹果公司，业务早已超出
了计算机本身。事实上，从 21 世纪初至今，苹果公司在绝大多数
时间里都被看成是世界上最伟大的消费电子产品公司（而不是计算
机公司）。

除了发明个人电脑，苹果公司的伟大之处还在于不断拿出给人以惊
喜的卓越产品。人们发现，好些产品到了苹果的手里，就能有很多
意想不到的玩法。20 世纪 80 年代，苹果基于视窗界面和鼠标点击
而发明的操作系统，成为至今个人电脑操作系统的规范；20 多年后，
苹果的触屏式智能手机，再次成为手机领域的标准。此外，它还通
过音乐播放器 iPod 和在线音乐服务平台 iTunes 改变了音乐产业。
在 IT 领域，很多人把整个 21 世纪的前 10 年称为"i 十年"，因为
苹果的产品都以字母 i 开头。苹果公司的共同创始人乔布斯（Steve

[3]
格鲁夫其实是跟诺
伊斯和摩尔同时离
开仙童公司创办英
特尔的，不过根据
投资人洛克的要
求，因为格鲁夫资
历较浅，未被算作
创始人而获得最低
定价的股票。

Jobs，1955—2011）更是被誉为 IT 领域神话般的奇人，他是全世界迄今为止能将艺术和技术完美地结合在一起的少有的大师。一系列领先的产品也给苹果公司带来了巨大的商业成功，到 2015 年 6 月，苹果公司的营业额超过 1800 亿美元，市值超过 7000 亿[4]，而它将近 1000 亿美元的现金储备，更是远远超过美国政府，真可谓富可敌国。

4
以 2015 年 6 月底的股价为准。

图 1.2 苹果公司在库帕蒂诺市的总部的一号楼

和苹果同时代起步的硅谷公司还有甲骨文。这家以企业级数据库软件为核心业务的软件公司，不仅是全球最大的企业级软件和 IT 服务公司，而且创造了一种新的商业模式——卖软件。今天，大家会说，软件公司做软件不就是为了拿出来卖的么？但是，在甲骨文公司出现以前，整个计算机行业企业级市场的商业模式却不是这样的。当时所有的计算机公司，从最大的 IBM 公司到中小计算机公司数字设备公司（DEC）和惠普，其商业模式都是卖"合同制"的服务。比如，IBM 卖一台大型机系统给花旗银行，它不是简单地把硬件（大型机主机、终端、打印机等）和软件（数据库）卖出去就算完事了，而是必须连同服务一起销售，IBM 会把技术人员（通常是合同工）派到花旗银行全时为其提供服务。当然，IBM 每年的服务费也要占到软硬件售价的 10% 甚至更多。在这种商业模式下，软件的价值必须通过销售硬件和提供服务来体现，没有一家计算机公司单独把软件部分拿出来卖。但是甲骨文改变了这个行业的商业模式，它通过授予软件的使用权（也就是通常说的卖软件）与 IBM 竞争，并且因此而成为了世界上最大的数据库软件公司。从甲骨文开始，硅谷的软件公司如雨后春笋般诞生。甲骨文创下的另一个传奇就是通过并购不断地进入新的业务领域，近 40 年来保持长盛不衰。

硅谷的神奇之处还在于它能够不断地通过一种产品，催生出一个大型跨国公司，进而创造出一个新的行业。如果说半导体和个人电脑代表的是一大类产品，用途广泛，由它们催生一个行业不足为奇，那么图形工作站则是一个特定用途、窄众市场的产品，而硅谷人却也能将它变成一个不小的产业。1982 年，斯坦福大学的贝托谢姆（Andy Bachtoshem）发明了基于网络的图形工作站，当时他把这种工作站称为斯坦福大学网络工作站，对应的英文名字是 Stanford University Network Workstation，如果把斯坦福大学网络的三个单词首字母放在一起，就构成了另一个单词 Sun，即太阳。因此，这个工作站和随后成立的公司就叫做太阳。

太阳公司成立时，正赶上计算机网络和基于图形界面的操作系统迅速普及和发展，因此这家公司创下了可能是世界上科技公司中的一个历史记录——从成立的第一个季度起就盈利。根据我对目前美国依然上市交易的公司的研究，还没有哪家公司甚至能接近这个纪录。太阳公司一直执图形工作站的牛耳，并且在这一技术领域有非常多的发明和创造，比如最先进的 RISC 处理器 Spark，最稳定的 Unix 系操作系统 Solaris，当然今天它最出名的发明是通用程序语言 Java，这是互联网时代程序员使用最多，也是最重要的程序语言。2000 年，太阳公司也曾经创下市值超过千亿美元的纪录，但是由于在和微软的竞争中败北，以及后来 PC 的发展对图形工作站产生的巨大冲击，使得它在随后的时间里一直徘徊于微利和亏损之间，直到 2009 年被甲骨文公司收购 [5]。不过，即便如此，它也曾经是最伟大的科技公司之一。

伟大的公司的另一个特征是诞生于一波计算革命浪潮开始之前，并且引领这一波浪潮。到 20 世纪 90 年代，互联网在全世界兴起，而硅谷则再一次站到了浪潮之巅。而在全球最早赶上这波浪潮的就是从斯坦福大学派生出来的另一家公司 —— 思科公司。思科公司的英文名称 Cisco 是旧金山英文名 San Francisco 最后的五个字母，而公司的标志就是当地著名的金门大桥，因为思科的软件和设备主要用于连接计算机网络系统，即打造计算机网络的"金门大桥"，这从一个侧面说明了思科公司与硅谷的关系。思科的创始人是斯坦福大学的两名教师 —— 计算机系的计算机中心主任列昂纳德·波萨克（Leonard Bosack）和商学院的计算机中心主任桑德拉·勒纳（Sandy Lerner）。他们当时为了方便谈恋爱，设计了叫做"多协议路由器"的网络设备，将斯坦福校园网内不兼容的计算机局域网集成在一起，形成一个统一的网络。这种设备被认为是联网时代真正到来的标志，并且在互联网时代发挥了重要的作用。思科公司自从 1990 年上市之后，创下了连续 10 年股价年年翻番的记录，并且在 2000 年 3 月 24 日一度超过当时的微软公司，成为了当年世界上市值最大的公司，那一天思科股票的交易金额，超过了整个中国股市。虽然在 2000 年之后，它屡屡受到来自中国的华为公司的有力挑战，但是至今它仍是全球最大的互联网设备公司。

说到互联网，人们印象中的第一个神话可能还不是思科，而是雅虎。思科公司虽然大，但是它的网络产品是卖给运营商和大公司的，和老百姓的生活毕竟距离较远，而雅虎则在很长时间里就是互联网的代名词。虽然雅虎在中国的业务一直不很成功，但是中国早期的三大门户网站新浪、搜狐和网易实际上就是中国版的雅虎。这家如今日访问量高达 34 亿页面浏览的跨国互联网公司，源于斯坦福大学的两名研究生杨致远（Jerry Yang）和费罗（David Filo）趁老师

5
关于太阳公司失败的原因，请看拙作《浪潮之巅》。

不在时做的私活"杰瑞的网络指南"（Jerry's Guide to the World Wide Web，Jerry 是杨致远的名字）。杨致远和费罗最初旨在帮助互联网用户有效查找互联网的网页并编辑互联网上的内容，结果后来很快发展成门户网站并且开始提供各种各样的互联网服务。在互联网兴起的早年，雅虎不仅是最大的互联网公司，而且定义了互联网的运营模式 —— 免费、开放和营利。没有雅虎，互联网未必会是今天的样子，或许还在被运营商垄断，以至于大家要付出更多费用才能使用互联网。单凭这一点，杨致远和费罗在互联网历史上就已经是"英名不朽"了。雅虎后来虽被 Google 等公司超越，不过迄今仍是全球流量最大、业务范围最广的互联网公司之一。关于雅虎的兴衰，大家可以参见拙作《浪潮之巅》。

当然，硅谷大多数公司都以技术见长。今天如果要让大家找出一个技术水平最高的互联网公司（甚至是更广义的科技公司），大部分人会说是 Google。在互联网蓬勃发展的 20 世纪 90 年代，斯坦福大学的教授和学生们办了无数的公司，当时正在学校里做博士论文的佩奇和布林心里也是痒痒的。到了 20 世纪 90 年代末，互联网上的内容已经不少了，至少比杨致远和费罗创办雅虎时多了成千上万倍，查找信息也就成了一个大问题。佩奇和布林发明了一种"聪明"的网页搜索算法，在当时很好地解决了搜索中的查全、查准问题。他们用一个大数字 10^{100} 即 googol 给自己的搜索引擎起名字，并随后创办了 Google 公司。几年后，Google 公司就成为了全球流量最大、利润最高的互联网公司，而这一切的基础都是其强大的技术。在很长的时间里，对于技术领先是否就能获得商业上的成功，工业界一直争议不断，因为有先进技术而在商业上失败的反例实在太多，但是 Google 依然坚持技术第一的原则，并且用自己的成功证明了在信息时代技术领先的重要性。Google 不仅为世界上贡献了最好的搜索引擎、邮箱和地图服务，以及最成功的手机操作系统安卓，还在从自动驾驶汽车、机器人到大数据医疗等领域引领着未来的技术发展。Google 凭借技术取得了巨大的商业成功，2013 年 Google 的净利润相当于亚马逊、Facebook、雅虎、eBay、阿里巴巴、腾讯和百度等公司利润之和。2014 年 7 月 22 日，Google 的净市值（市值扣除现金）一度超过苹果公司，成为全球市值最大的科技公司。值得一提的是，Google 以其富于创新和善待员工的文化，多次被评为全美最佳雇主，并且 Google 浓缩了硅谷的各种特质。毫无疑问，它当得起"伟大公司"的称谓。

图 1.3　Google 公司总部

在历史上，唯一一个真正能给 Google 带来麻烦的，就是 Facebook 公司了。Facebook 在互联网泡沫之后诞生于哈佛大学，发展壮大却是在硅谷。2004 年夏天，在硅谷老兵派克（Sean Parker）的鼓动下，Facebook 的创始人扎克伯格离开了波士顿地区，来到硅谷创业。在这里，扎克伯格的眼界开阔起来（这在很大程度上离不开派克的指导），Facebook 的发展从此呈指数增长。2005 年底，Facebook 的用户还局限于在校大学生，三年后，它就拥有了全球范围内的上亿用户。人们习惯上仍把 Facebook 当成一家社交网站，描写它的电影也取名为《社交网络》，但是它的功能远远超出了社交网络的范畴。事实上，它是互联网 2.0 时代的杰出代表，在智能手机出现之前，它几乎是唯一一个在互联网上发布应用软件的平台，从某种程度上讲，它扮演了互联网 2.0 时代操作系统的功能。这也是 Google 一直能感受到 Facebook 的威胁却对此无能为力的原因。Facebook 长期受到投资界的追捧，到 2014 年底，员工不到一万人的 Facebook，市值高达 2200 亿美元，人均 2500 万美元，成为全球人均价值最高的公司。而 13 亿的活跃用户数量，也让 Facebook 成为全球第二受欢迎的互联网公司，仅次于 Google。

当然，硅谷不仅仅造就信息技术公司，在生物制药和电动汽车等领域也领先于世界。1976 年，任职于美国著名的医学院加州大学旧金山分校 **6** 的波以耳（Herbert Boyer）在风险投资人斯旺森（Robert A. Swanson）的帮助下，在硅谷北部成立了一家小公司 —— 基因泰克（Genentech）。他们首先合成了一种脑激素 —— 生长抑制激素，继而在 1978 年成功合成了人工胰岛素。若干年后，基因泰克发展为全球最大的研制抗癌药物的生物制药公司。靠着十几种有效的抗癌药物，基因泰克在 2013 年实现了 162 亿美元的销售额，平均每一种抗癌药的销售超过 10 亿美元。而基因泰克的成功，完全是靠大投入进行基础研究，它为每一种新药物平均投入超过 10 亿美元，被誉为生物制药领域的科技公司，2013 年著名的《经济学人》（*The Economist*）杂志将基因泰克评为全球最有创新力的公司。基因泰克以善待员工著称，并且长期以来一直被评为美国最佳雇主之一。在基因泰克的带动下，硅谷北部的生物制药公司蓬勃发展，以至于今天大家会认为硅谷北部的圣马刁县已经成为了世界的"生物谷"。

2014 年，如果要问在中国最引起轰动的美国公司是哪一家，那么大部分人可能会选择上述这十家超级跨国公司之外的另一家富于传奇色彩的公司 —— 特斯拉汽车公司。这家年产量只有 2 万辆汽车（2014 年的数据）的电动汽车公司，正在彻底改变世界汽车行业的格局。虽然电动汽车的诞生先于今天的内燃机汽车，但是直到 20 世纪末，都没有出现真正商品化的电动轿车。随着全球环保意识普遍提高，

6
该校并没有本科专业，只有一个医学院。

各大汽车厂商也在考虑制造电动汽车，不过电动汽车和原来的产品有冲突，因此进展缓慢。直到 1996 年，通用汽车公司才推出了世界上第一款能够上路的商用电动轿车，但价格高，续航能力差。汽车工

图 1.4　特斯拉的汽车装配线

业界人士普遍认为电动轿车在短时间内难以大量生产。可就在这个时候，一个从来都没有做过汽车的年轻人 —— 马斯克，却推出了一款高性能的电动跑车 Roadster，并迅速得到精英阶层的认可。几年后，马斯克带领的团队再接再厉，推出了受到大众普遍追捧的家庭电动轿车 S 型。和同样性能的内燃机汽车相比，特斯拉 S 型不仅价格较为便宜，而且消耗同样价格的能源，行驶距离却是传统汽车的两倍。这款汽车也因此成为世界上少有的供不应求的车型。特斯拉电动汽车的问世，颠覆了全世界汽车产业的格局，因为它向世人证实，电动汽车将会成为今后世界汽车发展的方向，而且这一趋势不可阻挡。事实上，各大汽车厂商被形势驱赶着，不得不开始转向生产节能环保的汽车，并逐步向电动汽车过渡。特斯拉的成功再一次背书了硅谷创新的模式，即革命性地颠覆一个现有的行业，而非渐进地改良，并且用新技术改变整个社会生活。

硅谷的神奇之处不仅在于能不断创造出那些伟大的公司，而且还体现在包容了大量充满活力的小公司。这些小公司规模虽小，却颇具全球竞争力。如果将这些公司的业务量和价值除以它们的员工数量，甚至超过了那些知名的跨国公司。我们来看看下面几个具有代表性的例子。

从事社交网络上图片共享和图像处理的 Instragram 公司，2010 年刚成立时，当年的用户数量还只有 100 万，仅过了 18 个月用户数量就猛增至 3000 万，同年（2012 年），Facebook 以 10 亿美元左右价格收购了这家员工只有几十人的小公司。被收购以后的这几年里，Instragram 的业务依然高速增长，并且增速远远高于其母公司 Facebook。

在 Facebook 收购的众多小公司中，WhatsApp 高达 200 亿美元左右的收购价无疑让所有人都大跌眼镜。这家当时员工只有 80 多人的小公司，创下了历史上人均收购价格最高的纪录。这个小公司所做的产品类似于中国的微信，Facebook 之所以愿意出这个高价，是因为这家小公司有全球数量最多的"微信"用户，并且仍在快速增长。WhatsApp 在产品细节方面做得远不如腾讯的微信精致，却是一家真正意义上的跨国公司，它的产品不仅支持 20 多种语言，而且一多半用户来自于美国之外的国家。这样的国际化视野，在硅谷以外的公司中并不多见。

类似这样的小公司，还包括之前被 Google 收购的互联网 2.0 时代的视频网站 YouTube 和智能家居公司 Nest。当然，更多这样快速发展的小公司依然保持独立，未被收购。在这些明星公司中，最著名的当数"微博"的发明者 Twitter（当然，今天它已经是中等规模的公司了）和 Snapchat。

Twitter 大家都熟悉，因为几乎每个中国网民都在用它的中国同类产品 —— 微博。Twitter（和中国的微博）之所以能"火"起来，全靠一个看似奇怪的规定：每个帖子不能超过 140 个字节。这个看似很不方便的规定，却让原来懒得写微博的人，能够参与发帖子，很快 Twitter 就成为最快捷的新闻（当然有时也是传播谣言）传播方式。

那么 Snapchat 又是个什么公司呢？它的产品有点像微信，用户可以在朋友圈里分享文字、图片和视频，但是，这些内容只存在几秒钟就会消失。这个看上去非常奇怪的约定，却让它得到了年轻人的青睐。到 2014 年，Snapchat 的用户已经超过 1 亿，而公司的估值竟然达到了 100 亿美元（多少有点泡沫）。Snapchat 的绝大多数用户都是大中学生（23 岁以下），至于为什么孩子们喜欢这样奇怪的内容分享方式，那是因为他们喜欢分享一些隐私但又不愿或不能留底的内容。实际上，上一辈的人是很难理解年轻人的行为的（虽然这句话很多中年人会不认同），年轻人自己喜欢用的产品，需要他们自己来做。而这种公司，恐怕也只有硅谷才会出现。

这些小公司做的产品或提供的服务虽然各不相同，但是有一点却是一致的，那就是它们的产品都能够把握住人类的一些共性，而与用户的国籍、文化背景无关，因此这些小公司都是面向全世界的。如果用一句话概括硅谷最优秀的公司，那么就是"它们都在改变世界"，或者说"世界因为有了它们而变得更加精彩"。

伟大的公司固然是硅谷的亮点，但除此之外，硅谷还有顶尖的大学。

第二节　硅谷的顶尖大学

硅谷的成功，尤其是长盛不衰，在某种程度上得益于当地的几所大学 —— 斯坦福大学、加州大学伯克利分校和加州大学旧金山分校。但是，更确切地讲，应该是硅谷培育出了这样几所世界一流大学，这是硅谷的又一个奇迹。

我在拙作《浪潮之巅》和《大学之路》中专门介绍了斯坦福大学，特别强调了它对硅谷的帮助。但是，斯坦福能够在短短半个多世纪里进步得如此之快，成为当今数一数二的世界名校，在很大程度上靠的是硅谷给予的帮助。

斯坦福大学成立于 19 世纪末，至今大约 120 年，其发展过程可以分成两个阶段，即从诞生到 20 世纪 50 年代末为第一阶段，从那时起到今天为第二阶段，每个阶段大约各 60 年时间。在斯坦福发展的第一个阶段，硅谷还没有诞生，那时斯坦福的发展可以说是一波三折，并不顺利。二战之后，斯坦福也还根本算不上是世界一流大学——不仅与美国东部诸多名牌大学相比水平要差出一个档次，即使与邻校加州大学伯克利分校相比，都远远不如。当时，伯克利已经是一所世界一流大学了，美国核计划最初的会议就是在伯克利（史称伯克利会议）召开的，而这样选址的原因在于伯克利当时聚集了美国最优秀的物理学家。甚至有人认为没有伯克利，就没有曼哈顿工程 [7]。而斯坦福发展的第二个阶段，则可以用顺风顺水来形容，而这一切都和硅谷有关。我们不妨透过斯坦福的发展看看硅谷奇迹的另一面。

1952 年硅谷的诞生给了斯坦福以发展机会。也就是在这一年，因发现核磁共振现象，斯坦福大学的布洛赫（Felix Bloch，1905—1983）与爱德华·珀塞尔（Edward Mills Purcell, 1912—1997）一道，获得了诺贝尔物理学奖，但是两年后布洛赫就离开了斯坦福，回到他的祖国瑞士任职。1955 年，兰姆（Willis Eugene Lamb ，1913—2008）成为斯坦福第二位获得诺贝尔奖的教授，但是兰姆的工作大部分并不是在斯坦福（而是在哥伦比亚大学）进行的，而且他在获得诺贝尔奖的第二年就离开斯坦福，去了牛津大学。可见在二战后，斯坦福在学术上有了相当的水平，但还不是世界上最吸引人才的地方。但是，不管怎样斯坦福总算是出了全球顶级的学者。而真正在斯坦福完成研究工作，并且一直留在斯坦福任教的诺贝尔奖获得者是霍夫施塔特（Robert Hofstadter，1915—1990），这已经是 1961年的事情了。一般认为，斯坦福的腾飞正是从 20 世纪 60 年代开始的。

从 20 世纪 60 年代到 70 年代，硅谷的繁荣在很大程度上推动了斯坦福的发展，这不仅体现在地区经济发达后，大学得到的资金（主要是捐赠和公司的研究项目）增多，并且良好的就业市场也吸引了大批年轻人来到斯坦福读书，还体现在斯坦福宽松的学术环境和当地舒适的气候吸引了很多世界知名学者来这里任教。其中最著名的包括：两度诺贝尔奖获得者鲍林（Linus Carl Pauling，1901—1994）[8]，我们后面将多次提到的晶体管发明人肖克利（William Shockley，1910—1989）[9]，著名经济学家弗里德曼（Milton Friedman，1912—2006）[10]，以及著名化学家保罗·弗洛里（Paul Flory，1910—1985）[11]，等等。总体来讲，这20年间，斯坦福是人才净流入，加上学校自己培养的一流学者，人才济济，到了80年代初，斯坦福的学术水平便可以完全比肩哈佛和剑桥了。也就是在这个时期，斯坦福一度在美国大学排名中超过哈佛等名校，位居第一。

在20世纪80年代之后，美国东部名牌大学的办学水平总体上是在原地踏步，而欧洲名牌大学的办学水平则还相对下降，斯坦福却在飞速发展。尤其是到了21世纪，斯坦福的科研和教学综合水平在世界上已经是数一数二了。当然，崇拜哈佛或剑桥的读者也许会质疑这种说法对斯坦福来讲是否过誉了，并且会指出在某些大学排行榜中，斯坦福并非前两名。

图1.5　斯坦福大学全景

在这里，我并非要挑战各种大学排名，但是要知道，每一种排名都会有一个侧重点，各家排出的大学名次相差很大，有时甚至相互矛盾。实际上，对于大学的好坏只要凭常识就能做出准确的判断。比如，同行对大学学术水平的评议（一般的方法是让同行根据其直觉挑出

8
1954年诺贝尔化学奖和1962年和平奖获得者。

9
1956年诺贝尔物理学奖获得者。

10
1976年诺贝尔经济学奖获得者。

11
1974年诺贝尔化学奖获得者，不过1961年他加入斯坦福时，已经是著名化学家。

10 所本专业最好的大学，看看这些人在第一时间里能够想到哪 10 所）、师资水平（包括有多少大师级的教授，每年有多少重要的科研成果，等等）、学术贡献（包括发布的重要论文和重大的发明发现，等等）以及学生水平（学生入学时的成绩和毕业后的贡献），等等。如果按照这样的常识来评判，就会发现今天在世界上真的很难找出一所大学能够在各方面都超过斯坦福大学（历史上当然是有的）。而只有认识到斯坦福的办学水平，也才能体会出为什么说顶尖大学也是硅谷的奇迹之一。

首先，我们不妨看看斯坦福的整体学科水平。衡量一个大学专业水平的高低，关键要具体看它每一个专业学院的水平，而非只看这所大学的整体。比如，耶鲁大学本科教育的学术声誉不错，但是其工学院的专业水平和耶鲁整体的声誉相差太远，那些希望获得最好的工科教育的学生并不会因为耶鲁的整体名气而予以优先考虑。在美国的大学里，有一种普遍的看法（也许是偏见）："哈佛的人不能算，麻省理工学院（MIT）的人不会写。" 这从一个侧面反映出哈佛大学在工程上较弱，麻省理工在人文科学上稍逊，而斯坦福却是文理兼修。在美国（和大多数工业国家）对社会影响力较大，同时也是较热门的专业集中在医学、法学、工程和工商管理这 4 个领域，它们分别对应着医学院、法学院、工学院和商学院（有些大学称之为管理学院）。相比之下，历史、文学艺术等专业对本科生的素质教育而言虽必不可少，但是这些专业对社会的影响力如今不如上述这 4 个专业。在美国，斯坦福是唯一一所 4 个学院的排名都能进入全美同类学院前三名的大学 —— 斯坦福商学院长期与哈佛商学院并列第一，其法学院和哈佛法学院并列第二，它的工学院一直仅次于MIT 名列第二，过去斯坦福医学院较弱，排在十名之后，但是近几年进步很快，甚至超过了约翰·霍普金斯大学，排在了第二名。和斯坦福相比，其他名牌大学大都显得"缺胳膊少腿"：哈佛和耶鲁的工程很弱，普林斯顿和麻省理工则干脆没有医学院和法学院。

接下来，我们看看斯坦福在过去的半个多世纪里为世界科技和社会发展做出的贡献。除了前面提到的核磁共振，斯坦福在 20 世纪 60 年代之后为世界科技做出的重大贡献还包括 [12]：

12
信息来源：http://facts.stanford.edu/research/innovation

1. 发明新式（检测结核病的）TB 测试；

2. 证实夸克的存在；

3. 发现粲夸克 J 子；

4. 发现 DNA 的复制机理；

5. 实现不同生物 DNA 分子的重组，并开拓基因工程；

6. 发明图形工作站；

7. 发明多协议路由器（这是今天互联网所必需的硬件产品）；

8. 发明 RISC（精简指令集）处理器（今天手机的核心芯片就是 RISC 处理器）；

9. 发明 DSL；

10. 发明数字音乐；

11. 发明网络搜索的 PageRank 算法；

12. 发明光纤信号放大器（今天光纤长距离传输的必要技术）。

把上述任意一项发明或发现放到某个大学里，都能极大地提高它的学术声誉，而这些只是斯坦福诸多发明发现中我所熟悉的，更多的可能是我不知道的，由此可见在过去的半个多世纪里斯坦福的学术水平达到了怎样的高度。

当然，正如我们前面所说，斯坦福不仅仅是一所好的理工和医科大学，它的人文和商业等诸多学科也非常优秀。比如在商学领域，斯坦福大学的夏普（William Sharpe，1990 年度诺贝尔经济学奖得主）教授便提出了资本市场上投资回报和风险之间关系的理论，如今全世界衡量回报风险的标准 —— 夏普比值（Sharpe Ratio）就是以他的名字命名的。一般人们在谈到最好的经济学专业时，首先会想到芝加哥大学，因为那里孕育出了著名的"芝加哥经济学派"，且该学派拥有很多诺贝尔奖获得者。可是，如果单纯比较在职教授中获得过诺贝尔经济学奖的人数，斯坦福大学居然比芝加哥大学还要多，只不过斯坦福大学经济学专业的特长集中在金融方面，这些贡献放在一起还不能像芝加哥大学那样，在宏观经济学上形成一个学派。在国际政治和国际关系研究方面，斯坦福大学也是精英荟萃，并且涌现出美国前国务卿赖斯等一批政治家。该校的胡佛研究所是美国著名的智库，该研究所的《政策评论》（*Policy Review*）期刊是世界上最权威的国际关系研究学术刊物之一。

13
这些数据（包括下一段的数据）经常会有变化，以官方网站的更新数据为准 http://facts.stanford.edu/academics/faculty。

在中国，我们常引用清华大学前校长梅贻琦的话，说大学之"大"，不是指大楼，而是指大师。按照这个标准来衡量，斯坦福完全担得起"大"学的称号。2014 年，斯坦福的在职教授包括 21 名诺贝尔奖获得者，5 位沃尔夫奖获得者，两位菲尔兹奖获得者，24 名美国国家科学奖，工程奖和人文奖（美国最高奖）获得者，5 位普利策奖获得者和 27 位麦克阿瑟奖获得者。除此之外，斯坦福大学的教授中还有 277 名美国文理学院院士、154 位美国科学院院士、104 位美国工程院院士和 66 名美国医学院院士 [13]（这里面会有重复，有些教授拥有多个院士称号）。

当然，大学是为了培养学生的，毕业生的成就反过来会验证大学的水平。斯坦福的毕业生中出了 20 多名大学校长、几十名著名学者（包括十几名诺贝尔奖获得者）、上百名著名科学家以及上百名计算机界的精英。当然，光是学术成就还不足以说明斯坦福毕业生的特点，事实上，单看校友获得诺贝尔奖的人数，斯坦福在全美连前十名都排不进。但是，斯坦福的特点是在各个领域都大量涌现突出人才。斯坦福的校友（包括没有毕业的）中出了数十位著名演员、数十名著名的艺术家和音乐家、数十名著名的记者和媒体人、上百名作家、上百名奥运冠军和体育明星、大量的政治家，甚至连宇航员也出了将近 20 名。当然，斯坦福最引以为自豪的还是它培养了大量的实业家，并孵化出了许多著名的公司。这些实业家包括惠普公司的创始人休伊特和帕克特、Google 的创始人佩奇和布林、雅虎的创始人杨致远和费罗、太阳公司的创始人贝托谢姆，甚至还有耐克的创始人奈特（Phil Knight）和著名服装公司 GAP 的共同创始人菲舍尔女士（Dores Fisher），等等，还有微软前 CEO 鲍尔默和董事会共同主席阿尔钦等人。可以说，斯坦福的成功是全方位的。更值得一提的是，世界上还没有第二所大学在短短 60 年时间里能取得如此大的进步。

硅谷优秀的大学不只是斯坦福这一所，距离硅谷中心 70 公里的加州大学伯克利分校也是一所超一流大学。尽管一提到硅谷，伯克利的光芒总是被斯坦福盖过去。事实上，伯克利作为一所美国一流大学的时间比斯坦福还长，今天的伯克利在研究方面与斯坦福可以说是各有千秋，从世界上最好的专业数量上看，这两所大学在全世界常常排在前两名 —— 有时候斯坦福会胜过伯克利，而有些时期则是反过来 [14]。

14
根据 2015 年《美国新闻与世界报道》对大学专业的排名，斯坦福和伯克利各有 99 个细分专业排在美国前十名，超过哈佛的 93 个专业，并列第一。

图 1.6　加州大学伯克利分校

伯克利是加州的第一所大学，在较长的时间里也是加州唯一的一所，许多人称它为伯克利，而它里面的人则依然称它为"加大"（Cal），言外之意是只有它才能代表加州大学（尽管南加州的洛杉矶分校也非常优秀）。如今伯克利是世界上学科最完整的大学之一，不过早期只是一所以农学为主的大学，正因如此，著名教育家吉尔曼才辞去校长的职务，去美国东部创办了约翰·霍普金斯大学。伯克利从第一次世界大战之后就迈入了美国一流大学的行列，而这个契机则是当时物理学的大发展，比如近代知名的物理学家爱因斯坦、海森堡、狄拉克和波尔，都是那个时代出现的顶尖人物。从那个年代开始，伯克利开始招揽物理学家。1928 年，27 岁的欧内斯特·劳伦斯（Ernest Lawrence，1901—1958）来到伯克利，次年奥本海默（Robert Oppenheimer，1904—1967）也来了。1930 年，当时著名的无线电专家富勒离开联邦电报公司（Federal Telegraph Company）也进入伯克利，成为电机工程系主任，并且帮助劳伦斯从联邦电报公司得到一个大功率发电机。利用这台发电机，劳伦斯在 1931 年成功地设计出世界上第一个回旋粒子加速器，他的实验室后来扩展为劳伦斯 - 伯克利国家实验室前身。几年后，劳伦斯获得了湾区第一个诺贝尔奖。同时，他还和胞弟约翰·劳伦斯一起提出了"大科学"的概念，即将各个学科的科学家和工程师组织到一起，创建一个庞大的跨学科的团队。这个努力的第一个结果是核医学的诞生。美国曼哈顿计划的成功很大程度上得益于这种"大科学"的思路。后来劳伦斯为伯克利培养出了 4 位诺贝尔奖获得者 —— 麦克米兰（Edwin McMillan，1907—1991）[15]、阿尔瓦瑞兹（Luis Alvarez，1911—1988）[16]、希伯格（Glenn Seaborg，1912—1999）和赛格雷（Emilio Segre，1905—1989）。

15
获得 1951 年诺贝尔物理学奖。

16
获得 1968 年诺贝尔物理学奖。

到了 20 世纪 40 年代，伯克利开始进入黄金时期。在整个曼哈顿计划中，伯克利的师生起到了关键作用。到了 20 世纪 50 年代，斯坦福还在为财务危机发愁时，伯克利已经比肩世界上最优秀的大学了。

值得一提的是，1951 年，伯克利研制出了加州第一台电子计算机——加州大学数字计算机（CalDic），不过参加项目的大部分人都是从 ENIAC 项目中招聘来的 [17]。加州的好天气和更自由的环境帮助伯克利延揽了更多人才，既包括教授，也包括学生。到了 20 世纪 60 年代，伯克利已经是全美数一数二的研究型大学了。伯克利的发展不像斯坦福那样曲折，从二战前后开始便可以说是顺风顺水，这和硅谷的崛起以及加州政府的支持有着莫大的关系。到了 20 世纪 70 年代，伯克利在美国大学的排名中曾经一度超过哈佛等老牌大学，排名第一。但是 20 世纪 90 年代以后，加州政府减少了对高等教育的投入，伯克利（和美国所有的公立大学）的本科教育水准因此而一落千丈，排名跌至 20 多位，不过即便如此，它仍是所有公立学校中最好的大学。伯克利的研究水平一直很好，文、理、工科各专业大部分都排在美国前五名，而有大约 1/5 的专业一直排在美国的第一名。2013 年，伯克利（以及劳伦斯实验室）拥有 31 名诺贝尔奖获得者，这个数量甚至超过了斯坦福大学。由于地处山城，在伯克利停车很难。而在伯克利，只有诺贝尔奖获得者才会有一个固定的停车位。一位来自伯克利的诺贝尔奖获得者在获奖仪式上提到，我很高兴我可以有一个停车位了。这也从另一个角度说明伯克利的学术水平之高。

有人可能会问，既然伯克利每个专业都这么"牛"，为什么本科综合排名却那么靠后呢？难道本科综合排名不应该是各个专业排名的平均值么？其实还真不是，因为美国大学本科综合排名和研究生院以及专业排名方法不同。简单地说，本科生的排名主要看平均值，研究生院和专业的排名更看重看总量（比如科研经费的绝对数量，细分学科进入前十名的总数等）。决定大学本科排名的主要指标包括新生的平均成绩、大学的录取率（Acceptance）和被录取学生选择进入大学的比例（Yield）。伯克利每年录取的新生大约为 11000 人左右，录取率在 18% 左右，这个比例远远高于斯坦福以及大部分

17
就整体而言，当时加州还是计算机的沙漠，直到第二年 IBM 在湾区开设它在西海岸的第一个实验室，旧金山湾区的计算机行业才上规模。

常青藤大学（斯坦福、哈佛和哥伦比亚都在 6% 左右），而录取的学生中大约只有 4200 人选择入学（比例为 37%），这个比例又远远低于其他名校（60%~70%）。这几项指标加起来，使得伯克利本科的综合排名无法和规模小很多的私立大学相比。但是，如果只比较各个学校每年招收的最好的 500 名本科生，和每年毕业的最优秀的 500 名毕业生，伯克利倒不输给任何私立大学。这里，我们无意比较美国大学的好坏，只是想说明伯克利的实际水平要远超它的名气，而且作为一所大学伯克利对世界文明的贡献在全世界也是名列前茅的。

伯克利的崛起，除了二战前在物理学上取得的成就外，很大程度上依赖于硅谷。虽然伯克利没有像斯坦福那样培养出众多的明星公司，没有斯坦福那样的光环，但在将科技发明变成公司方面其实也做得相当不错。根据美国的数据统计，在 1920 年之后诞生的约 4500 家大公司中，伯克利校友创办的公司数量排第三（150 家左右），仅次于斯坦福（350 家）和哈佛（250 家），而好于麻省理工和其他名牌大学[18]。如果一定要找出伯克利人和斯坦福人的差距，那就是在创业主动性上的不同。伯克利人会在自己的积累（尤其是在技术方面）"做足"之后创业，而斯坦福人则会为了创业去寻找技术。伯克利人成功创办的半导体公司非常多，而那些创始人常常是相应领域中最杰出的科学家。在这些人中，名气最大的可能当属苹果的共同创始人沃兹尼克、英特尔公司的共同创始人摩尔[19]和后来的CEO 格鲁夫，以及闪迪（Sandisk）公司的创始人梅洛特拉（Sanjay Mehrotra）、VMWare 公司的创始人之一爱德华·王（Edward Wang）和美满电子（Marvell）的创始人周秀文和周秀武兄弟。但是，伯克利人不擅长炒作出 IT 领域的一种新概念，因此并没有创造出雅虎、eBay 和 Facebook 这样的公司。

除了科技和商业，伯克利对社会的另一大贡献体现在文化上。出现在硅谷乃至美国的很多自由主义思潮都和伯克利有关，其中最著名

18
http://www.
dailycal.
org/2013/08/18/
uc-berkeley-third-
largest-producer-
of-entrepreneurs-
report-says/

19
他提出了著名的摩尔定律。

的当属 20 世纪 60 年代的嬉皮士文化和反越战运动。我们这里尤其要讲讲嬉皮士文化，因为很多严肃的美国学者都认为，不管你喜不喜欢嬉皮士文化，但是它骨子里反映出来的反传统思想，却是硅谷创新的文化基础。

虽然嬉皮士给人的印象通常是年轻人过度开放乃至乱来，比如穿着破损的牛仔裤、吸毒、滥交，但这都只是嬉皮士的表象，其深层埋藏着对传统价值观和思维方式的反叛，那些奇怪的表象实际上反映出年轻人试图树立自我意识却又迷茫的心态。对上一辈建立在有秩序的工业文明中的那种一板一眼的做事方式，以及在生活中保守中庸一丝不苟的价值观，嬉皮士们并不认同，他们尤其反对西方二战后的一代人所具有的那种冷战思维方式。嬉皮士们在思想上讲究平等和自由，并且以此探索新的价值观，在艺术创作上则通过吸毒等方式试图寻找灵感，尝试前所未有的创作。在个人行为上，他们试图通过标新立异来吸引社会注意，他们强调自我，很少仿照他人。这些人通常不追求物质享受，却在食不果腹时心怀世界。今天，在很多硅谷的公司里，包括苹果、Google 和 Facebook 依然能够看到嬉皮士文化的影子。

硅谷地区另一所一流大学是加州大学的旧金山分校（UCSF）。中国读者也许对它有些陌生，因为它不招本科生，而且只有一个广义上的医学院（分为侧重临床的医学院以及牙医学院、药学院等）。旧金山分校原本只是加州大学在旧金山地区的医学部，到了硅谷兴起之后，1964 年它独立成为与伯克利并列的分校。旧金山分校在医学上长期以来仅次于哈佛医学院和约翰·霍普金斯医学院，排在第三位，直到这两年被斯坦福赶超，才排到了第四位。旧金山分校的规模并不大，拥有 2000 多名教职人员（包括不在终身教职线上的纯研究型教授）和每年大约 600 名医学院学生，其中 10% 左右的教授是美国医学院、美国文理学院和美国科学院的院士。旧金山分校的录取比例很低，其医学临床专业只有 2% 左右的录取率。

旧金山分校规模不大，对世界医学的贡献却非常大，比如：发现维生素 E，发明 DNA 重组（和斯坦福一起），发现正常细胞基因会转化成癌细胞基因，通过酵母合成人类胰岛素，确诊第一例艾滋病患者，发现艾滋病毒并且研制出针对艾滋病的鸡尾酒疗法，发明乙肝疫苗。此外，它的 UCSF 器官移植规则被医学界认为是器官移植的黄金标准。到 2014 年，旧金山分校共有 5 位诺贝尔奖获得者（全部在医学领域）。

如果说斯坦福大学孕育了很多 IT 和互联网领域的科技公司，那么旧金山分校则孵化了不少生物医药公司，其中最有名的是基因泰克。由于旧金山分校地处硅谷最北部，因此硅谷地区的生物公司大多集中在北部而不是传统 IT 公司聚集的南部。这从另一个角度可以看出旧金山分校对硅谷格局的影响。

在教育和科研上取得的诸多成功，可以说是硅谷的第二个奇迹。

第三节 硅谷的风险投资

说到投资，大家首先会想到华尔街。但是说到风险投资，大家则会想到硅谷一条不长的大街——门罗帕克（Menlo Park）著名的沙丘路，那里聚集了全球最大、最多的风险投资公司。反过来，人们在讲硅谷时，也总要说到那些风险投资公司，它们是硅谷不可或缺的一部分。因此，一方面风险投资促成了硅谷的奇迹，另一方面这些风险投资公司也因为硅谷的出现和发展而不断续写着传奇。

硅谷的风险投资为什么这么有名？当然首先是因为其历史悠久、体量大、回报高。硅谷地区的风险投资始于 20 世纪 50 年代末，这在当时应该算是新鲜事物，世界上很多其他地区类似的投资方式都是向硅谷学习的。从今天风险投资的强度来看，硅谷占了美国风险投资金额的 4 成左右，从 2002 年到 2013 年，每年投到硅谷的这部分资金都在一百亿到一百二三十亿美元之间。2014 年因为全球风险投

图 1.7　红杉资本的全球总部位于沙丘路上一栋很不起眼的小楼

资过热，投到硅谷的资金激增至 160 亿美元左右。毫无疑问，硅谷是全美国风险投资最集中的地区。从回报上来看，硅谷地区也是美国风险投资回报最高的地区，这一方面是靠我们在第一节中提到的那些明星公司给投资人带来了"本垒打"，另一方面也是靠硅谷一种特殊的机制，使得成功具有了普遍性。

当然，光靠这几点还不能说硅谷风投是世界上独一无二的，因为世界上很多地区都有风险投资，并且按照某种指标衡量已经超过了硅谷，比如今天的中国，其风险投资的总体规模就超过了硅谷地区，像日本的软银（Softbank）的回报率也比大部分硅谷风险投资更好。甚至有人说硅谷风险投资的历史也不是全美国最长的。

严格来讲，风险投资并非起源于硅谷，也并非在二战后才有，只是在二战后旧金山湾区的土壤里才得到了苗壮成长。早在 19 世纪末，按照今天的标准来衡量，著名金融家 JP 摩根便能算是一位不折不扣的风险投资人。他所投的两个人都很了不起，一个是发明交流输电的奇才特斯拉[20]，另外一位名声更大，那就是发明大王爱迪生。而事实上，爱迪生电气公司以及后来从它发展起来的通用电气公司

20
特斯拉汽车其实和特斯拉并没有任何关系，只是该公司创始人马斯克借用交流输电的发明人特斯拉的大名而已。

21
指的是电话。

GE，都是 JP 摩根风险投资的硕果。当年的另外一个风险投资人就是大文豪马克·吐温，他一生挣了无数的版税，可惜都被他那些不靠谱的风险投资糟蹋掉了，最后，当有人向他推荐贝尔先生的伟大发明时 [21]，这位活跃的投资人却认为这是天方夜谭，由此错过了历史上最成功的投资之一。从这几件事可以看出，具有风险性的投资在美国东部很早就存在，而且也不是职业投资人的专利，当时社会上有不少人都在做类似风险投资的事情。

既然不是历史最久的，它的体量和回报率也都可能被超越，那么人们为什么还要对硅谷的风险投资如此看重，甚至可以说到了顶礼膜拜的程度呢？全世界搞科技的和搞风投的，几乎每年都要跑到硅谷看看风投的趋势是什么，就如同搞服装的每年都要去米兰时装节或者巴黎时装节一样。这里面一定有其他地区所没有的特别之处。

硅谷风投的特别之处首先来自于它的传奇，而硅谷风投的传奇首先是人物的传奇。

历史上，有好几个人都被称为硅谷风投的教父。第一位是洛克（Arthur Rock），若没有他从纽约的费尔柴尔德家族（Fairchild，当时 IBM 最大的股东之一）带来的投资，就没有仙童公司。在接触旧金山湾区之前，洛克是华尔街的传统投资人，如果不是因为投资硅谷，他可能和众多华尔街投资人一样，最终籍籍无名。1957 年，由于业务的原因，他碰巧接触到仙童公司的投资项目，并且成功地达成了费尔柴尔德家族对诺伊斯和摩尔等"八叛徒"的投资，从此他渐渐迷上了风险投资这件事。开始他只是作为业余爱好来做，经常利用周末坐夜班飞机从东部跨越整个北美大陆飞到加州，4 年后他再也受不了这种经常性的飞行，索性辞去了东部银行家的工作，全心全意在硅谷做风险投资了。洛克投出的第二家著名公司是英特尔公司，关于他是如何帮助诺伊斯和摩尔创立英特尔的，拙作《文明之光》第三册中有详细介绍。洛克打出的第三记"本垒打"是苹果公司。

有了这三个漂亮的投资记录，
洛克便足以名垂风险投资的
青史了。不过，洛克成功的
投资记录还不止这些，他投
资的很多公司都成功上市了。
此外，洛克还是洛克－摩尔
定律（也称摩尔第二定律）
的发明人，其内容大意是，
半导体生产线的成本每 4 年
翻一番，当然这个速度比半
导体本身的提升（根据摩尔

图 1.8　阿瑟洛克

定律，每 18 个月翻一番）要慢不少，但是几十年下来，也让半导
体这个行业变成了资金密集型行业。洛克能在 20 世纪六七十年代
预见到这一点，足以说明他对半导体行业所具备的洞察力。

在洛克之后，硅谷最著名的投资人还包括克莱纳（Eugene Kleiner）、
帕金斯（Tom Perkins）和瓦伦丁等人，而其中克莱纳和瓦伦丁都
来自仙童公司，用当下中国的流行词来说就是"仙童系"的。

当英特尔公司成立时，诺伊斯和摩尔的老同事、同为仙童公司的"八
叛徒"之一的克莱纳个人对英特尔公司进行了投资，并且从中挣了
不少钱。1972 年，他和惠普公司的副总裁帕金斯在硅谷创办了第
一家"本土的"投资公司：克莱纳－帕金斯公司，在此之前硅谷的
风险投资都是外来的。后来这家公司又增加了两个合伙人考菲尔德
（Frank Caufield）和拜尔斯（Brook Byers），于是改名为 KPCB。
在中国，他们给自己的公司起了个很绕口的名字：凯鹏华盈，以至
于它自己都懒得用，在非正式场合大家一般还习惯叫它 KP。今天
媒体上说的凯鹏华盈、克莱纳－帕金斯、KPCB 或者 KP 都是一回事，
本书后面的章节统一作凯鹏华盈。

克莱纳和帕金斯在创办自己的投资公司时，除了个人资金，还从一些小合伙人那里募集资金，与之前洛克等人的做法不同，因为过去风险投资的基金大部分是由非常富有的家族或者金融机构提供的。凯鹏华盈确定了管理者（普通合伙人）和投资者（有限权利合伙人）之间一个公平的利润分配原则。凯鹏华盈第一期风险投资基金筹到了 800 万美元，这个绝对数比今天绝大多数天使投资基金的规模还小，即使考虑到通货膨胀的因素，也只能相当于今天中等规模的风险投资，不过在当时，它已经是最大的合伙人制风险投资基金了。

凯鹏华盈早期不仅在规模上和今天的天使投资相似，而且在投资方式上也很相似，具体来说就是广种薄收和技术价值投资。广种薄收很好理解，凯鹏华盈早期投资的项目多而杂，包括一些半导体项目，甚至还有些运动鞋公司和摩托车零件公司，其中克莱纳一个人就投了 350 个项目，当然大部分都死掉了，因此凯鹏华盈在开始的几年里表现并不突出。如果照这样办下去，今天就不会有人听到它的名字了。不过，克莱纳和帕金斯很幸运，他们赶上了硅谷个人电脑行业起步的浪潮，当然他们自己也做出了正确的决定，将投资的重点集中在他们所熟悉的计算机行业，并且只关注技术本身，这就是技术价值投资。很快，凯鹏华盈的好运气来了，1977 年帕金斯投资的天腾电脑公司（Tandem Computers）上市了，为基金赚了一大笔。当然，在 20 世纪 70 年代，凯鹏华盈最成功的投资要数基因泰克了，帕金斯当年以区区 10 万美元（合当时 4 个电脑工程师一年的年薪），买下了基因泰克 25% 的股份，到 1980 年基因泰克上市时，这笔投资的回报高达上亿，当然，如果这些股份一直持到 2008 年，凯鹏华盈的收益将超过 200 亿美元 [22]。

克莱纳和帕金斯两人一辈子的投资记录可圈可点，除了基因泰克，他们还成功地投资了一度是全球最大的 PC 生产商康柏（Compaq）和今天炙手可热的互联网公司亚马逊。然而，更重要的是，这两个人制定了风险投资行业的规则。

就在克莱纳和帕金斯成立凯鹏华盈的当年，唐·瓦伦汀（Don Valentine）也在硅谷创立了他的风险投资公司。瓦伦丁的人生经历颇富传奇色彩，他和硅谷很多成功人士一样，也是从仙童叛逃出来的，在仙童他一度做到了副总裁，后来在仙童的竞争对手国家半导体公司任职。瓦伦丁在这两家科技公司工作时，发现工程师总有不少令人惊异的好想法，又因缺少资金最后往往不了了之，于是他决定搞一个基金来帮助他们。和凯鹏华盈不同的是，瓦伦丁不是用自己的名字，而是以加州所特有的红杉树（Sequoia）来命名他的公司——红杉资本（Sequoia Capital）。加州的红杉树，是地球上最大的（可能也是最长寿的）生物，这种树可以高达 100 米，直径 8 米，寿命长达 2200 年。显然，瓦伦丁希望自己的公司能够像红杉树那样，规模大而且长寿。或许真的是名字起得好，红杉资本今天果然成为美国迄今为止最大、也是最成功的风险投资公司。

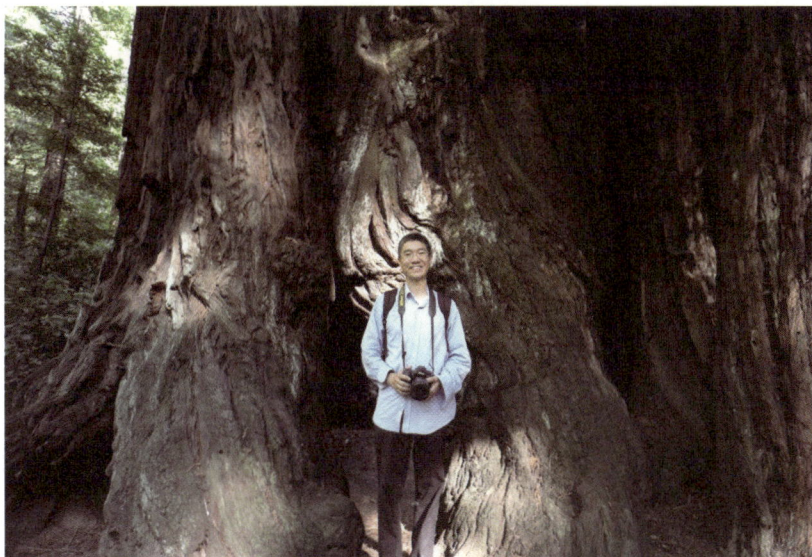

图 1.9　加州的红杉树，和人相比，可以看出它的直径很粗大

瓦伦丁的投资准则在很大程度上靠的是他的经验和直觉。当然瓦伦丁也有他的原则，那就是所投产品的市场一定要大，所投的人一定

要能够担当大任。他投的第一个伟大的公司是苹果。乔布斯和沃兹尼克在朋友的介绍下找到了瓦伦丁，后者很看好这两个年轻人，不仅给他们投资，还撮合市场经理马库拉和这两个发明家组成了苹果的创始团队，并予以指导。为了给苹果保驾护航，他还投资了数家为苹果供应配件和服务的小公司。当然，他对苹果的投资和呵护最终获得了巨大的回报。瓦伦丁投资的第二家伟大的公司是甲骨文。这家公司从产品到创始人与苹果完全不同，但有一点是相同的，就是产品的市场巨大。事实上，做半导体销售出身的瓦伦丁并不懂数据库，他在很大程度上是靠直觉进行了这一次成功的投资。

当然，一个公司或者一个基金要想不断进步，需要人才辈出，而不是仅仅靠一两个创始人的天分。在克莱纳和帕金森之后，凯鹏华盈出了约翰·多尔（John Doerr），而红杉资本则有迈克尔·莫里茨（Michael Moritz），他们成功地投资了 Google 等公司，被称为新一代的风投之王。这一代接一代的传奇人物，也就缔造了相应的风投公司的传奇。接下来我们不妨来看看硅谷风投公司创造的一连串传奇。

还是先说说凯鹏华盈。到 2014 年为止，凯鹏华盈投资了一大批改变世界的大公司，除了前面提到的基因泰克、Google 和苹果等公司，还包括 AOL、网景和太阳等一大批优秀公司。在纳斯达克上市排名前 100 的公司里，凯鹏华盈投资的公司占 10%。不仅如此，凯鹏华盈的投资还产生了很大的社会效益，将它投资的公司营业额加在一起，今天（2014 年）超过三千亿美元，相当于创造了 30 万个就业机会。当然，这些成功的投资也为凯鹏华盈带来了巨大的投资回报。在过去的 40 年里，凯鹏华盈从只有 800 万美元的"小天使"成长为全球最具影响力的风险投资公司。

根据凯鹏华盈内部不完全统计，如果将它所投资的公司按照退出时的价格计算，在过去不到 50 年的时间里，它总共获得了 8000 亿美元左右的投资收益，而投入资本只有 200 亿美元左右 [23]。虽然凯鹏华盈投资失败的案例远比成功的多，但是它 30% 左右的投资成功率远高于整个行业 2%—3% 的水平。这不仅使得很多机构和富裕家庭都争先恐后地把钱交给凯鹏华盈管理，而且获得它的投资也成为创业和天使投资成功的阶段性标志。一个公司如果拿到了凯鹏华盈的投资，就会自认为成功了一半。对一个天使和早期投资人来讲，如果他们投的公司后来拿到了凯鹏华盈的投资，他们就会认为自己的投资进了保险箱，对于晚期投资人来讲，如果他们有幸在某一轮和凯鹏华盈一起投资，那么他们常常一改风险投资人谨慎决定的特点，会毫不犹豫地把钱投进去。一个投资公司能获得外界如此的信任，简直就是一种传奇。

从资金规模和成功上市公司的绝对数量上来看，红杉资本都超过了凯鹏华盈。如今，红杉资本每一期融资都在 10~20 亿美元之间，远远超过凯鹏华盈的 8 亿美元左右。而从上市的公司数量来看，红杉资本投资的公司占了纳斯达克上市公司总数的 20% 以上。更可贵的是，红杉资本在每一次的技术革命浪潮中都没有落伍。从对世界的影响力上看，红杉资本投出了苹果、Google、思科、甲骨文、雅虎、网景和 YouTube 等对世界产生深远影响的公司。甚至有人认为，没有红杉资本就没有纳斯达克，在世界各地的风险投资基金里，鲜有其他投资公司能获得如此高的赞誉。

当然，传奇更多地是代表过去，硅谷风险投资要想续写神话，就需要能不断延续这种传奇，应该讲，硅谷做到了这一点。硅谷找到了一种让风险投资盈利常态化，并不断孕育出伟大公司的方法。我们在前面讲到凯鹏华盈和红杉资本，以及目前融资规模最大的 NEA，其投资成功率都很高，在早期这靠的是普通合伙人的眼光，而在今天则很大程度上靠的是一种制度和生态环境。2000 年后，硅谷的风险投资呈现出一种新的趋势，那就是批量生产小型创业公司，并把它们提供给大型风险投资公司做后期投资。硅谷创业的教父保

[23]
凯鹏华盈每 2-3 三年融资一次，融资金额通常在 8 亿美元左右，不超过 10 亿美元。

罗·格雷厄姆（Paul Graham）的Y孵化器（Y Combinator），是批量生产这些小公司的代表。Y孵化器将天使投资和创业辅导结合在一起，使得投资的回报明显高于过去那些以提供资金为主的甩手掌柜们。从2005年至今，它先后投资了500家小公司，总投资大约30亿美元，而到2014年这些小公司的价值在140亿—300亿美元之间。Y孵化器的模式也成为今天全世界各地天使投资基金和科技园学习的样板。

至于那些大的风险投资，它们也制定了很多不成文的规定，这些规定和很多传统的投资理念截然不同，比如红杉资本总是投那些创始团队至少包括一名第一代移民的公司，凯鹏华盈总是投那些能够改变世界却未必会很快盈利的企业。至于为什么它们订下这样奇怪的原则，我们后面会仔细分析。不过，正是要求一代代的投资人恪守这些与利益不直接挂钩的风格，才使得硅谷的风险投资特别成功。

当硅谷的风险投资从个人带有随意性的投资行为变成为规范化的产业时，风险投资的成功便不再是中彩那样的个例，而是成为有规律可循的常态，硅谷风投的传奇也才得以不断地续写。

硅谷风险投资的另一个特点是，很多外来的资本不论过去在本土投资是否有效，到了硅谷后都得到了长足的发展。最能说明这一点的，就是来自美国东部的资本成立的NEA（New Enterprise Associates，新企业联盟）、来自日本的软银和来自俄罗斯资本成立的DST（Digital Skyline Technologies，今天也叫做DST全球）等明星风投公司。和洛克一样，NEA的投资人来自于美国东部，他们在20世纪70年代末来到硅谷，最初只融到了1600万美元的资金，而今天它成为硅谷地区最大的风险投资公司，2015年融资的第15期基金获得了31亿美元的投资，创造了美国一期风险投资基金的记录。虽然NEA投资的公司尚未出太多像Google或苹果这样的超级明星，但是在NEA过去投资的650家公司中，有200家上市，投资成功率之高实属罕见。

日本的软银因为成功地投资了阿里巴巴，中国 IT 行业和投资领域的人士对它并不陌生，我们就不做过多的介绍了。而软银在硅谷地区一炮打红很大程度上是靠成功投资了雅虎，后来又为雅虎牵线搭桥，让后者成为阿里巴巴当时最大的股东。

相比软银，俄罗斯的 DST 在中国的名气要小很多，但是在最近的10 年里，它不仅在硅谷名声鹊起，而且投出的著名公司数量超过硅谷所有的老牌风险投资公司，主要是它成功地投资了 Facebook、Zynga、Twitter、Groupon 和中国的小米、京东和阿里巴巴等新一代的明星公司。

通常我们说"橘生淮南则为橘，生于淮北则为枳"，说明外来公司和资本常常水土不服，德国的德意志银行、英国的汇丰银行进入美国市场时都遇到过这类困境，但是外国的风险投资到了硅谷也能如鱼得水，可能得说是硅谷的水土好。

世界上挣钱比硅谷多的地区有的是，投资成功的个人和基金也很多，但是能像硅谷那样，不断地投资到最新的领域，不断地续写投资神话，不断地包容外来资本的地区却极为罕见。因此，硅谷的风险投资也算得上是一个奇迹。

第四节　硅谷的产业变迁

从"硅谷"这个名字来看，它得名于早期的支柱产业半导体。世界上有很多地区曾经靠一个产业的兴起而发展起来，比如匹兹堡的钢铁、底特律的汽车、香港的转口贸易等，从这一点上看，硅谷的崛起和这些地区有很大的相似性。但是上述这些传统的工业区，在其支柱型产业进入到稳定发展期尤其是饱和期时，这个地区就开始出现发展停滞现象，继而慢慢地衰落了。通常，很少有类似的地区能够成功转型，在接连几次技术浪潮中均保持繁荣。但是硅谷却不同，虽然如今半导体产业增长缓慢，利润率低，在整个 IT 行业中被认为近乎是夕阳产业，但是它的停滞并未对硅谷的整体经济产生太大影响。事实上，从 20 世纪 80 年代起，半导体工业就在逐渐地从硅谷迁出。而少了硅的硅谷并没有因此而衰退，反而因为发展起软件产业而更加具有活力了。

在 20 世纪 70 年代软件行业从硅谷发展起来的同时，生物制药行业也在硅谷地区得到了充分的发展。以基因泰克为首的一大批生物制药公司在硅谷的北部地区如雨后春笋般成长起来，到了 80 年代，硅谷成为了全球最大的生物医药公司聚集地，并且形成了持续到今天的"南 IT、北生物"的产业结构。更神奇的是，无论哪个产业，只要硅谷有，基本上都做到了世界一流。

到了 90 年代，硅谷又成功地引领了互联网和移动互联网的浪潮，这都是大家所熟知的，就不在此赘述了。而在新世纪开始之后，硅谷甚至开始了新的一波利用 IT 技术对一些传统产业进行改造的浪潮，比如特斯拉电动汽车的出现，以及利用大数据解决健康医疗问题的探索，这些更是让硅谷的产业具有了多样性。这些看似无关的产业，却有两点是共同的，或者说是硅谷的特色，首先是充分利用 IT 技术，第二是做到在自己的行业里领先于世界。

硅谷从诞生至今，一直站在产业变革的前沿，这不能不说是另一个奇迹。

结束语

硅谷就是这样一个布满了奇迹的地方，而这些传奇故事每天都在发生，那些传奇人物每天都在不断地涌现。那么为什么硅谷这样一个地方会出现在旧金山湾区？为什么全世界其他的地方难以复制它的模式，或者说没有出现一个可以与之匹敌的创新中心？我们不妨先看看过去各种媒体（包括书籍）对此的种种分析，并且用事实判断一下媒体过去对上述问题认识的误区在哪里，最后再回过头来破解硅谷之谜。

参考资料

1. 吴军.浪潮之巅（第二版）.人民邮电出版社，2013.

2. 阿伦·拉奥 (Arun Rao)，皮埃罗·斯加鲁菲 (Piero Scarruffi). 硅谷百年史 . 闫景立，侯爱华，译 . 人民邮电出版社，2014.

3. Richard Brandt. Google 家伙（*The Google Guys: Inside the Brilliant Minds of Google Founders Larry Page and Sergey* ）.Portfolio，2011.

第二章　宛若似真的分析

对于硅谷成功的原因，不同的人有不同的看法，因为硅谷成功的要素很多，不同的人会从不同的视角来看待硅谷的成功。在描写硅谷的各种书籍和文章里，读者能找到至少 10 多条主要的原因。其中一些原因确实反映了硅谷的一些现状和特点，比如多元文化、对失败的宽容；而另外一些理由，听起来似乎也有些道理（我们在后面会列举），却经不起推敲，比如气候的原因。之前对硅谷的分析，还有一个令人困惑之处，就是不同的人给出的原因有时相互矛盾，比如说对待知识产权的态度，一些人认为硅谷的成功得益于对知识产权的重视，又有相反的声音认为，相比美国其他地区，硅谷对知识产权并不是那么重视。这就让那些试图从硅谷学到成功经验的人感到茫然而无所适从。

目前，各种媒体在分析硅谷时，都做了一定的取舍和缩放，故意放大那些冠冕堂皇却并非关键的原因，同时回避了一些非常重要而拿不上台面的原因，这便产生了误导，以至于很多科技园在试图复制硅谷时都难以成功。而我写这本书，不仅要试图还原出硅谷成功的真相，还要探求出这些真相背后更深刻的科学基础，这样才能帮助大家理解为什么简单地复制硅谷难以成功。在讲述我的观点之前，让我们先来看看目前关于硅谷流行的各种说法。这些说法有的有道理，但是不完备；有些则和事实完全相反。

第一节　硅谷成功的气候说

很多人，包括 Google 的前 CEO 施密特博士和许多风险投资人，都把硅谷的成功归功于它独特而舒适的气候。斯密特甚至认为气候是硅谷成功的唯一原因。

硅谷地区属于地中海式气候，不像大部分陆地地区那样一年有四季，这里只有两季——旱季和雨季。从每年的 10 月开始，到第二年的 4 月，会断断续续下半年雨，但是晴天依然能占到全年大约三分之二的时间。而从 4 月到 10 月，这里通常滴雨不下，每天都是阳光明媚。旧金山湾区全年的气温基本维持在 15～28℃，可以说是四季如春，是世界上最宜居住的地方之一。具有这种地中海式气候的地区只能在大洋的东岸，纬度 30～40 度之间，全球只有五个面积不大的地区[1] 具有这种气候，它们总共只占地球陆地面积的 2% 而已。

1
即地中海地区、澳大利亚的西部和南部的部分地区、南非的西部、智利中部部分地区以及从加州旧金山到圣地亚哥沿海地带。

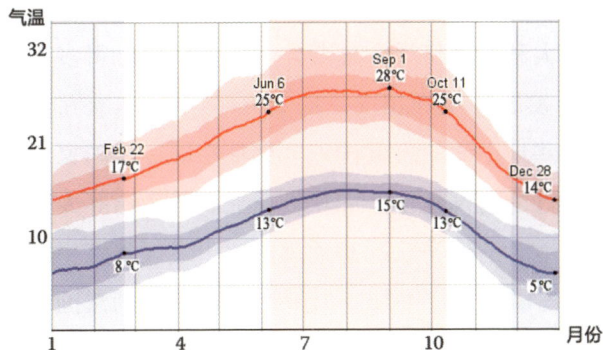

图 2.1　硅谷常年气温（红线是最高气温，蓝线是最低气温）

我初到加州时，并没有感觉到这种气候对事业发展的重要性，但是一旦住下来，就不愿意再搬到其他地方去忍受严冬酷暑了。因此，好的气候至少有利于吸引人才。有人专门对硅谷的中心帕洛阿图和波士顿地区（麻省理工和哈佛的所在地）做过比较。帕洛阿图冬季湿润温暖，平均气温为 12℃，而波士顿则是零下 2℃；帕洛阿图夏天干爽，平均气温为 21℃，而波士顿地区为 30℃。2014 年 9 月底，我接待从麻省理工学院来的朋友，当时硅谷的气温是25℃，阳光灿烂，朋友说，她刚上飞机时，当地（波士顿）的气温只有3℃，而且空气阴冷，令人心情很压抑，一下飞机心情马上好了起来。这就是气候带来的差别。当然，如果光是人们的感觉还并不能说明问题，一些风险投资人还非常认真地做过量化对比。他们研究发现，西雅图地区的风险投资回报率，远比硅谷地区低很多，于是他们将这个原因归结于西雅图每年平均250天的阴雨天气。事实上，那种天气确实让人容易忧虑，而世界上最大的咖啡连锁店，比如星巴克、西雅图最佳咖啡（Seattle's Best Coffee）和皮斯咖啡（Peet's Coffee），都源于西雅图地区，这种西雅图特有的咖啡文化或许就跟西雅图常年的阴雨天气有关，咖啡能帮助人们驱除忧虑。

不可否认，好天气会让人心情舒畅，但是，光用气候来解释硅谷的成功显然缺乏说服力。我们知道，地中海式气候一词源于地中海地区。在欧洲，相比处于内陆的德国和靠近极地的北欧，地中海沿岸国家（包括希腊、意大利、西班牙和葡萄牙）的气候要好得多，而这些国家经济和社会发展却正好相反，从2010年至今的欧洲债务危机中心恰恰出自这些地中海式气候国家。即使在同一个国家，比如意大利，气候条件好的南部地区（如坎帕尼亚、普利亚等大区和撒丁岛、西西里岛等地）的经济状况却远远落后于气候条件一般的北部地区（伦巴第和皮蒙特）[2]。因此，支持气候决定论的法国启蒙学者孟德斯鸠给出的结论和硅谷气候说正好相反，他在认同"气候王国才是一切王国的第一位"的同时，认为气候寒冷的温带地区（在欧洲是英法德等地区）人们为了生存，相对勤劳，最后形成"强盛与自由之民族"，而在温暖的南部地区（地中海沿岸），因为气候条件太好，人反而容易懒惰，他以此来解释西北欧发展比南欧快。

单从欧洲自工业革命以来的发展看，孟德斯鸠似乎也没有错，但与硅谷好天气带来成功的说法就完全相反了。即使在美国，气候好的地区也不少，比如佛罗里达、夏威夷，但是这两个地区的发达程度

2
据意大利国家统计局数据显示，2013年，意大利西北部地区人均GDP达3.35万欧元，东北部地区人均GDP为3.14万欧元，中部地区为2.94万欧元，而南部地区仅为1.72万欧元，约为北部地区的一半水平。

远远低于气候恶劣的纽约地区和新英格兰地区。甚至在与硅谷的气候相差无几的加州南部洛杉矶和圣迭戈地区，也有很多好大学，但并未出现硅谷。因此，我们或许能得出结论：气候和硅谷的繁荣或许并没有太直接的关系。至于为什么硅谷风险投资的回报要高于西雅图地区，我们得接着从其他地方找原因。

之所以首先来讨论气候说，是因为在最近几年里，我接待了太多招商引资和吸引人才创业的城市代表团，他们常常把"气候宜人"之类的特点作为当地适合发展 IT 产业的优势来宣传，而他们又在硅谷这个地方验证了气候的重要性。需要指出的是，宜人的气候虽有利于吸引人才移民，但是对于新产业的发展，气候的重要性或许并没有想象的那么大。而不具备"好天气"的地区，未必就不能发展科技产业。

第二节 斯坦福之说

我们在上一章介绍了斯坦福的奇迹和它对硅谷的贡献。很多人，尤其是斯坦福的人认为，硅谷之所以能够长盛不衰，要归功于斯坦福大学，它源源不断地向硅谷输送新技术和优秀人才，甚至直接孕育出引领后一代技术浪潮的新公司。如果你去斯坦福参观（比如参加学校的招生讲座），接待你的人不会介绍斯坦福有众多诺贝尔奖获得者，不会介绍斯坦福那些改变世界的发明，也不会介绍他们有着数以百计的奥运会冠军，更不会介绍他们强大的师资队伍、充足的经费、宽阔的办公面积，而是会介绍斯坦福孕育出来的公司。在斯坦福看来，这是它区别于其他世界一流大学最本质的地方。或许在人们的印象里，是斯坦福缔造了硅谷的繁荣，因此很多人对硅谷今后的长期繁荣充满信心，他们说："产业可以外移，人才可以流失，但是斯坦福不会走，硅谷依然会繁荣。"硅谷会不会长期繁荣另当别论，即使会，这个原因其实也找得十分牵强。下面我们来做一番分析。

对于斯坦福大学经常拿出来介绍的公司，我们不妨分一下类，按照年代大致可分为三类。第一类是太阳和思科，属于 20 世纪 80 年代的公司，两者都是计算机和通信系统方面的佼佼者，是互联网时代早期具有代表性的公司。第二类是雅虎和 Google，它们先后代表了互联网的 1.0 和 2.0 时期。第三类是 Snapchat 和 Instagram，它们代表了移动互联网时代。对这些公司稍作总结，就能够看到一个共同的特点，即它们都和互联网有关，也就是说，它们是在硅谷的第二个发展阶段（20 世纪 80 年代之后）才涌现出来的。不可否认，在这20 多年里，斯坦福人切切实实为硅谷神话的延续起到了至关重要的作用，不过在从硅谷诞生（20 世纪 50 年代）之后相当长的一段时间里，斯坦福（及毕业生）对硅谷工业的贡献并没有今天看到的那么大，甚至未必比得上它的邻居伯克利。

硅谷的繁荣首先是靠半导体，而斯坦福当时在半导体领域并不是很强。早期为半导体工业发展做出突出贡献的人，大部分来自美国东部，比如麻省理工学院，其他人则毕业于各个大学，只有格林尼奇（Victor Henry Grinich）[3] 毕业于斯坦福。从 20 世纪 50 年代末到 70 年代初，是硅谷第一代公司诞生和繁荣的时期，而这些公司鲜有由斯坦福的学生或者教授创办的，也鲜有直接基于斯坦福的技术的公司，这和 20 世纪 80 年代后出现的公司有很大的不同。

如果再往前看，一直追溯到硅谷诞生之前，则斯坦福的作用就更加有限了。我们在上一章已经介绍了，直到 20 世纪 50 年代，斯坦福的发展都并不算快。对比麻省理工学院（MIT）和约翰·霍普金斯大学的早期发展过程，就能看出这一点。麻省理工成立于 1861 年，到 20 世纪初经过半个世纪的发展，已经是西半球数一数二的理工大学了。约翰·霍普金斯在各方面均与斯坦福有着相似之处 —— 都是靠铁路大王的捐赠办起来的，资金都充足，办学的理念也相同（斯坦福首任校长乔丹是约翰·霍普金斯首任校长吉尔曼的再传弟子），但是约翰·霍普金斯经过短短 20 年时间就发展成"美国现代大学

3
创办仙童公司的
"八叛徒"之一。

之母"—— 它为美国所有名牌大学输送的教授占比最高。而斯坦福经过半个世纪的发展，到了二战之后，居然陷入了财务危机。

当然，在旧金山湾区开发的早期，那里确实诞生了一个斯坦福校友创办的著名公司 —— 惠普公司，但这只是一个偶然性事件，而在硅谷诞生之前惠普公司的规模一直都很小。

斯坦福对早期硅谷的形成真正有帮助的，是提供了硅谷发展需要的土地。然而，今天世界上能够提供土地的地方有的是，比如后来日本和中国的台湾地区都试图在大学附近划出一块土地复制硅谷时，然而却没有成功。在中国，今天依然有很多城市的领导在简单重复日本和台湾地区走过的老路 —— 希望在名牌大学周围提供一块土地，打造一个"硅谷"。事实上，斯坦福和硅谷之间并不是"因为有一所著名大学，所以带动了周边的科技产业发展"这样的一种因果关系。今天斯坦福和硅谷之间是鸡和蛋的关系，更多的是相辅相成，而不是谁决定谁。如果一定要找出一点因果关系或者前后次序，则与其说是斯坦福造就了硅谷，不如说是硅谷造就了斯坦福，因为斯坦福的腾飞是在硅谷成立之后。

在美国还有一个反例，说明好大学聚集地周边未必能够产生高效率的科技园，那就是波士顿周边地区，这个案例会在本章最后予以重点分析。

第三节　风险投资说

我上大学的时候，读过一些介绍硅谷的书籍和文章，里面必然会提到风险投资。当时我觉得这太不可思议了，居然有投资人白给年轻人钱去创业。在我过去的理解中，风险投资是造就硅谷的重要原因。后来我发觉，大部分人对此的认识都和我以前的看法类似，以至于如今风险投资说已经成为中国各级政府设置创业基金的理论基础。于是，很多学习硅谷经验的国内工业园、科技园或者孵化器都把引进风险投资作为必要的配套服务，认为在这个方面做得比别人更好，必然就更有希望成为又一个硅谷。但是，经过对硅谷长期仔细的研究，现在的我看法和过去不同了，我只能说风险投资对于创业是绝对必需的，对于一个地区的长期繁荣也是有帮助的，但是今天风险投资的重要性远远比不上 30 年前了——仅仅靠提供资金，并不能保证一个新公司能比竞争对手们处在更有利的位置，也不能保证一个地区具备更强大的科技创新力。要讲清楚这一点，我们有必要回顾一下风险投资的历史，看看硅谷风险投资的概况，以及这个行业今天的特点。

上一章提到风险投资并非硅谷的发明，早在硅谷诞生之前就已经有了。虽然按照今天的方式进行风险投资的行为始于第二次世界大战之后（读者可以参阅拙作《浪潮之巅》"第 14 章　幕后的英雄——风险投资"），但是风险投资的历史至少可以追溯到 19 世纪末，而当时的一个著名风险投资人就是大名鼎鼎的 JP 摩根。在历史上 JP 摩根被认为是传统的金融家，不过以当今衡量风险投资的标准来看，JP 摩根也是一个优秀的风险投资家。首先，JP 摩根在电刚刚开始实际应用，还产生不了什么收入更不要说利润的时候，就看到了它无限的前景，按照今天的说法就是他投对了大趋势，站在了浪潮之巅。其次，他投对了两个非常优秀的人。其中一个是发明了交流输电的奇才特斯拉，JP 摩根长期支持着特斯拉的各种古怪想法，比如通过无线输电跨越大西洋向欧洲输电。当然，JP 摩根投资的另一个人名气更大，他就是发明大王爱迪生。因此，按照今天风险投资就是投人的标准，JP 摩根投人的准确率也实在是太高了。当然，最后在决定对谁加大投入上，JP 摩根选择了商业上更靠谱的爱迪生，而非不断烧钱的特斯拉，按照今天风险投资"割舍不良资产，加倍投资发展好的公司"这一原则，JP 摩根也做得十全十美。

JP 摩根的出现并非偶然。在那个时代，美国的有钱人投资全新的技术领域司空见惯，就连著名作家马克·吐温都进入了风险投资行业。

马克·吐温一生从版税上挣了很多钱，但是都被他的胡乱投资给糟蹋掉了。马克·吐温的投资行为很像今天的天使投资 —— 投资到他所熟悉的领域，不过他的运气不太好，因为他所熟悉并且不断投资的出版行业当时并没有什么革命性的突破。等到别人建议他给贝尔新发明的电话投资时，他却觉得这种能远程通话的设备简直就是天方夜谭，于是错过了一生最可能发大财的投资。通过这两个例子可以看出，风险

图 2.2　特斯拉获得 JP 摩根投资的无线输电项目示意图

投资（和天使投资）早就有了，只是当时没有使用风险投资这种说法。不过，与今天不同的是，他们两位的投资都是个人行为，投的也只是自己的钱。

二战之后，美国的波士顿地区成立了第一家现代风险投资机构 —— 美国研究与开发公司（American Research and Development Corporation），发起人包括哈佛大学、麻省理工学院等一些大学的校长和教授，目的是支持将（特别是大学的）科研成果转换成产品。与当年 JP 摩根和马克·吐温不同的是，这个公司的资金并非来自个人的腰包，而是从多家机构（主要是美国的一些大学）筹措而来，同时，资金也不是由出资人自己管理，而是由专业人员来操作，这种做法和今天的风险投资公司已经非常相似了。从 1946 年成立到 1949 年，该公司一共融到了 400 万美元资金，并且投资了不少初创的小公司（Startup），但是投资的回报并不显著。不过到了 1957

年，美国研究与开发公司的好运气来了，麻省理工的奥尔森（Ken Olsen）和安德森（Harlan Anderson）得到该公司 7 万美元的投资和 3 万美元的贷款，创办了数字设备公司（Digital Equipment Corporation，DEC）。1968 年，DEC 上市，这笔投资的市值达到 3.55 亿美元，这也成为了风险投资历史上的一段传奇佳话。

直到 20 世纪 50 年代末，美国主要的风险投资都集中在从华盛顿到波士顿的东北地区，即美国传统的工业区。而在加州，直到 50 年代末，才开始有一些小规模的天使投资。硅谷早期正式的风险投资来自于外州，硅谷第一个正式的有限责任合伙人风险投资机构"德雷珀－盖瑟－安德森"成立于 1958 年，其中德雷珀（Draper）来自纽约，盖瑟是福特基金会的主席，而安德森是一位退休的空军将军，他们以前都没有在旧金山湾区做过事情。不过，这家合伙人机构很短命，也没有很像样的投资业绩，今天人们对它知之甚少，甚至也很难搞清楚他们为什么会来到湾区做风险投资。当然，德雷珀后来被尊称为"硅谷投资的教父"，不是因为他的投资回报业绩，而是他的投资理念。

把办公室设立在硅谷地区的第一家真正成功的风险投资公司是 1961 年成立的戴维斯－洛克（Davis & Rock），不过其合伙人和资金都来自硅谷之外。合伙人之一的戴维斯过去是加州西南部一家不大的公司的高管，而洛克则是纽约传统的金融家，不过他对风险投资有兴趣。就在 1957 年，"八叛徒"从肖克利晶体管公司叛逃出来时，在洛克的帮助下，他们从美国东部筹到了创业的资金，并成立了仙童公司。此后，出于兴趣爱好，洛克利用周末坐飞机横穿美国大陆到硅谷进行风险投资，可是时间长了换谁也受不了如此频繁的长途飞行，最后洛克决定辞去纽约的工作，全职在硅谷做风险投资。洛克是硅谷第一个传奇的风险投资人，他曾经在 1962 年投资 28 万美元给科学数据系统公司（Scientific Data Systems），到了 1969 年，就赚回将近 10 亿美元。在 20 世纪 60 年代，洛克给投资人带来的

回报超过 20 倍，他所投资的
明星公司包括仙童、英特尔
和苹果等。

综上，从风险投资的起源和
早期发展来看，美国东部的
风险投资比硅谷的发展更早，
而且规模更大，硅谷只是早
期风险投资人看重的多个地
区之一。而硅谷真正"本土"
的风险投资要到 20 世纪 70
年代初才兴起。硅谷的第一
批"本土"风险投资家瓦伦
丁和克莱纳等人，都是随着
60 年代半导体产业的发展而
出现的。因此，我们在强调

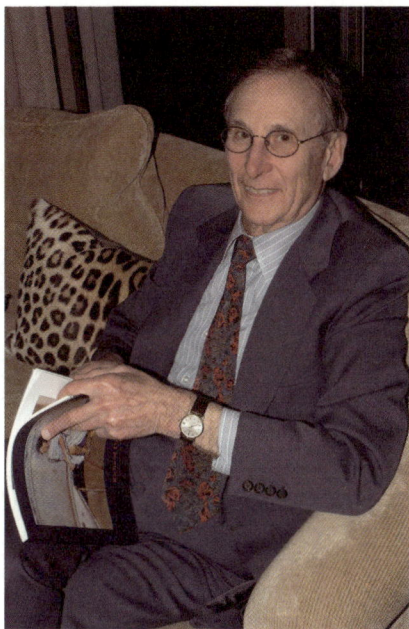

图 2.3 硅谷最早的投资人洛克来自于美国东部

风险投资对于创业不容忽视的作用时，还需要搞清楚为什么风险投
资在美国其他地区发挥不了在旧金山湾区起的这种作用。否则，即
使有了风险投资，也未必就能够造就出硅谷。事实上，倒是硅谷的
崛起帮助了风险投资事业的发展，而在其他地区，各种早期投资都
没有像在硅谷那样催生出伟大的公司，导致后来投资人反而变得谨
慎起来。

能说明硅谷的地点比投资本身更重要的例证，是那些在硅谷获得成
功的海外风险投资公司，比如日本的软银和俄罗斯的 DST，在硅谷
取得的成就远远超过了本土。

讲到风险投资的作用时，还需要强调的是，风险投资的强度相比其
他投资是非常低的。进入 21 世纪以来，每年全美国的风险投资强
度通常不过在 300 多亿美元左右，2014 年是美国风险投资非常热的

一年，投资额度暴涨至 400 多亿美元，但是相比美国 2008 年以来每年在刺激经济上投入的钱，几百亿美元的风险投资可谓少得可怜。风险投资的作用在于以少量的钱撬动很大的杠杆，而不是简单地把钱投到有风险的项目中去 —— 因此它非常讲究投资的效率。这和中国当下很多投资人"乱撒胡椒面"的做法完全不同。硅谷的风险投资比较成功，与当地的投资效率有很大关系。

第四节　政府扶持说

很多地区的经济兴起和政府的扶植有关，比如美国的拉斯维加斯就完全是靠特殊的政策在沙漠中平地而起的，而中国在文革时期的三线城市及改革开放初期的特区，多是靠政府扶植发展起来的。但是，硅谷并没有政府扶持。对此，大家本来不该有疑问，"政府扶持说"在硅谷也没有多少人会赞同。但有趣的是，从中国来到硅谷参观的人士，无论是政府官员还是企业家，经常会问到这一类的问题，即硅谷的兴起和发展在多大程度上靠政府的扶持？或者说政府是如何帮助企业的？如果接待这些客人的是旧金山湾区的政府官员，后者或许还会顺杆爬，说出几点政府的作用，比如减免税收、政府提供一些扶植中小企业的资金，以及将部分政府投资的项目（或者其中的科研成果）免费提供给社会，等等。但是，这些帮助真的很重要吗？它们对硅谷的形成和发展有没有实质性的帮助呢？在回答这些问题之前，我们有必要介绍一下美国政府和中国政府的区别。

首先，政府在美国和中国是完全不同的两个概念。中国政府像是一个悉心照顾孩子的家长，社会生活事无巨细都会管，而老百姓也习惯于有这样一个家长 —— 凡事都会找政府。而美国政府则完全不同，别看它在世界上说一不二，动不动就要显示一下武力，但是在国内，它不过是支撑公权力之鼎的三足之一。美国各级政府既没有立法权，也没有判别是非的司法权，企业界把它看作是自己财富的守夜人、货币政策的制定者和商业行为的监督者，民众则把它当作财富再分

配的执行者（包括收税和将税收用于公共事业）。总之，在国内，
美国政府的权力很有限。

其次，美国公权力的分配不仅有横向的三权分立，而且有纵向的地
方自治分权。在中国，公权力是自上而下授予的，即中央政府任命
地方官员，而在美国，国体是建立在地方自治的基础上的，即各级
政府官员之间没有任命和汇报的关系，州长不是总统任命的，不必
向总统汇报和负责，同样，县市[4]长不需要向州长汇报。在这种情
况下，联邦政府管不了地方的事情，而地方政府又太小，只能管管
城市规划和学区建设。另外，历史上美国除邮局外，不曾有"国有
企业"[5]，这一点甚至和欧洲都不同，因此美国政府在商业上的影响
力非常小。

4
在美国，县是市上
一级的行政单位，
美国的市常常很
小，有点像中国的
区甚至是乡。

5
美国邮政和美国造
币局勉强可以算是
国有企业，但是前
者没有竞争力，后
者甚至为了节省成
本而将铸造硬币的
部分业务外包给中
国去做。

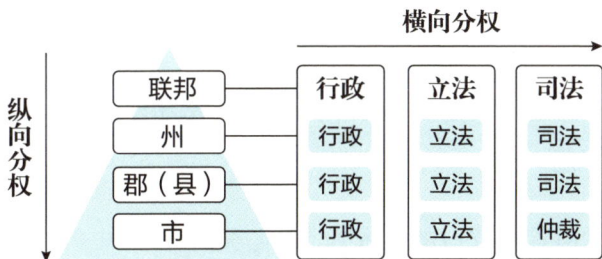

图 2.4 美国的公权力结构

没有政府的干预，美国的商业行为靠什么来规范呢？主要是靠亚当·
斯密所说的那只"看不见的手"。美国和英国及其近亲荷兰，是最
崇尚市场经济和自由贸易的国家，在它们看来，政府对经济管束的
越少越好。在相对自由的经济环境里，这三个国家往往会出现规模
很大的私营企业，比如，在美国，苹果公司有近千亿美元的现金储备，
而微软和 Google 公司各自的现金储备也超过 500 亿美元，在英国
和荷兰，英荷壳牌石油公司是全球第三大公司，年收入超过 4000
亿美元，这些公司有足够的能力承担很多原本需要政府去完成的事
情，比如架设全球光缆。

因此，大家不能把中国政府的特点套到美国政府头上。我们不妨来分析一下硅谷个别地方政府官员提到的政府在帮助企业方面所做的三件事。

首先谈谈税收减免的问题。我们以硅谷中心地区的山景城市和库帕蒂诺市为例，来看看科技公司和当地政府的关系。

山景城位于硅谷的心脏地区，交通便利，它距离斯坦福大学不到 8 公里，西北紧邻硅谷的发源地帕洛阿图市，南边是亚裔集中的库帕蒂诺市和半导体公司聚集的桑尼维尔市（Sunnyvale）。在 2002 年以前，山景城在硅谷只能算是二流城市，但在过去十几年里发展得非常快，房价上涨速度仅次于帕洛阿图，在硅谷乃至整个加利福尼亚州排在第二位，这在很大程度上靠的是一个明星公司 —— Google。山景城面积大约 32 平方公里，只有 7.4 万的居民 [6]，而 Google 在那里就有近 3 万的雇员。山景城和 Google 的关系非常有趣，并非像一般国人想象的那样山景城是 Google 的父母之邦，相反，Google 是山景城的衣食父母。

6
根据 2010 人口普查的数据。

7
数 据 来 源: CITY OF MOUNTAIN VIEW, CALIFORNIA COMPREHENSIVE ANNUAL FINANCIAL REPORT FOR THE FISCAL YEAR ENDED JUNE 30, 2013。

2012—2013 年度，山景城政府的收入为 2.3 亿美元 [7]，其中大约一半来自于政府服务性收费，比如工商注册、房产转手费、酒店和服务业附加税等，大约四分之一是房产税，而其中大部分是从个人房产上征收的，最后的四分之一主要是零售税等。这里面，除了房产税，Google 并没有给当地直接贡献什么收入，说到这里大家可能很奇怪，一个城市有这么大一个公司，居然收不上来税。事实上在美国，公司的营业税收是交给产生营业额的所在地，而不是总部所在地。以 Google 为例，2013 年 Google 在世界各地交税 23 亿美元，但这些税是交给了各个国家和地区（包括中国），只有很少一部分交给了加州各级政府，而几乎没有直接交给山景城的税。Google 和山景城之间没有营业税收的关系，也就谈不上当地政府能够给 Google 减免税收了。

事实上，反倒是 Google 在改善山景城市政，比如建设免费的 WiFi 网络和提供清洁能源的公交等方面，提供了不少资金和技术支持，当地人更多地是感谢 Google 而不是山景城政府。

接下来我们再看看山景城南边的库帕蒂诺市，这里同样有一个明星公司 —— 苹果公司。该市面积 29 平方公里，人口 5.8 万，是美国亚裔比例最高的城市之一（占总人口的 63%），大部分居民为科技公司的雇员。2014 年库帕蒂诺市政府收入为 1.2 亿美元，其中包括苹果为建设新总部一次性缴纳的 3 千万美元税费，除此之外，该市收入的构成和山景城类似，也就是说，苹果也不给它交什么税。即使这 3 千万美元，在苹果公司的财务报表中占个什么位置呢？要知道截至 2014 年，苹果账面上的现金已超过 1000 亿美元，而它每年的现金流高达 400 亿美元，大家可以自己算算 3 千万美元和苹果的年收入相比是什么样的比例。另外，苹果 2014 年财政年度在全球交税只有 15 亿美元左右，比 Google 还低很多。相比苹果公司，库帕蒂诺市政府简直就像是一个要饭的。事实上，当地的学区代表还真的到苹果公司去"化过缘"—— 2009 年，当美国遭受金融危机后，加州政府的收入减少（主要是很多人在投资上的损失导致州个人收入所得税锐减），很多学区经费不足，开不出选修课程，学生上学时间被迫减少，于是库帕蒂诺的学区代表找到苹果公司，希望获得区区几百万美元的善款，当时苹果公司的负责人还是乔布斯，可能是因为他对做慈善没有兴趣，于是苹果一口回绝了当地学区代表的请求。最后，是学生的家长们，包括很多苹果雇员自掏腰包补上了学区的亏空。库帕蒂诺的市民对苹果公司为富不仁的行为颇有微词，而乔布斯则表示苹果公司对当地贡献巨大，直接提供了上万个，间接提供了两万多个就业机会，他甚至表示，苹果公司要是把总部搬到旁边的圣荷西市，会得到更好的发展。为此，苹果公司每年还出了一份研究报告，讲述该公司对当地经济的帮助。当然，在库克领导苹果公司之后，苹果公司对慈善事业比以前积极了很多，多少改

图 2.5　苹果总部所在的库帕蒂诺市的政府大楼只是一座很不起眼的二层小楼

善了大家对苹果公司的看法。不过从这个例子也能看出，在美国很多地区，包括在硅谷，政府和企业之间，强势的是企业。政府即使想帮助企业，哪怕是帮助一个中小企业，还不如一个风险投资基金或者大公司起的作用大。

这里顺带补充一句，由于国内的地方政府官员大部分不了解美国的政体，很多官员（和企业家）到了硅谷首先想到的是拜访当地的政府官员，比如山景城或者库帕蒂诺的市长。这些市长并不像国内的市长那么忙，都是很容易见到的，但是他们的权力很有限，对当地公司也几乎没有任何影响力。认识了这些政府官员后，国内来的代表团往往希望他们帮助引荐当地的大公司，此时这些美国的地方政府官员们就会一头雾水，因为一来这不是他们的本职工作，二来他们平时无法参与或者影响苹果和 Google 这类大公司的商业活动。实际上，要找苹果或者 Google 合作，直接找这些公司本身即可。

第二，美国各级政府是否在资金支持上帮助了硅谷？

其实我们前面已经提到，不仅像苹果和 Google 这样的大公司有着比政府更多的资金，就是一些风险投资基金对企业资金的帮助，强度也要大过政府。美国联邦政府确实有少量用于扶持新技术的资金，但是这些钱一般都是投给短期看不到什么经济效益的长线项目，比如一些新材料和生物技术的研究。美国政府和企业界的界限非常清晰，即政府不与企业争利，一旦一项技术可能开始产生收入，那么政府对它的支持也就停止了。在硅谷，纯研究的项目并不多，因此硅谷的公司基本上不拿政府的经费。相比之下，反而是纽约和新泽西等传统工业地区的公司，比如 IBM、AT&T 等或多或少会拿一些政府经费，当然这在它们的营收中占比也非常低。美国真正获得政府大力支持的是军工企业，但这些企业并没有因为有政府的支持而快速发展，相反因为容易获得政府（军方）的合同，而导致自身效率低下。

在美国，虽有少数经济学家赞同政府对经济的干预，但是整个社会一直崇尚自由经济，商业上的事情政府少干预，包括扶持也在其中，凡是能由私营机构完成的事情政府一般都不干预，即使一些在其他国家由政府主导的事情，比如举办奥运会，在美国也会转包给私营机构。历史上，一般来说由美国政府主导的商业行为效率都较低下，因此美国的大部分政府都不会去人为干预经济。在美国历史上仅有的两个例外是罗斯福新政时期和奥巴马执政时期。前者自不必说，1929—1933 年出现了全球经济大萧条，导致美国经济几乎破产，此刻有必要进行一些政府干预。虽然过去我们一直在讲是罗斯福的新政帮助美国走出了经济危机，美国学术界对罗斯福新政的有效性却始终存有争议，实际上美国直到二战爆发后才走出衰退。我们姑且不去评论罗斯福新政，但是事实上二战之后美国政府对经济的干预并不多，直到 2008 年出现的金融危机，而在此期间则是硅谷发展繁荣的时期。2008 年之后，美国政府注入了大量的美元以增加流通性，不过主要用途是"划掉"（Write Down）国债 [8]、救助金融机构和汽车工业，对于科技行业的投入微乎其微。而奥巴马政府对旧金山湾区直接支持的较大项目只有 Solyndra 太阳能一家（提供了 5.35 亿美元的政府贷款），而该公司也已于 2011 年破产。

在美国，另一个反例说明了美国政府对地方经济的帮助并不大。2008 年金融危机之后，美国联邦政府对底特律等重灾区投入了大量

8
直接印钱购买国债。

救助资金，但收效甚微。在此之前的 2005 年，美国政府也对遭受卡特琳娜飓风袭击的美国南部地区提供了各种帮助，但是那里至今依然没有得到恢复。而在 2001 年互联网泡沫破裂后，作为重灾区的硅谷没有得到美国政府一分钱的帮助，却在 2003 年奇迹般地复苏了，并且在接下来的十几年里竞争力更加强大。

在这里，我们无意评论政府的帮助是否对科技产业有用，但是具体到硅谷的发展，确实跟当地政府没有什么关系。

第三，谈谈政府支持的项目对美国科技产业的影响。

持有这个观点的人的主要论据是，政府支持搞的一些科研成果会免费给社会使用，带动了一次又一次的技术进步。这一点的确是事实，更具体地说，二战之后美国由政府出钱，后来直接转换成民用产品的重大发明包括核能技术、计算机和互联网三项，对此，确实应该给美国政府加分。不过，美国政府是同时将这些技术开放给全美国，甚至是全世界，并没有对硅谷给予刻意的帮助，更没有政策倾斜。

在核能技术方面，通用电气（GE）等公司参与了曼哈顿计划，自然而然"近水楼台先得月"。虽然加州大学伯克利分校是曼哈顿计划的主要参与者，并且在伯克利旁边的利物莫建立了研制核武器的国家实验室，但是这并没有让旧金山附近诞生一个新的核电公司。在计算机技术方面，第一台电子计算机（ENIAC）的两个主要发明人莫奇莱和埃克特，就发明的专利应该是属于他们个人还是他们所在的宾夕法尼亚大学，与学校争得不亦乐乎，但无论是宾夕法尼亚大学还是美国政府都没有阻止他们两人利用这个技术办公司，这倒是从一个侧面反映了美国政府和大学对待所谓职务专利发明的态度。事实上，硅谷的发展正是得益于这种宽容的态度。不过，在电子计算机发明技术上，受益最大的是 IBM 公司，IBM 聘请计算机之父冯·诺依曼做顾问，并雇用了一批参与 ENIAC 研制的专家，率先进入了这个快速发展的领域。这是 20 世纪 50 年代初的事情，当时硅谷还没有诞生。如果一定要找出一点硅谷从政府支持的研发上受益的项目，那就是互联网了。不过，美国政府是向全社会乃至全世界开放互联网技术的，可以说硅谷与世界其他地区处于同一起跑线上，并没有得到美国政府的特殊关照。至于为什么后来硅谷跑赢了，这是我们后面要着重讨论的问题。

从美国政府将绝大多数资助的科研成果直接提供给社会使用这一点来看，它的政策还是鼓励科技进步和产业升级的，但是在硅谷从兴起到发展的整个过程中，美国政府并没有向硅谷地区有过任何政策倾斜，可以说硅谷的兴起和美国政府的支持没有什么直接的关系。

第五节　知识产权保护说

保护知识产权一直被认为有利于鼓励发明创造和促进科技发展，有一种看法是，硅谷之所以不断有所创新，归功于知识产权保护得好；要想再打造一个富于创造力的科技产业中心，就必须保护好知识产权。为了保护知识产权，很多大公司可以说是不遗余力。根据 2015 年第一期美国《外交》杂志（*Foreign Affairs*）刊登的数据，美国公司之间的专利官司从 2004 年的每年 500 例，上升到 2013 年的每年 4000 例，增加了将近一个数量级。

应该说，保护知识产权这个方向是正确的，对知识产权不加保护，发明者不仅缺乏创新的动力，而且没有足够的收入来发明新的技术。现在很多重大的技术突破都离不开大量的资金支持，比如发明一种新的处方药需要经过近 20 年的努力，投入至少 20 亿美元，甚至近百亿美元 [9]。如果其他药厂都像印度人那样盗版，研制新药的药厂有可能连研发的成本都收不回来。长此以往，将不会再有公司愿意大强度投入创新，发明创造的速度就降低了。有人认为盗版药物旨在治病救人，但他们是否想过，这其实也是在对投入了 20 年精力研制新药的上千名科学家的谋财害命。在研制很多新药的过程中，

[9]
据斯坦福大学医学院院长米纳教授介绍，如今研制一种新的处方药一般需要投入 20 亿美元的研究经费，耗费 20 年左右时间（从关键技术的论文发表到药物应用于临床的时间，这还不包括从基础研究到论文发表的时间）。

10
所谓损失性赔偿是
指侵权的一方赔偿
被侵权一方在商业
上可能产生的损
失，而不再进行追
加性惩罚。

科学家们付出的不仅仅是时间，有时甚至是自己的身体和生命。美国对侵犯知识产权的处罚不是简单的损失性赔偿[10]，而是惩罚性赔偿，即大约为损失性赔偿的三倍，甚至更多。

保护知识产权包括保护软件和出版物的版权、商标权、专利权，以及尊重他人的研究成果和一切原创性的想法等。对软件和出版物的版权以及商标权的保护，全美国没有什么差别，硅谷也不需要刻意做什么事情让它显出对这两种权益的特别维护，在此就不细说了。尊重他人的研究成果和一切原创性的想法，这一点在硅谷地区深入人心，抄袭他人想法不仅荒谬，而且可耻，但这不是靠完善法律和制度就能达成的，甚至和不同地区的文化也没有太大的关系。这其中有很深层的原因，我们会在后面几章里细说。

11
美国专利局网站
http://www.uspto.
gov/web/offices/
ac/ido/oeip/taf/
st_co_13.htm。

从法律和制度上比较容易保护的是专利权。总体上，硅谷非常重视包括专利权在内的各种知识产权。2013 年，整个加州地区获得了近4 万件美国专利，占全美国当年 14.7 万件专利总数的 27%，其中硅谷地区占加州的一半多一点，在全美国的占比达到 14%[11]。无论从专利的绝对数量，还是从在全美国的占比来看，硅谷似乎都不低。不过，相比同期硅谷公司在美国纳斯达克 100 强的占比（40%），则 27% 和 14% 这两个数字似乎又不算高。在加州，还有近一半的专利被授予硅谷之外的地区（主要是洛杉矶和圣地亚哥），但在那些地方并没有出现另一个硅谷。如果再看看其他地区，比如微软所在的华盛顿州（只有微软、波音和亚马逊三个主要的科技公司），与之相比，硅谷的专利数量甚至都谈不上突出。华盛顿州同期授予的专利为 6500 件，考虑到它只有加州 1/7 的人口，人均比加州还高一点。另外，人口为加州 1/7 的马萨诸塞州，或许是因为有哈佛和麻省理工等诸多名牌大学，也被授权了 6700 件专利，而 AT&T 所在的新泽西州、IBM 所在的纽约州和美国南部的科技中心得克萨斯州，专利数量都不低。在美国国外，日本和中国台湾在美国获准的专利数量非常之高（分别为 5 万多件和 1 万多件），这还不算它们在本国或本地区和其他国家获得授权的专利。因此，单从专利的数量上看不出硅谷有什么特别之处。

当然，光有专利制度，不严加执行，实际上还不如没有这个制度。那么硅谷在真正保护专利上，或者说对可能的侵权处罚上又做得怎么样呢？应该讲，硅谷做得远不如美国的平均水平。在专利纠纷中，权利的诉求来自于所谓的"原告"。在硅谷，除了乔布斯时代苹果挑起对安卓（Android）手机制造公司的专利官司外，主动充当原告的公司并不多。大部分硅谷公司申请专利主要是出于防御的目的。

专利其实是一把双刃剑，它既能维护发明者的权益，也能阻碍科技进步。利用专利阻碍科技进步，第一类是一些律师公司，它们通过低价收购一些专利，然后专门纠缠那些产品可能与这些专利有关的公司，寻求高额的专利使用费。第二类就是一些拥有大量专利但业务发展已经开始出现停滞的大公司。历史上很多大公司都做过这样的事情，如今的典型代表就是 IBM 公司和微软公司。我在《浪潮之巅》中介绍了 IBM 的专利策略——它每年都会从其他公司那里获得巨额的专利费。微软公司在其快速发展期并不太重视专利，大部分时间是作为被告出现在专利官司里的。但是，在互联网时代，微软的发展开始出现停滞，在移动互联网时代，微软则几乎被边缘化了，于是它（从加拿大北电等公司那里）购买了大量与移动通信相关的专利。买下这些专利后，微软并不是为了利用它们来研制更好的产品，而是通过打官司的形式阻扰其他公司的发展。从 2011 年开始，微软通过打官司向三星和 HTC 等在美国有业务的安卓手机厂商收费，它开出的价钱是每部 15 美元 [12]，不过业界估计它应该可以收到一半，即每部手机 7～8 美元，即便如此，微软每年也可以有至少 10 亿美元的专利费收入。而微软没有多少市场份额的手机部门，却一直在赔钱。这些专利是微软买来的，微软拥有它们并没有带来任何的科技进步，反而在阻碍科技的发展。

12
http://www.
zdnet.com/
article/reality-
check-microsoft-
charging-vendors-
a-15-patent-fee-
per-android-
device/

表 2.1 列出了从 2009—2013 年这 5 年间，获得美国专利数量排名前
10 的公司。在这 10 家公司里，没有一家是硅谷的公司，这和我们
心目中硅谷公司是最具创新力的印象似乎是矛盾的。当然有人可能
会问是不是因为硅谷的公司太小，可事实上硅谷有很多大公司，并
且在纳斯达克前 10 大公司中占了 6 席 [13]，像苹果、Google、英特尔
和思科这样的公司不仅规模不小，而且历史也足够悠久，技术积累
也足够深厚，它们也排不进专利数量前 10 名，只能说明它们对申
请专利并不很热衷。事实上，强调保护专利和强调创新是两回事，
当一个公司必须依靠专利来维持自身的市场地位时，恰恰说明它在
竞争中已经落伍了。一些大型的跨国公司，其主营业务的发展开始
趋缓，而新的业务又开展不起来，只能靠并购和收取过去技术的专
利费来增加收入，这些公司的法务部门甚至比工程部门更有发言权。
但是，这恐怕对创新没有什么益处。

13
这六名分别是苹
果、Google、英特
尔、Facebook、思
科和吉利德科学。

表 2.1　2009—2013 年在美国获得专利最多的 10 家公司

名次	公司
1	IBM
2	三星
3	佳能
4	微软
5	松下
6	东芝
7	索尼
8	LG
9	精工 – 爱普生
10	GE

综上可知，在整个美国，对知识产权的保护并非硅谷的特质，也不
是让硅谷长盛不衰的决定性因素。

第六节　波士顿地区并没有出现硅谷

波士顿地区（包括旁边的坎布里奇等卫星城市，以下简称波士顿）从土地面积、人口数量到人均 GDP 等各方面都和硅谷相当。可以说，除了天气因素，波士顿在各方面与硅谷相比，不仅不落后，甚至还好于硅谷。

首先看看地理位置，波士顿濒临大西洋，有天然良港，地理位置优越，是美国最早开发的地区，并且经济一直很发达。直到 20 世纪 80 年代，中国改革开放之前，美国的大西洋贸易都要高于太平洋，在 60 年代之前更是如此。在跨洋贸易方面，波士顿的地位与旧金山非常相似，它不是大西洋沿岸最重要的港口（比不过纽约），但是在历史上直到今天一直都排在前几位。类似地，旧金山也不是太平洋沿岸最大的港口——它南边的洛杉矶在吞吐量上要远比它大，即使是北边的西雅图也排在前面。波士顿是美国传统工业区新英格兰[14]的中心，向南不远处就是美国最大的城市纽约，向西连接着北美五大湖工业区，地理位置甚至比旧金山更加优越。

14
包括马萨诸塞、康涅狄克等 6 个州。

其次，在教育方面，波士顿是美国大学和人才最集中的地区，那里有 50 多所大专院校，包括著名的哈佛大学和麻省理工学院。波士顿地区人才荟萃，在 400 多万人口中，就有 40 多名（健在）诺贝尔奖获得者，平均每 10 万人中就有一名。此外，波士顿各行各业（科技、医学、工程、法律和新闻等）的专家学者和社会精英更是不计其数，而在校的大学生多达 25 万人。在整体人口素质上，波士顿地区要高于硅谷，虽然拥有最高学历（博士和硕士）的人数两个地区差不多，但波士顿的人均教育水平（受教育的年限）更高。而在中小学教育水平上，波士顿则要远远好于硅谷。在文化上，波士顿被认为是有文化的地区，在文学、艺术和音乐等各方面的积累都远在硅谷之上，而相比之下，硅谷在很多美国人的眼里是文化的沙漠。

历史上，波士顿一度是美国最富有创新力的地区，很多重要的发明都源于此，比如最早的电报、铺设最早互联网的 BBN 等。需要指出的是，波士顿并非是靠国家供养的科研基地，那里的学者很愿意把科技成果转化为生产力。早在 19 世纪中后期，著名教育家艾略特（Charles William Eliot，1834—1926）等人就意识到教育一定要为地区经济发展服务，而且身体力行，在担任哈佛校长长达 40 年的时间里，呕心沥血改革旧的教育体制，将哈佛从一个近代私塾转变成了世界一流大学。同期发展起来的麻省理工学院，从一开始就注重应用技术的研究，它的校友们发明了石油提炼技术、中央空调系统，研制出大到风洞、小到吉列安全剃须刀（麻省理工校友尼克逊与金·坎普·吉列先生于 1901 年在波士顿合伙创办了吉列公司）等一大批后来改变世界的技术和产品。在 20 世纪初期，波士顿涌现出一批高科技公司，比如雷神（Raytheon）、热电公司（Thermo Electron Corporation）等。

15
1947 年研制出来的，只比 ENIAC 晚一年。

在二战期间和二战之后，麻省理工的科研成果甚至催生了美国整个军事工业，包括改进雷达、发明了远程枪和投弹瞄准镜、惯性导航系统，以及暴风一号计算机 [15]。20 世纪 50 年代，麻省理工和 IBM 一起研制出美国军方的指挥电脑系统 SAGE，后来又研制出美国洲际导弹的制导系统，并且是"阿波罗计划"的主要合作方。用美国前国防部长温伯格的话讲，没有麻省理工，就没有美国的国防工业。

接下来我们不妨看看投资方面。波士顿地区是美国现代风险投资的发源地，我们前面提到的"美

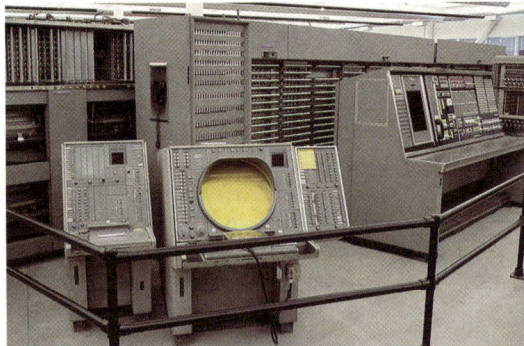

图 2.6 麻省理工学院和 IBM 共同研制的 SAGE 计算机系统

国研究与开发公司"就诞生在那里，而且这家公司是哈佛大学、麻省理工学院等几个名牌大学为了将技术转化为产品而专门设立的。直到 20 世纪 60 年代，波士顿地区风险投资的强度都一直领先于旧金山湾区。波士顿各大学对技术并不保守，它们乐于转让给当地的公司，就这样，在美国研究与开发公司等大大小小的风险投资的帮助下，当地确实涌现出了一批明星级的初创企业，比如数字设备公司（DEC），也帮助大学将一些技术转化成公司产品。在 20 世纪 60 年代，波士顿边上的 128 号路旁曾经出现了大量的初创公司，一度与西部的硅谷遥相呼应。

图 2.7　波士顿 128 号公路周边至今还有不少小公司，但是缺少 IT 巨头

美国政府对波士顿地区的扶持力度远远高于对硅谷地区的扶持，很多军方项目都交给了波士顿周边的大学和 IBM 等公司。当然这也跟波士顿靠近华盛顿有关。另外，还需要补充一点，那就是波士顿有着崇尚自由和提倡机会均等的优良传统，是美国独立革命的发源地，所在的马萨诸塞州也是美国最早废除奴隶制的州 [16]。长期以来，它和加州一样被认为是美国最开放和最适合移民的地区。

从上面的分析来看，波士顿地区各方面条件似乎都不比旧金山湾区

16
马萨诸塞州在美国建国时就和另外四个州一道宣布废除了奴隶制。

17
该地区在美国财富 500 强行列的公司里，最后成立的两家 EMC 和波士顿科技（Boston Scientific）都是 1979 年成立的。

差。如果退回到 40 年前，我们无法确定美国的创新之都会是加州的旧金山湾区，还是波士顿地区，但是从 20 世纪 70 年代信息革命开始以来，波士顿地区就逐渐落伍了。在 20 世纪 80 年代之后，该地区不仅没有出现一家美国财富 500 强企业 [17]，而且过去在科技行业里举足轻重的数字设备公司和王安电脑公司等，都因为适应不了新的竞争环境而不得不被贱价出售。与硅谷相比，波士顿地区一定有某些不足之处，而波士顿的这些不足之处，或许正是硅谷成功的奥秘所在。

结束语

经过上述分析，不难看出，虽然气候的因素、斯坦福的贡献、风险投资的作用都对硅谷的成功有帮助，但是它们远不像一些媒体报道的那样，是促成硅谷成功的决定性因素，而政府的扶持和对知识产权的保护则与硅谷的成功基本无关。因此，硅谷的成功一定有其更为深层更为本质的原因，而要弄清楚这些，必须先从硅谷的诞生和发展说起。

参考文献

1. 孟德斯鸠 . 论法的精神（上下卷）. 许明龙，译 . 商务印书馆，2012.

2. Jessica Vascellaro.Google 的施密特谈硅谷有何不同（*Google's Schmidt on What Sets Silicon Valley Apart*）.http://www.wsj.com/articles/SB125737184163029037.2009.

3. 2014 硅谷指数（*2014 Silicon Valley Index*）.
   https://www.siliconvalleycf.org/sites/default/files/publications/2014-silicon-valley-index.pdf .

第三章　硅谷的起源

今天硅谷的所在地旧金山湾区，两百多年前还是人类文明没有渗入的处女地。西班牙探险家加斯帕·德·波特拉（Gaspar de Portolà）于 1769 年发现了这一片环绕海湾的峡谷地带。这里气候宜人，又是天然的良港，很快西班牙人开始在这里定居。他们用 13 世纪意大利圣徒圣方济各（Saint Francis of Assisi，1181 或 1182—1226）的名字命名了这座新城市，在英语里它被称为圣弗朗西斯科（San Francisco）。1777 年，西班牙人在旧金山南端的圣荷西（San Jose）建立了定居点，这样整个旧金山湾区就成为了当时被称为"新西班牙"殖民地（包括今天的墨西哥和加利福尼亚等广大地区）的一部分，硅谷地区的地名自然也就大多来自西班牙语。从旧金山湾区的殖民过程可以看出，它和美国其他地区，比如东部以清教徒为主的北美十三州[1]、南部的法属殖民地（如路易斯安那州）完全不同，传统的"美国人"的势力在旧金山湾区并不强，盎格鲁 – 撒克逊文化对这里的影响也不算强。这是后来在硅谷地区能形成多元文化的一个原因。

1
英国移民早期在大西洋沿岸建立的 13 个殖民地，后来成为美国独立战争和建国时的主体。

第一节　硅谷前传

1　冒险家的乐园

1835 年，人们在旧金山湾区发现了金矿。在此前后，人们在洛杉矶和圣地亚哥地区也发现了金矿。随后的十几年里，整个美洲都掀起了"到加利福尼亚去"的淘金热，史称 Gold Rush。涌入加州的淘金者，除了来自美国东部各州，还有来自南边的墨西哥，甚至更遥远的秘鲁和智利。最早来的一批冒险家很快就发了大财，每天能淘到价值上千美元的黄金，这相当于今天的大约十万美元，真可谓是日进斗金。

到 1849 年，大批外国人（包括逃避 1848 年欧洲革命的欧洲人和一些华工）远渡重洋来到了这里，他们也被称为"49 年人"，今天美国著名的橄榄球队旧金山 49 人队就是以此命名的。中国人把这座城市称为金山，后来因为在澳大利亚的墨尔本也发现了黄金，便把这里改称为旧金山，而称墨尔本为（新）金山。虽经历了一个世纪的殖民，但在淘金时代，旧金山湾区依然是蛮夷之地，大家选择来到这里，不是为了什么崇高的理想，而是有着很现实的目的 —— 发财。淘金者来自世界各地，他们都带来了各自的文化，这里一开始就没有一种占主导地位的文化，这些淘金者除了爱冒险，没有什么共同之处。不过，爱冒险这一点对后来硅谷的发展很重要，硅谷人不仅喜欢尝试新的东西，对失败也非常宽容，因为大家都知道在冒险中获得成功的是少数，这一传统保留至今。也就是在这一年，整个加州的黄金产量超过美国建国 55 年来（自 1792 年立国到 1847 年）黄金产量的总和（37 吨），而伴随淘金热的是人口的剧增和西部大开发。

与中国西部是远离海洋的荒漠不同，美国西部濒临太平洋，海上运输便利，气候又非常适合农作物生长和人们居住，因此商人们有动

力将电话、电报和
铁路从遥远的美国
东部铺设到加州。
采矿业的发展、基
础设施的建设，以
及人口红利，促生
了加州第一批工业
界巨子，不过他们
从事的生意都和科
技产业无关。相比
美国东部和五大湖
地区的企业家，加
州的这些工业巨子
本身也是冒险家。
这些人中，首先值
得一提的是一位铁
路大王——（老）

图 3.1　斯坦福一家

利兰·斯坦福（Amasa Leland Stanford Sr，1824—1893）——他是
一位影响了世界的人物，但不是靠铁路，而是靠一所大学。老斯坦
福首先是一位政治家，他于 1861 年当选加州州长。这一年，美国
内战爆发。当时美国总统林肯为了增强北方的实力，于 1862 年签
署了《太平洋铁路法案》，这样就可以把支持废奴的太平洋沿岸地
区和美国北方连接起来了。在这个大背景下，作为林肯在美国西部
的盟友，斯坦福成立了中央太平洋铁路公司。经过大约 20 年的
建设和经营，斯坦福成了加州的铁路大王，从纽约到旧金山的铁路
网，斯坦福拥有西部这一半，他还拥有金矿和港口，是加州数一数
二的富豪。斯坦福夫妇只有一个儿子——小利兰·斯坦福，按照今
天的标准，他是典型的富二代加官二代。家里为了让他玩得开心，
在自家 32 平方公里的领地里修建了一条环形小铁路，当时还没有

汽车，小斯坦福就飙火车。

1883 年，小斯坦福在去欧洲旅游的途中不幸病逝，晚年丧子让斯坦福夫妇十分悲痛，为了纪念爱子，斯坦福夫妇想了各种主意，最后，他们决心创办一所大学。1886 年夏天，斯坦福捐出 250 万美元，作为创立斯坦福大学的基金。1893 年，斯坦福去世，遗产全部用于办学，这才有了今天著名的斯坦福大学。

靠淘金热发财的另一位冒险家是报业大王威廉·赫斯特（William Randolph Hearst，1863—1951）的父亲乔治·赫斯特（George Hearst，1820—1891）。他是冲着加州的黄金来的，虽未发现金矿，却找到了银矿。到了他儿子这一辈，威廉·赫斯特把家族采矿业的生意扩张到报业，在那个时代，报纸的重要性相当于今天的互联网。1941 年，威廉·赫斯特的故事被搬上了银幕，这就是著名的电影《公民凯恩》。赫斯特家族今天依然是美国最富有的家族之一，拥有数十份报纸和数百份杂志，以及若干电视网。

图 3.2　赫斯特堡（Hearst Castle，靠近美国加利福利亚州 1 号公路边，又称赫氏城堡，1957 年，赫斯特家族将这座美国历史上最豪华的私人宅邸捐给了加州政府）

得益于加州淘金热和铁路热的，当然不仅仅是老斯坦福和赫斯特家族，而是整个加州的农业和随后而来的少量工业。不过，进入 20 世纪，包括旧金山地区在内的整个北加州地区，并没有形成像美国东部和五大湖地区那样的工业中心，发展也逐渐停滞，如果不是后来硅谷的兴起，这里很可能会成为另一个玉门或者大庆这样的城市 —— 在资源开采殆尽后，地区的重要性陡然下降，或者只能以农业为主靠天吃饭。事实上，当时很多人都认为加州地区工业基础薄弱，远离美国的经济中心（东北部地区），应该利用气候优势发展农业，而不是发展后来的科技产业。早期的加州大学（即今天的伯克利分校），开设的专业便是以农业为主。

从 20 世纪开始，新兴的军事工业、航空工业和电子工业开始在加州慢慢起步，但整体水平并不高。洛克希德·马丁公司（Lockheed Martin）、诺斯洛普·格鲁曼公司（Northrop Grumman）和惠普公司在这里相继诞生。不过，当时这些公司的销售额加在一起，还不如美国东部贝尔电话公司的零头。真正让加州的重要性显现出来的是两件事：1929 年到 1933 年整个西方世界的经济大萧条，以及第二次世界大战。加州没有什么工业基础，也没有金融业，在大萧条中居然没有受到太大的冲击，而洛杉矶的影视业居然还是在那个年代腾飞的 [2]。而在二战以及后来的朝鲜战争中，出于军事目的，南部加州（洛杉矶和圣地亚哥地区）的军事工业得到了长足的进步。但是，相比美国东北部发展较早的各州，加州整体上还是非常落后的。简单地讲，在硅谷诞生之前，旧金山湾区乃至整个加州地区的科技水平并不高，工业基础并不雄厚。如果回到 20 世纪 50 年代之前，恐怕没人会想到硅谷这样的科技产业中心会诞生在这里。毕竟，这个地区除了是冒险家们捞一票的地方，剩下的主要都是农业了。

[2] 以后每到经济危机时，美国电影的票房都很好，对这个现象至今没有令人信服的解释。

2 独特的政治和文化

在加州早期的开发过程中，并没有形成传统工业地区所拥有的现代化大企业，从工业规模和 GDP 的角度来看，这明显是个劣势，不过，加州地区也因此没有受到现代工业企业制度（比如泰勒的科学管理方法）太多影响，后来证明这反而有利于形成硅谷自己的企业文化。在加州开发的过程中，要说有什么其他地区所没有的优势，那就是当地独特的政治和文化，即在追求各族群平等机会的同时，强调个人奋斗的保守主义。这两个特色，深深地植根于很多加州人的血液里。

前一点很好理解，因为大家都是外来人，到了加州是为了淘金和追求发展的，当然需要一个公平的环境，更何况除了少数很早就移民到加州的西班牙人后裔，这里没有主客之分，因此追求公平是人的本能所致。直到今天，加州大部分选民都倾向于自由派的民主党，而加州的很多税收政策，也都是向低收入人口倾斜的。

但是，若简单地认为加州人的政治倾向完全是左派的、倾向于民主党的，那又错了，否则无法解释为什么加州在历史上出过三位总统，胡佛、尼克松和里根，全部是共和党人，而且尼克松和里根还是非常保守的共和党人。实际上，加州人在强调平等的同时，还有另一个侧面，就是强调通过个人奋斗往上爬的保守主义倾向。如果没有这一点，光是强调平等，加州可能就是另外一个法国、意大利或者西班牙。

当然，加州的保守主义不等同于英国 17—18 世纪托利党那种支持等级并保留国王地位的主张，它在重视机会平等的同时，吸收了英国保守主义中强调自由经济、小业主利益、个人通过奋斗提升自己社会地位，以及"小河有水大河满"这种优先个人利益、淡化集体利益的价值观。加州能出里根这样的总统，从另一个侧面说明了它注重个人主义的保守文化。这种文化倾向带来的一个结果就是，大部分生意人在遇到问题时，习惯于靠自己的努力走出困境而不是寻求政府的帮助，这对硅谷的崛起有很大的帮助。

在加州，具有保守主义思想的不仅仅是那些小业主们，也包括大量最底层的民众。对比一下美国东部的"穷人"和加州的"穷人"在做事方式上的差异，就能体会到这种保守主义精神的可贵之处。在美国东部，穷人们习惯于向政府伸手，满街游荡着不愿工作的失业者。在一次次种族骚乱之后，他们非常不理性地烧掉自己社区的商店，因为他们仇视有钱人。当然，随后他们会请求政府帮助重建，否则他们的生活实在不方便。针对这种现象，保守主义人士会讲："你既然有本事烧，就应该有本事建。"在加州，大量没有固定工作的非法移民（很多是拉丁裔）会冒着被移民局遣返的危险，到家得宝或者沃尔玛门口，等着有人愿意找他们帮忙做点体力活，这些人虽然穷困，但是绝不欺诈，更不会打砸抢，而是靠自己的劳动来养活自己。当他们能填饱肚子时，就会争取找一份替人除草和收拾院子的工作，如果做得好，就会成为一个承包这种服务的小老板。这是他们每一天努力的目标，在他们身上，同样体现了保守主义的精髓。甚至可以说，没有保守主义，就没有后来的硅谷。

加州人在思维方式上的另一个特点就是自己动手（DIY，Do It Yourself）。在开发西部荒蛮之地的过程中，很多事情都需要自己动手，这在一定程度上也推动着硅谷人乐意尝试自己动手去做新的东西。苹果公司创始人乔布斯的养父就是这样一个人，他家里所有修修补补的事情都是自己动手去做，而乔布斯的动手能力正是从他养父那里学到的。Google 前（第一）高级副总裁阿兰·尤斯塔斯的汽车后备箱里总是装着修车工具，他不仅给自己修车，还经常帮助车抛锚在路边的司机们。他的前任韦恩·罗森则是一个天文望远镜迷，自己动手制作了一台直径达数米的天文望远镜，并且运到了智利，后来干脆转行专心制作大型天文望远镜去了。自己动手的习惯，不仅能帮助创业者把各种技术组合在一起，设计出伟大的产品（乔布斯就是这样的人），还让公司员工能够在没有别人帮助的情况下，独立完成很复杂的项目，这一点是硅谷工程师和其他地区工程师的一大区别。

到了 20 世纪 50 年代，旧金山湾区终于等到了淘金热后的第二个机会，人们开始大量涌入这里开始第二次淘金，不过这一次淘的是一种白色的金子 —— 半导体硅。

第二节 天时与地利

一个地区的发展常常源于一些看似偶然的因素，硅谷的起源也是如此。中国有句古话，讲凡是成功需要天时地利人和，硅谷的诞生是否有人和的因素，从不同的角度看结论不同，我们下一节再细讲，但是，天时和地利的因素它确实都占到了。

1 IBM 偶然的选择

先讲讲天时。二战之后，科技行业发生的两件事对硅谷的诞生和发展起到了决定性的作用。第一件事是大家在介绍硅谷时都会提到的，即 1946 年美国发明了第一台电子计算机 ENIAC。而第二件事却是大部分人都会忽略的，即 1948 年控制论、信息论和系统论（俗称三论）的诞生，它们对后工业时代的影响不亚于牛顿力学当年对工业时代的影响，而这一点常常被人们忽视。可以说，没有这种新的世界观，就没有硅谷。三论对硅谷形成产生的作用，我们会在第八章中详细讲述。

让我们先来看看第一台电子计算机的出现为硅谷带来了什么。和美国在二战前各项重大发明一样，第一台电子计算机也诞生于美国东北部地区。虽然伯克利在 1951 年也研制出一台电子计算机 CALDIC（California Digital Computer，加州数字计算机这几个单词的首字母），但是这台计算机在整个计算机发展史上的影响甚微。事实上，在 20 世纪 50 年代初，整个加州的计算机产业也几乎为零，而在美国其他地区计算机却发展迅速。到了 1956 年，全美国已经有 800 多台计算机，1959 年则快速增加到 6000 台，但是这些计算机大部分集中在美国东北部，中部和南部也有一些，加州则少得可怜。随着计算机的数量迅速增加，在美国东北部的大学和研究所里，计算机科学已开始作为一门学科发展了。1951 年，美国军事安全局（Armed Forces Security Agency，简称 AFSA）[3]的谢泼

3
即今天国家安全局 National Security Agency（NSA）的前身。

德（David Shepard，1924—2007）就开发了第一个文字识别 OCR 系统 GISMO。同一年，当时还在普林斯顿读书的马文·明斯基已经开发了被称之为随机神经模拟强化计算器（Stochastic Neural Analog Reinforcement Calculator，SNARC）的机器学习算法。几年后，明斯基和麻省理工学院的麦卡锡等人在达特茅斯学院组织了人工智能讨论会，从此人工智能诞生了。在 20 世纪 50 年代初，机器翻译的先行者约书亚·巴尔 - 席勒尔（Yehoshua Bar-Hillel）发起了第一届机器翻译的学术会议。在 20 世纪 50 年代中期，最早的工业机器人诞生了，并且被通用汽车公司用于生产线上。

相比之下，20 世纪 50 年代初加州的计算机产业和研究可谓一潭死水，其根本原因是缺乏人才。当年参加伯克利 CALDIC 计算机项目的主要人员，是从 ENIAC 项目中挖来的，整个加州当时的计算机人才两只手就能数全了。所以说，在当时最新的技术 —— 计算机技术的发展上，加州地区在起跑线上输得一塌糊涂。而后来的一个偶然性事件，渐渐改变了这种情况，那就是 1952 年 IBM 公司决定在西海岸建立一个实验室。

这个实验室选在了旧金山湾区颇具偶然性。二战之后，才三十多岁的小沃森（Thomas Watson Jr., 1914—1993）接替父亲成为 IBM 的总裁。年轻的小沃森对新技术非常敏感，他敏锐地察觉到计算机在今后社会中将扮演一个非常重要的角色，于是决定投巨资发展计算机。之前 IBM 只是制造卡片机和其他办公设备的公司，小沃森将 IBM 的研发经费从他父亲时代公司营业额的 3% 增加到 9%，并聘请了冯·诺伊曼作为顾问，与麻省理工学院林肯实验室（Lincoln Labs）合作研制计算机。研制计算机，就需要开发磁存储器。这是一项全新的研究，IBM 决定为此建立一个新的研究中心。为了不受固有思维的影响，IBM 将新的研究中心的地址选择在远离纽约总部的圣荷西南部 Almaden 山区。这个实验室最初叫做 IBM 圣荷西实验室，后来改用其所在地命名，即现在的 IBM Almaden 研究中心。

图 3.3　地处圣荷西南部山区的 IBM Almaden 研究中心

在过去的半个多世纪里，Amalden 研究中心成果不断，不仅研制出各种存储设备，还研究出 IBM 几个型号的计算机系统，以及今天很多公司使用的 DB2 数据库系统。对旧金山湾区而言，更有影响力的是，IBM 圣荷西实验室客观上给旧金山湾区带来了大量高层次的科技人才，尤其是计算机领域的人才。在 IBM 来到旧金山湾区之前，这里只有无线电技术（而且发展得不错），但是没有像样的计算机技术，或者说，缺少大批 IT 正规军。IBM 的到来让旧金山湾区的科技产业有了一个比较高的起点。至于说为什么当初 IBM 选择了在旧金山地区，而不是洛杉矶地区建立它的全球第二个研发中心[4]，这里面有很多偶然因素，用中国的老话讲，就是旧金山湾区占据了天时，而洛杉矶（和其他）地区没有。

4
第一个是位于纽约的 TJ Watson 研究中心。

2　特曼钻了斯坦福遗嘱的空子

促使硅谷诞生的第二件事可以用"地利"二字来概括，那就是 1953 年斯坦福科技园的建立。这件事的前因后果我在本书前两章，以及拙作《浪潮之巅》《文明之光》（第三册）和《大学之路》中都有详细介绍，这里就不赘述了。简单地讲，这件事可以说是被逼出来的，因为当时斯坦福大学不得不用这种方法来解决它的财务危机。

20世纪50年代初,旧金山湾区缺乏成片发展工业的土地——旧金山本身是座道路高低不平的山城,无法建造大型的公司。隔湾相望的伯克利所在地奥克兰市已被传统的码头和运输业所占据,因此,斯坦福大学在湾区交通最便利的帕洛阿图市所拥有的几千英亩的空闲土地就显得特别诱人了。不过斯坦福夫妇的遗嘱规定学校永远不得出售土地[5],斯坦福大学便只好眼睁睁地看着这些土地荒着却无法变现发挥作用。后来,斯坦福大学的一位教授找到了斯坦福遗嘱中的一个漏洞,解决了这个问题。

5
斯坦福夫妇的遗嘱主要有三条内容,学校不得办成教会学校、不得出售土地、不收学费。其实第三条在1920年就已经破掉了,但是不清楚为什么严守第二条。

这位教授名叫特曼(Frederick Terman, 1900—1962),是一个颇有成就的电机工程专家,惠普公司的两个创始人休伊特和帕克特都是他的学生,另外他还做过风险投资。当时特曼是斯坦福工学院院长,后来还做到斯坦福大学的第二把手(教务长兼常务副校长),但是现在大家记住他都是因为他的另一个身份——硅谷之父。特曼仔细研究了斯坦福夫妇的遗嘱后,发现里面并没有限制大学对外长期出租土地,于是特曼提出了一个解决财政危机的办法——建立一个科技园,对外长期出租土地——为了让租赁土地的公司有意愿盖工厂、盖办公室或者做其他的用途,斯坦福将租期定为99年,并留有续约的选项。按照当时的规划,斯坦福科技园占地2.7平方公里(700英亩),相当于整个北京大学(包括北京医科大学)的面积。斯坦福科技园成立后,很快就有许多公司和学校签了租约。第一批

图3.4 被誉为硅谷之父的特曼教授

公司包括大名鼎鼎的柯达公司、通用电气公司、肖克利晶体管公司（晶体管和集成电路的先驱）、洛克希德·马丁公司和惠普公司。

斯坦福工业园是美国第一个专门划出一块地来吸引公司的科技园，并且在较长的时间里它是美国唯一的创业园区。直到 20 多年后的 70 年代末，在波士顿的 128 号公路附近诞生了很多创业公司，天然地形成了第二个创业园。这件事影响深远，对于斯坦福大学来讲，这不仅解决了它的财政问题，也成为该校跨入世界一流大学的契机；而对于工业界来讲，它促进了硅谷的形成。

很多人在研究硅谷时，试图复盘过去的情景，假使当年斯坦福没有财务危机，那么它是否会慢慢发展成哈佛这样偏学术而不是与工业界紧密结合的大学呢？另外，如果特曼或者其他什么人没有想到用租赁土地的方法获得经费，斯坦福大学是否会像威廉－玛丽学院和罗格斯大学（Rutgers University）那样最终不得不由州政府注资变成公立大学？或许这样，硅谷会出现在别的地方，这些我们都不得而知。不过这两件事情从侧面说明硅谷诞生在旧金山湾区有很大的随机性。

第三节　怪才和叛徒

对硅谷的诞生起了决定作用的第三件事和一个人（以及他的八个下属）有关，这个人就是晶体管的发明人、后来为贝尔实验室赢得第一个诺贝尔奖的科学家肖克利（William Shockley，1910—1989）。1956 年，肖克利因母亲年事已高，决定辞去贝尔实验室的工作，回加州的帕洛阿图（就是斯坦福所在的城市）陪伴母亲。肖克利有一位非常富有的科学家朋友——贝克曼（Arnold Orville Beckman，1890—2004）。贝克曼是 pH 值测定法的发明人，在商业上也非常成功。他出资给肖克利在加州办起了自己的实验室——肖克利半导体实验室（Shockley Semiconductor Laboratory）。

利用自己的名气，肖克利很快就网罗了一大批英才，包括后来发明了集成电路的诺伊斯、提出摩尔定律的摩尔和凯鹏华盈的创始人克莱纳等。为了保证找到的人都绝顶聪明，肖克利将招聘广告以代码的形式刊登到学术期刊上，一般人根本读不懂他的广告。当然，像诺伊斯和摩尔等人则是他主动打电话联系的。

罗伯特·诺伊斯出生在美国中西部衣阿华州的一个小镇上，从小就对大自然有着极

图 3.5　晶体管的发明人肖克利

大的好奇心，并把大量时间花在他地下室的工作间里做实验。1940年，年仅 12 岁的诺伊斯就和 14 岁的哥哥盖洛德（Gaylord Brewster Noyce）制作了一架滑翔机。当地人看到这架滑翔机从格林纳尔学院（Grinnell College）的楼顶平稳滑下，继而从学院体育场的看台上飞下去。

诺伊斯年轻时属于绝顶聪明但是非常调皮的孩子，这一点有些像后来的乔布斯。他在大学里做过的最出格的一件事就是从附近农场里偷了一头猪，在同学们的聚餐会上烤着吃了。这件事要是放在 50 年前是会被处以绞刑的 [6]，当时他的导师盖尔（Grand Gale）教授和他就读的学校格林纳尔学院出面把他保了下来，但是当地法庭判处他停学一年。这一年他在纽约的一家保险公司工作，并很快精通了保险业务。大学毕业后，他本想去当飞行员，因视力不佳未能成行，只好去麻省理工读物理博士了。

6
衣阿华是农业州，对于偷盗牲畜的处罚非常重。

图 3.6　诺伊斯兄弟和他们制作的滑翔机

诺伊斯从麻省理工获得物理博士学位后，喜欢动手的他决定选择在工业界发展。当时他拿到了美国所有顶级研究所，包括 IBM、贝尔实验室和 RCA 实验室（GE 旗下的实验室，当时和贝尔实验室齐名）的聘用书，不过他却去了一家不大的飞歌公司（Philco），因为他是一个宁为鸡首，不为牛后的人，他到了飞歌公司，就开始筹办半导体研究部门。飞歌公司在五六十年代接到过一些政府部门（比如NSA）和大公司（比如克莱斯勒汽车公司）的大合同，但是一直经营不善。就在进退两难之际，诺伊斯接到了一生中最重要的那个电话——他后来回忆到："接到那个电话的感觉，就像是接到上帝打来的电话一样。"电话是晶体管之父肖克利打来的，邀请诺伊斯到加州加盟他刚成立的晶体管公司。诺伊斯毫不犹豫地答应了肖克利并成为公司的第一位员工，这不仅因为晶体管之父肖克利的声望，还因为诺伊斯的哥哥当时在伯克利任教。

戈登·摩尔加盟的过程和诺伊斯相似。当时他正在约翰·霍普金斯大学做博士后，虽然研究成果显著，但是他对自己研究的课题是否有用也吃不准，他这么说，政府给了钱搞研究，我出论文，算下来成本是每个字 5 美元（当时 5 美元很值钱），这么高的投入搞出的研究对政府是否有用，我也不知道。而就在他感到苦恼之际，肖克利的电话打来了。摩尔之所以接受肖克利的邀请，理由几乎和诺伊斯的相同——肖克利的声望加上能够回到加州（摩尔出生在加州）。

就这样，肖克利从美国各地找来了一大批当时还没有什么名气却非常优秀的年轻人。不过这里面有一个一般人注意不到的细节，即肖克利招来的早期员工里并没有他原来贝尔实验室的同事。这其实暴露出肖克利的一个弱点，那就是他太有个性了，很难共事，也是个极为糟糕的管理者。他在贝尔实验室的同事都知道他的不足，以至于没人愿意再与他合作。

1956 年，肖克利顺利地在旧金山湾区创立了他的公司，这一年年底他和巴丁、布莱顿一起荣获诺贝尔物理奖。这一方面使得新成立的小公司名声大振，但肖克利也变得更加唯我独尊，傲慢专横。事实证明，肖克利既不是好的领导，也没有商业远见。他将努力方向放在降低晶体管成本，而不是研制新技术上。按照肖克利的设想，如果晶体管的价格能降低 5 美分，就将形成一个巨大的市场，事实上这一点直到 20 世纪 80 年代后才做到，而这时世界半导体市场早已经被集成电路主导了。公司办到第二年，肖克利手下的七个年轻人就忍受不了他的独裁作风，打算集体"叛逃"，在叛逃之前他们去劝说诺伊斯和他们一起走。

出乎他们的意料，诺伊斯马上爽快地答应了他们，因为他也在肖克利手底下受够了。早在 1956 年，诺伊斯就发现了半导体的隧道效应，但是因为和肖克利不和而导致研究成果未能发表。第二年，日本科学家江崎发表了类似的研究成果并因此获得 1973 年的诺贝尔奖。诺伊斯以后一直拿这件事情作为"上级不能鼓励下级"的经典案例。

1957 年 9 月 18 日（这一天后来被《纽约时报》称为人类历史上 10个最重要的日子之一），诺伊斯等八人向肖克利提交了辞职报告。肖克利当时大怒，称他们为"八叛徒"（Traitorous Eight）[7]，因为在肖克利看来，他们的行为不同于一般的辞职，而是学生背叛老师。

7
他们是摩尔、罗伯茨（Sheldon Roberts, 1926—）、克莱纳、诺伊斯、格里尼奇（Victor Grinich, 1924—2000）、布兰克（Julius Blank, 1925—2011）、霍尔尼（Jean Hoerni, 1924—1997）和拉斯特（Jay Last, 1929—）

在加入公司之前，这些人除了诺伊斯有晶体管的研究经验，其他人都是在他的指导下才掌握了晶体管技术，因此在他看来这如同欺师灭祖。

肖克利以及诺伊斯等八个人一起创造了"八叛徒"这个词。此后，"叛徒"这个词在硅谷的文化中成了褒义词，它代表着一种叛逆传统的创业精神。这种精神不仅缔造了硅谷的传奇，而且激励着硅谷的几代人不断调整传统，勇于开拓未来。

从肖克利回到湾区创办肖克利半导体公司，到"八叛徒"离开肖克利的公司，是导致硅谷诞生最重要的与人有关的因素。我真不知道该把它称为"人和"还是"人不和"。应该说，是肖克利的到来，为旧金山湾区带来了诺伊斯等人，可以说他对于硅谷的诞生功不可没。但他实在不是一个好的管理者和同事，不仅逼走了诺伊斯等"八叛徒"，而且在后半生几乎一事无成。很多人觉得，或许肖克利糟糕的管理"不一定是缺点，而只是特点"，因为这样会派生出更有竞争力的新公司，因此他们把硅谷的诞生归结成"人不和"。

但是，真正做起一番事业，还是需要人和的。事实上，诺伊斯很快取代了肖克利，成为了"八叛徒"的头领。当时，诺伊斯是继肖克利之后第二个真正做出晶体管的人，并且预见到了半导体技术将在未来带来一场电子技术革命，缔造一个全新的工业，当然，也将改变他们的命运。诺伊斯等人从此将开始他们伟大的事业，而硅谷也将因为他们的工作而繁荣。

第四节　仙童公司

1　"八叛徒"的传奇

"八叛徒"离开仙童公司之前，就开始准备另起炉灶单干，当然这需要资金。于是，克莱纳写信给他父亲的投资管理人，希望获得投资。

正巧这个人已经辞职，这封信最终转来转去，转到阿瑟·洛克（Arthur Rock）的手里。洛克当时只是一个传统的财产管理人，不过他对新兴的半导体很有兴趣，于是他说服了自己的老板科伊尔（Alfred Coyle），两个人一起来到旧金山和"八叛徒"见面。听了这八个人对未来将要开始的一场电子工业革命的描述，洛克和科伊尔动了心，科伊尔当即掏出 10 张一美元的钞票，放在桌子上说："我没有准备合同，但是大伙在这上面签个名，算是我们的协议！"于是"八叛徒"、洛克和科伊尔共 10 个人分别在这 10 张钞票上签了名，IT 行业伟大的时刻来到了。这些钞票中的一张保存在斯坦福大学图书馆里（见图 3.7）。

图 3.7　"八叛徒"、洛克和科伊尔签字的一美元钞票

根据这 10 个人商量的结果，他们需要融资 150 万美元，这在当时并不是一个小数目。洛克承担了找资金的任务，他联系了自己的 30 多个客户都没有找到投资，直到他找到 IBM 当时最大的股东菲尔柴尔德家族。菲尔柴尔德家族的上一辈是资助老沃森重组 IBM 的，因此这个家族是 IBM 最大的股东。在二战期间，菲尔柴尔德家族的第二代老板谢尔曼·菲尔柴尔德（Sherman Fairchild）靠做照相器材发了财，他自己也算是一个科技行业的老兵，因此愿意投资半导体这样的技术。

"八叛徒"都是技术出身，并不熟悉公司的股权设计等知识，因此，公司的股权结构是由洛克设计的：公司分为 1325 股，诺伊斯等人每人 100 股，洛克和科伊尔所在的海登·斯通投资公司占 225 股，剩下 300 股留给公司日后的管理层和员工。那么菲尔柴尔德将提供并获得什么呢？他给即将成立的公司一笔 138 万美元的 18 个月贷款，作为回报条件，他拥有对公司的决策权（投票权），并且有权在 8 年内的任何时候以 300 万美元的价格收购所有股份。诺伊斯等人和菲尔柴尔德都接受了这个条件，在这一切都谈妥之后，便发生了"八叛徒"找肖克利谈判的一幕。

从诺伊斯等人和菲尔柴尔德签署的这份协议来看，它已经具有了现代风险投资和初创公司在股权上的一些特点。比如无论公司盈亏，菲尔柴尔德都将提供这笔钱。也就是说，如果 18 个月后，公司亏损关门了，那么诺伊斯等人是不需要还钱的，也就是说菲尔柴尔德承担了风险。后来，菲尔柴尔德回忆自己愿意在 62 岁的"高龄"冒险投资给"八叛徒"，是因为被诺伊斯所描述的晶体管的前景打动了，才义无反顾地给这八个年轻人投资。不过，这份合同与今天风险投资和创始人的合同又完全不同，因为它限制了创始人可以获得的利益上限。也就是说，无论公司办得多好，诺伊斯等人也只能获得大约 181 万美元，再加上菲尔柴尔德实际上有绝对的控制权，这便为后来诺伊斯和摩尔的第二次叛逃埋下了伏笔。由于公司是由菲尔柴尔德出的钱，因此命名为 Fairchild 半导体公司，根据这个名字的意思中文译成"仙童"。

1957 年 9 月 18 日，就在"八叛徒"和肖克利摊牌之后，仙童半导体公司成立了。大家都希望诺伊斯担任 CEO，但是他只想负责技术。接下来的一切，比他们所有人预想的都顺利得多，仅仅半年后，仙童半

图 3.8　仙童公司的八个创始人（背后的 F 是仙童公司的标志）

导体公司就开始盈利了。20世纪50年代末是半导体工业的起步阶段，当时的市场可以用群雄混战来形容。仙童公司凭借技术的优势，成为半导体行业的第二大公司，竞争对手是德州仪器公司，后者从贝尔实验室那里获得了晶体管生产许可证，率先推出了全世界第一台晶体管收音机，并由此获得了巨额利润。而仙童公司则找到了自己的机会——晶体管计算机。1958年，仙童公司通过菲尔柴尔德拿下了IBM正在研制的晶体管计算机的晶体管合同，确立了它在世界半导体行业的领先地位，订单纷沓而至。到了1958年底，公司一片兴旺。1959年，菲尔柴尔德根据协议，回购了全部的股份。诺伊斯等每人大约获得了25万美元，这在当时的美国，是相当大的一笔钱，抵得上他们半辈子的工资了。诺伊斯回想起自己小时候的梦想不过是有两双新鞋子（他是家里的老二，总是穿哥哥的旧鞋子），如今得到这么大一笔钱，不知道说什么好了。不过塞翁得马，焉知非祸，没有了公司股权，诺伊斯等人最终是要和菲尔柴尔德分手的，只不过当时公司快速发展，业绩掩盖了一切潜在的矛盾。

2　集成电路

从1958年开始，诺伊斯把精力放在集成电路的研究上。当时制作晶体管先要在一个硅片上蚀刻出上百个晶体管，然后再切割下来，让生产线上的女工们用细小的镊子在放大镜下装上导线，最终封装成一个个晶体管成品。制造电子设备时，再将一个个晶体管焊到电路板上。随着电路越来越复杂，电子设备的制作也越来越难。"何必要把晶体管一个个切下来，再焊回去呢？"，诺伊斯想，"为什么不能把各个元件放在一个硅片上呢？"就这样，诺伊斯发明了集成电路。

与此同时，德州仪器公司的基尔比也发明了基于锗晶片的集成电路，应该说基尔比拥有第一个集成电路的专利，而诺伊斯也同样获得了基于硅和铝膜连线的集成电路（当时叫微型电路）专利。如今，所有的半导体集成电路都在使用这一生产工艺。诺伊斯发明集成电路工艺的地方已经被加州政府列为历史遗产。

集成电路的发明改变了世界。和过去的分立元件电路相比，集成电路不仅体积小、重量轻、可靠性高，而且它的性能可以呈指数提升（摩尔定律）。与肖克利一同获得诺

图 3.9　集成电路诞生地的纪念铭牌

贝尔奖的巴丁称集成电路为轮子之后的最重要发明。

对于到底谁先发明了集成电路，德州仪器和仙童开始了旷日持久的专利诉讼官司。1966 年，法庭裁定将集成电路发明权授予了基尔比，将集成电路内部连接技术专利授予了诺伊斯，仙童和德州仪器达成协议共享集成电路的专利。20 世纪 60 年代，全球电子工业起步，仙童和德州仪器生产的集成电路，开始用于各种工业产品，仅阿波罗计划，就订购了上百万片集成电路。不仅如此，当时其他生产集成电路的厂商，都需要向仙童和德州仪器支付专利使用费，这让仙童在 60 年代赚足了钱。

1999 年，《洛杉矶时报》（*Los Angeles Times*）评选出了"20 世纪经济领域 50 位最有影响力人物"，并列第一的是肖克利、诺伊斯和基尔比。汽车工业奠基人亨利·福特（Henry Ford）排第二，而帮助美国走出 1929—1933 年经济大萧条的罗斯福总统则排在他们后面，位居第三。2000 年，瑞典皇家科学院将诺贝尔物理学奖颁发给集成电路发明人。遗憾的是，诺伊斯已在 10 年前罹患癌症去世了，基尔比独得这个物理学最高奖，他在获奖感言中提到："要是诺伊斯还在世，他应该与我分享这一荣誉"，"我的工作引入了

处理电路元件的新角度，此后集成电路的绝大多数成果和我的工作没有直接联系。"

当时，从产品和收入来讲，仙童公司和德州仪器公司难分高下，但是在旧金山湾区诞生了硅谷，而在得克萨斯却没有。除了前面提到的 IBM 进驻和斯坦福建立科技园这两条原因，仙童公司对硅谷的诞生起到了至关重要的作用。今天知道仙童公司的人已经不多了，不过它在 IT 史上的地位并没有丝毫降低，它不仅和德州仪器公司一同发明了集成电路，还（而不是德州仪器）开创了全世界的半导体行业——仙童公司就像一只会下金蛋的母鸡，孵化出了许许多多的半导体公司，因此它被誉为"世界半导体公司之母"。20 世纪 60 年代，全世界各大半导体公司的老板们在一起开会时，大家发现 90% 的与会者都先后在仙童公司工作过，而这些公司，大部分都集中在旧金山湾区。图 3.10 所示的是不同年代从仙童公司派生出来的主要公司，以及这些公司再派生出来的公司的关系图。截至 2013 年底，这些公司共有 92 家，其中 30 多家已上市，市值的总和高达 2.1 万亿美元，比印度、加拿大或者俄罗斯当年的 GDP 还高。可以毫不夸张地说，是仙童给旧金山湾区带来了半导体产业，由于半导体的材料是硅，因此到了 20 世纪 70 年代，这个地区得到了一个新名称——硅谷 [8]。

8

硅谷这个名字最早是由当地的企业家瓦尔斯特（Ralph Vaerst）提出的，并于 1971 年首次出现在媒体上。

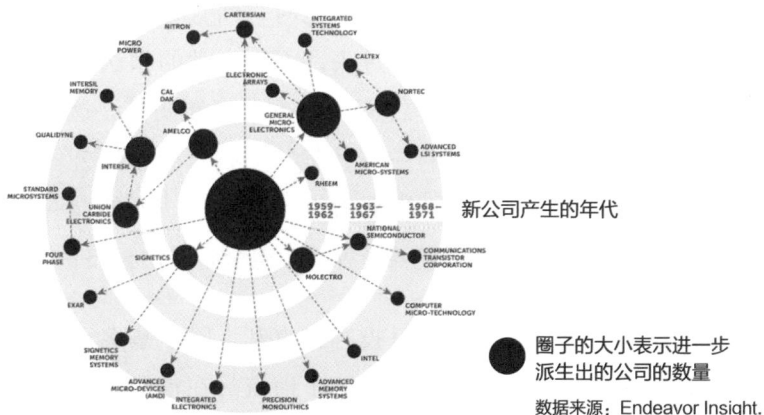

图 3.10 不同年代从仙童公司派生出来的部分公司

结束语

今天我们再冷静回顾硅谷诞生的过程，就会发现这个过程有着很多难以复制的巧合。IBM 公司恰巧在计算机技术刚刚起步时就在美国西海岸开设了研发中心，让旧金山湾区占到了天时；而当时在全球气候最好的地方居然空着几十平方公里的土地，可以提供给未来的新技术公司使用，又占到了地利；一个诺贝尔奖获得者靠自己的名气聚拢了一批世界上最优秀的技术人才，然后又把他们赶出去办了公司，又为湾区日后成为硅谷准备好了人的因素（不知道应该算是人和或者人不和）。今天，再有这样的天时、地利、人和各个因素都凑到一起就难了。从这个角度来看，可以说硅谷的诞生是中了一次头彩。但是在这中彩的背后，又有着许多必然的因素。

IBM 选择在旧金山地区创建自己的第二个研究中心，除了那里有不错的大学，靠近当时与美国贸易额剧增的亚太地区和气候的原因外，更主要是看中了那里能够吸引大批奋发图强的年轻移民，这有利于他们招人并且快速发展业务。而相比之下这件事在二战后美国东北部做起来就要困难一些。

斯坦福大学成立科技园，将土地租给各大公司的做法本身就很有创意，这不仅开创了大学办科技园的先河，而且标志着斯坦福将走和过去的大学完全不同的路。过去，不少大学的做法是找政府或者企业界人士募捐，而斯坦福想到了一种自救的方式。这一点，是硅谷地区和美国其他地区的一个显著的差别。硅谷的公司在遇到困难时，常常是设法自救，生命力也因此更强。另外有一点需要强调，硅谷的诞生和美国政府毫无关系，完全是自由经济的结果。

诺伊斯和摩尔等人愿意不远千里投奔肖克利，除了慕名而来，还有就是看中了北加州的旧金山湾区这个地点。在他们看来，相比美国东部，加州的机会更多。当然，诺伊斯和摩尔的这种说法和当下很多人对机会的理解是完全相反的。比如在中国，大部分人会觉得北、上、广、深等经济发达地区机会多。今天的美国年轻人也是如此，会首选纽约和加州地区。但是在 20 世纪 50 年代，美国经济发达的地区是东北部，绝不是加州。诺伊斯和摩尔等人看重的其实是加州这个地方没有受到太多传统工业管理体制的影响，对个人的限制很少，白纸上好作画，他们所说的机会其实是指这样的机会。事实上，如果是在 IBM 的所在地纽约州或者贝尔电话公司（AT&T 的前身）所在地新泽西州，诺伊斯等"八叛徒"就不可能在离开肖克利的当天就另立门户创办自己的公司。诺伊斯等人的行为还在硅谷地区开创了一个先例，就是将离职创办一家公司与原公司竞争的做法合法化了。因此，硅谷诞生在旧金山湾区看似诸多偶然性的背后，自有其必然性，这一点我们要在后面仔细论述。用一句话来概括，那就是硅谷代表的是后工业时代——它的做法其实是对工业时代价值观的一种否定。

如果说硅谷的诞生是风云际会、机缘巧合的结果，那么它在接下来靠不断地成功转型而长盛不衰，则是一个接着一个的奇迹。让我们继续追踪硅谷的发展历程，看看硅谷是如何做到这一点的，然后再探寻其中的原因。

参考文献

1. 阿伦·拉奥 (Arun Rao)，皮埃罗·斯加鲁菲 (Piero Scarruffi). 硅谷百年史. 闫景立，侯爱华，译. 人民邮电出版社，2014.

2. 吴军. 浪潮之巅（第二版）. 人民邮电出版社，2013.

3. 迈克尔·马隆. 三位一体：英特尔传奇. 黄亚昌，译. 浙江人民出版社，2015.

4. Doug Menuez and Kurt Andersen. 无畏的天才（*Fearless Genius: The Digital Revolution in Silicon Valley 1985-2000*）. Atria Books，2014.

第四章　硅谷的发展

大量公司入驻、仙童公司的诞生、集成电路的发明、嬉皮士的兴起以及各国移民的涌入，使得旧金山湾区出现了历史上空前的繁荣，给人们的感觉就像是1900年的纽约或者1920年的巴黎。不仅如此，硅谷还有了自己独特的产业——基于半导体的晶体管和集成电路产业，以及由此带来的规模大得多的信息技术产业。到了1971年，旧金山地区的新闻记者唐·霍夫勒（Don Hoefler）在一份小报上首次使用了“硅谷”一词，从此，旧金山湾区就有了这样一个具有现代气息的新名称。

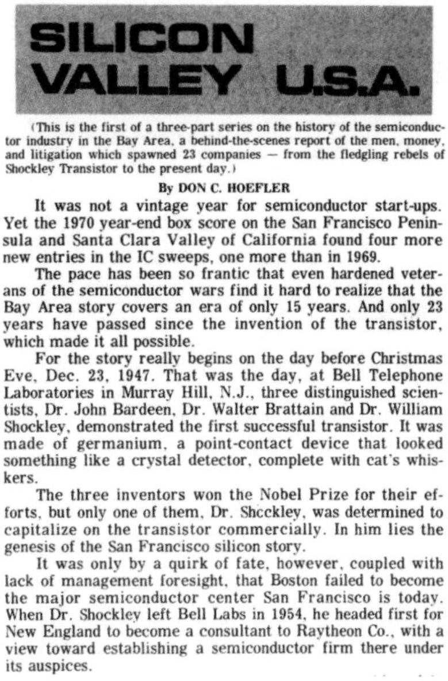

SILICON VALLEY U.S.A.

(This is the first of a three-part series on the history of the semiconductor industry in the Bay Area, a behind-the-scenes report of the men, money, and litigation which spawned 23 companies — from the fledgling rebels of Shockley Transistor to the present day.)

By DON C. HOEFLER

It was not a vintage year for semiconductor start-ups. Yet the 1970 year-end box score on the San Francisco Peninsula and Santa Clara Valley of California found four more new entries in the IC sweeps, one more than in 1969.

The pace has been so frantic that even hardened veterans of the semiconductor wars find it hard to realize that the Bay Area story covers an era of only 15 years. And only 23 years have passed since the invention of the transistor, which made it all possible.

For the story really begins on the day before Christmas Eve, Dec. 23, 1947. That was the day, at Bell Telephone Laboratories in Murray Hill, N.J., three distinguished scientists, Dr. John Bardeen, Dr. Walter Brattain and Dr. William Shockley, demonstrated the first successful transistor. It was made of germanium, a point-contact device that looked something like a crystal detector, complete with cat's whiskers.

The three inventors won the Nobel Prize for their efforts, but only one of them, Dr. Shcckley, was determined to capitalize on the transistor commercially. In him lies the genesis of the San Francisco silicon story.

It was only by a quirk of fate, however, coupled with lack of management foresight, that Boston failed to become the major semiconductor center San Francisco is today. When Dr. Shockley left Bell Labs in 1954, he headed first for New England to become a consultant to Raytheon Co., with a view toward establishing a semiconductor firm there under its auspices.

图4.1　最早使用“硅谷”这一名称的新闻报道

迄今为止，硅谷的发展可以分为三个阶段。从它诞生到20世纪70年代中期为第一阶段，这是全世界从工业时代迈向信息时代的前夜，这个时期的硅谷以半导体工业为主，是名副其实的“硅”谷。从70年代中期到2001年互

联网泡沫破碎为第二阶段，这是我们通常所说的信息时代，在前后
30 年左右的时间里，硅谷以软件和互联网为主。2003 年之后硅谷
的发展进入第三阶段，为后信息时代，这时硅谷的创新覆盖了很多
领域，以至于很难讲它的支柱产业是什么了，而它的核心竞争力只
剩下一条，那就是 —— 创新。

第一节　硅谷 1.0 —— 信息革命的前夜

1　半导体产业的确立

在 20 世纪 50 年代，旧金山湾区刚刚起步时，其实就在不知不
觉中做了一次产业的选择。一方面，斯坦福科技园的建立、IBM
Almaden 实验室的成立、肖克利半导体公司和后来仙童公司的创办
使得湾区在计算机行业中崭露头角。另一方面，朝鲜战争、越南战
争和旷日持久的冷战让美国政府开始把相当多的国防工业放到了旧
金山湾区，国防工业在一段时间里成为整个圣塔克拉拉县的支柱产
业。美国国家航空航天局（NASA）在山景城建立的墨菲特机场和
研究中心（NASA AMES）就是在那个年代（1958 年）从国家航空
局（NACA）接手并扩建起来的。而美国各大军工企业，比如洛克
希德·马丁、诺斯洛普·格鲁门、雷神和被波音收购的麦克唐纳·
道格拉斯都在那里建起了大型研究中心，甚至还有工厂。当然，这
两个产业的发展并不矛盾，在短期内还是相辅相成的，但是长期来
看，一个地区必须做一个选择，形成自己的产业特点。

在美国的科技产业发展历史上，早于硅谷起步的有波士顿地区，和
硅谷同时起步的有洛杉矶 – 圣地亚哥地区以及美国南部的奥斯丁 –
达拉斯地区，这些地区在二战后也有大量的军事工业和航空航天工
业的企业、研究机构和政府部门进驻。军工等企业拿的是政府资金，
在冷战时期有充足的保障，这在当时对很多地区来讲是求之不得的。
这些地区选择了一条在当时看来相对容易的道路，成为了美国的军

事工业和航天技术中心。在 20 世纪 80 年代前很长一段时间里，波士顿地区靠着政府产业的支持，基本上可以跟硅谷分庭抗礼。但是硅谷地区没有走这样一条路，而是选择了靠私营企业、自由竞争立足的半导体产业作为支柱。

相对传统的工业（比如钢铁、石油、化工等），早期的半导体产业所需要的投资相对较少（一条生产线只需要百万美元而不是今天的几十亿美元 [1]），属于技术密集型而非资金密集型产业，适合硅谷这种后发展起来的工业中心。硅谷的半导体产业经历了短暂的晶体管时代，然后就进入到集成电路时代。在晶体管时代，半导体在硅谷经济中的重要性还不明显，因为在这个行业里只有肖克利半导体公司和后来成立的仙童公司，而硅谷的其他公司，包括惠普和IBM，对晶体管半导体的发展并未起直接的推动作用。回首往事，我们总是会对在那个年代从事半导体行业的先驱们产生一种崇敬的心情，但是当时旧金山湾区的人们并没有觉得这项众多新技术中的一员，会彻底改变整个地区的经济结构，并且让该地区在世界科技产业中独树一帜。

肖克利和仙童这新老两家公司的研发速度和市场能力从一开始就分出了高下。1959 年，"八叛徒"之一的让·霍尔尼发明了晶体管制造的平面工艺，解决了晶体管的绝缘和连线问题，使得仙童公司在半导体市场上迅速成长为全球第二大半导体公司（当时排第一的是德州仪器公司），到 1958 年底，它已经有了 50 万美元的营业额，并且扩张到 100 个雇员。而同期的肖克利半导体公司却没有什么发展，遇到了空前的困境，最后肖克利将公司卖给了投资人和老友贝克曼，自己到斯坦福大学当教授去了。

仙童公司的迅速成功马上导致了它的第一次分家。1959 年，仙童公司的总经理（当时还不习惯于使用 CEO 一词）爱德华·鲍德温（Edward Baldwin）[2] 带领八名员工创办了自己的半导体公司 Rheem [3]，

1
由于洛克定律（也称为摩尔第二定律）的作用，半导体生产线的成本每 3 年左右翻一番。

2
由于诺伊斯不想担任公司的总经理，因此最早的总经理是从休斯公司挖来的鲍德温。

3
1961 年被雷神公司收购。

Rheem 也成为仙童公司下出的第一枚"金蛋"。鲍德温等人的叛逃并未对仙童的业务产生太大的影响，但该举动影响深远。如果说"八叛徒"离开肖克利事件还可以解释为是老板糟糕的管理方式所导致的，是一次个别事件，那么鲍德温另立门户就仿佛诠释了后工业时代企业的一个重要特征——一个公司很难像工业时代那样通过拥有生产资料来把大家组织到一起了，因为另立门户的成本非常低。要想把员工们组织起来长期发展，必须开拓创新，采用全新的方式。

不过，当时并没有太多人注意到这件事背后的意义，至少仙童公司幕后的大股东菲尔柴尔德没有意识到这一点，他还沉浸在巨大的喜悦中，因为诺伊斯等人发明的集成电路把仙童公司带入了它的黄金时代，同时，全球开始进入集成电路时代。

2 从一花开放到百花齐放

在鲍德温离开后，诺伊斯成为仙童公司的总经理，他吸取了肖克利的教训，努力在公司里营造出一种轻松的工作氛围和没有等级差异的企业文化。在这样的氛围里，上下级之间只是分工不同，不再是传统工业里那种上级发号施令下级一味服从的关系，而是代之以可以自由争论的合作关系，这样员工之间可以充分信任，并且会激发员工工作的主动性。仙童公司对硅谷的贡献不仅在于开创了半导体产业，也不仅限于拆分成很多公司，还在于开创了一种新型的雇佣关系和同事关系。

诺伊斯的这种管理方式帮助仙童公司吸引到了大量的人才，包括后来设计了集成电路中的触发器的法里纳（Don Farina）、奈尔（James Nall）和诺曼（Robert Norman），销售主管唐·瓦伦丁以及生产线主管斯波克（Charles Sporck）等人，这些人都是一时之选，仙童公司可谓人才兴旺。

但是，再好的同事关系也架不住一个快速发展行业里创业机会的诱惑。拉斯特成为了仙童八子中第一个离开公司的人。他当时是仙童集成电路组的组长（相当于一线经理），将集成电路从设想变成了产品，让仙童在集成电路产业中抢得了先机。在拉斯特看来，公司应当在各方面优先保障他这个组，但是在 1960 年底做第二年的预算时，公司依然要首先保证当时非常盈利的二极管生产并且建立一个新厂，并削减拉斯特小组的预算。拉斯特找到了诺伊斯，作为集成电路发明人的诺伊斯自然是支持拉斯特，但是他要找摩尔等人商量。如果半导体行业当时像今天这样处在一个平稳发展阶段，拉斯特可能会等，并找摩尔等人商量，但在当时，整个行业的机会是那么的多，拉斯特可没耐心等，他直接给投资人洛克打了电话。

洛克和"八叛徒"中的每一个人都一直保持着非常好的关系，并且总是乐于帮助他们每一个人开创事业。当他得知拉斯特的宏大计划在仙童施展不开时，便为拉斯特找了他所投资的 Teledyne 公司的老板，由 Teledyne 出资创办一家全资半导体公司，为军方提供半导体元件。这一年年底，拉斯特拉上霍尔尼，决定叛逃到 Teledyne 创办新公司，最后走的时候，他们俩还拉上了"八叛徒"中的另一人罗伯茨，三个人创办了 Amelco 公司。Amelco 和后来它的母公司 Teledyne 很快成为了美国军方（包括航天工业）重要的半导体元器件供应商。

就在拉斯特等人离开的第二年（1962 年初），另一名基层技术主管戴维·艾力森 (David Allison) 带着几名工程师得到雷曼兄弟公司（Lehman Brothers）的投资（100 万美元），创立了和仙童直接竞争的 Signetics 公司。三年后，Signetics 的集成电路产品让包括仙童在内的所有半导体公司都相形见拙。又过了几个月，诺伊斯亲自招进来的奈尔和摩尔的助手豪斯（Spittle House）离开仙童，创办了 Molectro 公司，并且当年就被仙童最重要的竞争对手国家半导体公司收购了。从此，原本在美国东部的国家半导体公司也就进入了硅谷，并能自研集成电路了。同年，克莱纳也离开了仙童，不过他并没有创办自己的半导体公司，而是去做天使投资了。几年后他和惠普的高管帕金斯合伙创办了著名的凯鹏华盈风险投资公司。在仙童公司成立后仅仅三年里，八位创始人有一半离开了仙童。而仙童对他们的出走、员工的跳槽也习以为常，听之任之。这也创造了硅谷的另一种文化。

随着从仙童中分离出越来越多的半导体公司，硅谷的半导体事业更加欣欣向荣。但是在 60 年代初，半导体行业还不是集成电路一统天下，其原因是集成电路太贵。当时，集成电路芯片的价格是 100 美元，而采用分立元件组装相同功能的电路，成本只有 10 美元，就连后来提出摩尔定律的摩尔也对集成电路的前景持怀疑态度。这也是摩尔建议裁减拉斯特小组经费的原因。但是，拉斯特的辞职给诺伊斯、摩尔和主管销售的副总裁汤姆·贝都上了一课，于是仙童加大了对集成电路的投入，并且很快就远远超越竞争对手。但是，当时并不存在一个"安迪–比尔定律"[4]，因此用户尚没有意愿购买采用集成电路制作的新设备。这也很容易理解，两年前，销售人员好不容易说服用户放弃采用电子管制作的旧设备，改用采用晶体管制作的新设备。现在为了推销集成电路，又得让客户放弃还用得好好的晶体管设备，更何况集成电路虽然可靠性高，但价格太贵，比用户自己用晶体管组装成本要高不少。面对这种尴尬的局面，诺伊斯意识到必须把集成电路的价格降下来。在诸多重要的降低成本的举措中，最重要的是将工厂搬到亚洲去。

4
即计算机软件功能的完善和性能提升要消耗的硬件提升带来的好处，使得用户有意愿购买新的硬件产品，关于这部分内容，请参见拙作《浪潮之巅》。

3　来自内外部的竞争

1962 年，诺伊斯派"八叛徒"之一的布兰克和主管制造的副总裁斯波克去香港考察建厂，从此开启了硅谷制造业外移的先河。到了 1964 年，仙童在香港的工厂终于建起来了，4 年后当诺伊斯从仙童离职时，仙童已经在美国本土之外拥有 4000 多名员工和很多制造厂。从此，半导体集成电路的价格大幅下降，需求飞速增长，市场越做越大，这也让仙童的营业额和利润翻番增长。到了 1965 年，仅仅成立了 7 年多的仙童半导体公司已经比肩德州仪器和摩托罗拉，成为世界半导体产业的三强之一。也就在这一年，摩尔大胆地提出对半导体行业未来的预言，即集成电路的性能（以里面晶体管的数量来衡量）在今后的 10 年里将以每年翻番的速度增长，这就是著名的摩尔定律。（1975 年他把翻番的时间从 12 个月修正到了 24 个月，但是事实上半导体行业做到了 18 个月翻一番的速度。）

但是，仙童公司在硅谷的竞争对手发展同样迅速。到了 1967 年，仙童公司在硅谷的主要竞争对手国家半导体公司挖走了仙童的总经理斯波克和几名技术骨干，在此之前，仙童的一个重要的销售经理瓦伦丁也已跳槽到国家半导体公司，这些人帮助国家半导体公司成长为半导体行业最大的公司之一。到了 1968 年，创办仙童的八个人只剩下诺伊斯和摩尔还"坚守阵地"。当大量的高管都离开了仙童公司后，菲尔柴尔德家族为他们控股的这家公司安排了大量的"职业经理人"，这些人既没有远见，也不关心公司的长期发展，只顾眼前盯着下个季度的财务报表。在这种情况下，身为总经理的诺伊斯觉得已经很难开展工作了，他和摩尔一直有心开发新的大规模集成电路，但是管理层的官僚作风令他无法推行这个想法。最终，他和摩尔也选择了离开公司，重新创业。

1968 年，诺伊斯和摩尔找到了洛克，透露了要离开仙童去创业的想法。洛克问到这两位硅谷的先驱具体有什么打算，摩尔说他们要做超大规模集成电路，因为这东西每年性能将翻一番，市场前景不可限量。洛克在诺伊斯和摩尔的小伙伴们创业时都给予了帮助，更何况是他们俩。当洛克问他们需要多少钱时，诺伊斯狮子大开口，说要一千万美元，最后经过洛克和他们仔细核算，第一笔自己大约需要 500 万美元就够了，这在 1968 年依然不是一个小数字，洛克帮助他们筹集了其中的一半，而他们自己设法筹到了另一半。诺伊斯和摩尔还从仙童带走了一位被他们认为是"超棒"的小伙子——安迪·格鲁夫，这个年轻人当时对另立门户怕得要死，可硬是被摩尔给生拉活拽出来，后来格鲁夫说，和摩尔、诺伊斯一起离开仙童是他人生最正确的选择。格鲁夫这个名字我们在后面会不断地提到。

随着诺伊斯和摩尔的离开，创办仙童公司的"八叛徒"全走光了，这时距离仙童公司的成立仅仅过去了 11 年时间。这是全球半导体行业井喷的 11 年！按照过去科技公司发展的特点，领头羊会利用这样的时机成为一个巨无霸型的跨国企业，当初 AT&T、GE 和 IBM 都是这样发展起来的，但是仙童公司却没有这个福气，它在整个行业最景气时开始衰落。虽然诺伊斯采用了非常宽容，并且符合信息时代管理理念的方式在运作仙童公司，但是他和伙伴们有一个根本性的问题无法解决，那就是企业所有权或员工股权问题，甚至连诺伊斯自己后来都不拥有仙童的股权了。在整个 60 年代，一方面诺伊斯等人在吸引新鲜血液加入仙童，加入到半导体行业中，另一方面仙童公司的老员工却不断地离职，先后创办了近 40 家半导体公司。市场上有了这么多竞争对手，仙童的衰落就只是一个时间问题了。

诺伊斯和摩尔离开后，仙童的黄金时代便不复有，仙童从此沦落为一个二流甚至三流的公司，之后它多次被收购并拆分。仙童公司的由盛到衰其实是一种宿命，它终究是一个处在工业时代和信息时代更替阶段的公司，尽管具有了一些信息时代公司的特征，但本质上并未跳出工业时代企业的窠臼，仙童被历史淘汰是迟早的事儿。当然，仙童公司在科技工业历史上的作用并不会随着时间的流逝而磨灭。整个半导体行业都被它的子子孙孙们控制着，1969 年，在硅谷桑尼维尔（Sunnyvale）市举行的半导体峰会上，400 多名参会者里只有 24 名不是仙童的前雇员，大家都感谢仙童为硅谷地区带来一片繁荣。

在旧金山湾区取代仙童公司地位的，恰恰是诺伊斯等人创立的这家公司，它后来成为世界上最大的半导体公司，这就是著名的英特尔公司。

4　半导体产业的新王者

英特尔公司成立伊始，就研制出了自己的拳头产品——动态存储器 DRAM。DRAM 其实并不是英特尔而是蓝色巨人 IBM 发明的，但是在 60 年代末到 70 年代初的这段时间里，大部分计算机还是采用体积大、成本低的磁芯存储器，因此 IBM 并没有把它作为未来公司发展的支柱。我们在后面的章节里还会谈到这件事情，来说明为什么初创的小公司有可能超越行业里领头的大公司。英特尔公司之所以能选中存储器作为公司核心产品，有两个最重要的原因。首先当然是摩尔和诺伊斯等人认识到摩尔定律的作用，认识到用不了多久半导体存储器的价格一定会比磁芯存储器便宜。其次，作为存储器的集成电路芯片在当时比较容易做到通用化，而在此之前，集成电路都是为专门目的设计的。英特尔公司在不知不觉中创造了一个新的商业模式，即第一次把 IT 产品做成了像石油、煤、钢铁和农作物那样可以进行大宗交易的资源型产品。就如同制造汽车其实只需获得钢铁、橡胶和石油等几种大宗资源那样，今后制造 IT 产品只需要获得处理器、存储器等几种半导体资源即可。

诺伊斯和摩尔都是科学家，他们给仙童和英特尔带来了注重技术的基因。瓦伦丁后来在一次采访中对比他曾经工作过的仙童和国家半导体这两家公司的差别时，这样评价仙童："诺伊斯和摩尔等人都是最优秀的科学家，因此仙童是一个技术至上的公司。"显然，诺伊斯和摩尔也把这一点带到了英特尔公司，英特尔的宗旨是"不断创新，保持领先，打败对手"。很快，英特尔就在半导体动态存储器上做到了世界领先。靠着动态存储器，英特尔公司创办两年就盈利了，又过了一年，即 1971 年，它便上市了，诺伊斯、摩尔以及格鲁夫都成了百万富翁。当然，那些不是创始团队的人其实也能从英特尔身上发财，若在 1971 年它上市的那一天花 235 美元购买 10 股英特尔的股票，则到 2000 年它的价值将是 280 万美元，增长了一万多倍。即便持有到今天，其价值依然超过 100 万美元。

毫无疑问，英特尔将硅谷的半导体产业推向了高峰。在英特尔之前，仙童是业界最受尊重的半导体公司，但在产品上并没有形成一个系列，尔后左右整个 IT 产业，但

图 4.2　设在圣塔克拉拉的英特尔全球总部

是英特尔公司做到了这一点。当然，这光靠半导体存储器是远远不够的，而需要开发 IT 产业所需要的核心芯片——计算机的处理器。

和主动看准产业的方向开发存储器所不同的是，英特尔开发处理器的决定是被动做出的。为什么英特尔自己没有想到开发一款计算机的处理器呢？这件事在今天看来是很自然的，但在当时似乎没什么必要，因为各个计算机公司（"IBM 和七个小矮人"）的计算机彼此并不兼容，都在独立开发各自的处理器芯片，并不存在一个通用处理器市场。当时，不仅英特尔没有想到处理器能做成通用的，也没有一家半导体公司或者科技预言家想到了这一点。更有意思的是，当时已经在运营英特尔公司的格鲁夫曾经认为，电脑进入家庭没有用处，除了安排每天的食谱，实在想不出电脑还能为家庭做点什么事情。英特尔既然已经将商业模式锁定在开发通用的存储器芯片上，同时又不觉得处理器可以做成通用的，当然就不会主动想到开发处理器产品。

不过，英特尔公司特别幸运，因为这时主动跑来一家日本公司，要求英特尔为它设计一款便宜的处理器。这家名叫 Busicom 的日本公司，估计现在少有人知，它曾是二战后日本最早的计算器公司，但是后来在 1973 年全球经济危机中倒闭了。今天还有人提及这个名字，并非因为它是世界上最早推出可编程计算器的公司之一，而是因为

英特尔通过与它的合作开创了全球通用处理器市场。事情的原委大致是这样的：1969 年，Busicom 决定做一款可编程计算器，便找到英特尔来设计一款非常便宜的处理器。换作一般的公司，按照买方的要求设计制造了也就完了，但是英特尔因为有诺伊斯和摩尔作为科学家的基因，无论做什么产品，都会试图把它做成技术上最领先的。在这样一个大环境下，负责该项目的工程师霍夫（Ted Huff）和他的同事就考虑如何将它做成一个通用的器件（而不仅仅是满足Busicom 一家的需求）。1971 年，他们设计了一款芯片 Intel 4004，集成有 2300 个晶体管，计算能力大约相当于世界上第一台电子计算机 ENIAC，不过它只有 4 毫米长，3 毫米宽，成本只有 5 美元（相比之下 ENIAC 是 50 万美元），当时的售价为 20 美元。这只是一款4 位处理器，却一直销售到 1981 年（那时的售价不到 2 美元）[5]。

5
今天在 eBay 上还能买到它，不过已经是作为收藏品了，价格更是高达80 美元以上。

Intel 4004 可以说开创了一个新时代，它不仅把英特尔带入了通用处理器领域，而且围绕着它，诞生了一系列和后来工业控制机以及个人电脑相关的芯片产品。在整个70 年代，当美国经济处在风雨飘摇之时，硅谷却靠着半导体产业快速发展。很多年后人们在复盘 Intel 4004 成功

图 4.3　英特尔 4004 芯片

的原因时，不得不承认它和我们常说的"高瞻远瞩"或者"把握产业发展方向"之类的主观性因素无关，它并非什么专家预见性或者智慧的体现。英特尔早期的成功是通过快速适应市场，而不是诺伊斯、摩尔或者格鲁夫有什么预见性。因此，后来很多试图复制英特尔成功的尝试都失败了——这些公司所缺的并非"远见"，而是快速反应的能力。在 70 年代初，英特尔只有几百人时，格鲁夫（当

时已经开始实际负责英特尔的运作）就和摩尔讲，现在公司的灵活性比当初只有几个人时已经差了很多。为了能保持英特尔的竞争力，他们决定回到原点，在做事方式上把自己变回为一家小公司。这其实才是硅谷公司在管理上的精髓所在，靠着这种方式，那些公司才能不断地抓住机会。

在 Intel 4004 之后，英特尔公司又开发出 8 位微处理器 Intel 8008，以及后来成为 IBM 核心器件的 Intel 8086。最终，英特尔靠着 x86 系列处理器，不仅在半导体行业占据了统治地位，而且与微软公司一道成功地打造出了 PC 时代的 WinTel 体系，令整个 IT 行业都在围绕着这两家公司转。（关于 WinTel 体系，请读者参看拙作《浪潮之巅》。）

在硅谷发展的第一个阶段，仙童公司起到了重大作用，它首先给硅谷的发展定下了基调，就是不以那些政府支持的国防、军工和政府大系统为硅谷地区的主要产业，而是生产世界上每一个人、每一个行业都要用到的半导体。仙童公司起的第二个作用不仅在于通过百花齐放的方式，让整个硅谷地区受益于半导体产业，而且通过派生出来的风险投资（尤其是凯鹏华盈和红杉资本两家）为硅谷今后的转型做好了资金和人才的准备工作。图 4.4 把硅谷的公司按照直接从仙童派生出来的、作为半导体产业直接上下游的公司，以及仙童系风险投资所投公司做了一个大致的总结。可以看出，硅谷的很多公司都能和仙童沾上一点边。因此，很多人又把硅谷的第一个阶段称为仙童谷。那么后来在仙童本身衰落之后，硅谷又是怎么发展的呢？

半导体产业	相关产业	投资产业
·国家半导体 ·英特尔 ·AMD ·……	·希捷 ·昆腾 ·应用材料 ·……	·苹果 ·太阳 ·思科 ·Google ·……

图 4.4　仙童公司对硅谷发展的贡献

第二节　硅谷 2.0 —— 信息时代

1　转型是必要的

在过去半个多世纪里，全人类 GDP 的飙升和生活质量的提高，得感谢摩尔定律。从 20 世纪 60 年代到 70 年代，半导体（以及计算机）行业的快速发展，相当于把所有行业重新打造了一遍。作为世界半导体产业的中心，硅谷无疑是最大的受益者，该地区不仅半导体从业人员数量剧增，而且带动了全地区工资水平的提升，这就给旧金山湾区带来了空前的繁荣。曾几何时，昔日人口密度低、物价便宜的西部迅速变成了美国生产和生活成本最高的地区。历史上很多地区都出现过这种现象：因为一个产业而带来了迅速的繁荣，导致各种成本飙升，继而在竞争中输给后来崛起的地区，走向衰退。这样的例子比比皆是，如美国的伯明翰、匹兹堡、底特律，几十年前的香港地区和台湾地区，甚至包括中国的鄂尔多斯，都在重复这种模式。在硅谷，这种宿命似乎也无法避免，当 70 年代欣欣向荣的半导体产业给硅谷带来繁荣时，危机也在悄悄地滋生，而对硅谷的直接威胁则来自于亚洲。

60 年代末 70 年代初，中国台湾地区确定了发展电子工业的政策，并且政府部门予以大力扶持，很多在硅谷和德州仪器工作过的台湾工程师回到了台湾，起初他们只是美国和欧洲（飞利浦）公司的外派人员，后来这些人便办起了自己的半导体公司，但大多属于劳动密集型的半导体加工业。这对硅谷的半导体，特别是集成电路的研发并没有造成很大的威胁。直到 70 年代初，硅谷公司仍将德州仪器和设在芝加哥的摩托罗拉作为主要竞争对手，并不太关注海外的竞争对手，虽然当时欧洲的飞利浦和西门子等公司已经开始占领国际市场了。到了 80 年代，日本在某些集成电路的设计和制造方面赶上甚至超过了美国。80 年代末，全世界最大的三家半导体公司分别是日本的东芝、日立和 NEC，而美国的摩托罗拉、英特尔和德州

仪器排在了 4—6 名。不仅是半导体行业，在整体经济发展上，80
年代的日本和联邦德国都大有赶超美国的劲头。当时硅谷的半导体
和计算机系统公司，为了降低成本和海外竞争，先是把半导体制造
和一些低端的设计往亚洲地区迁移，接下来就是产业内那些缺乏竞
争力的小公司被并购或者干脆关闭。这种现象让人想到当年美国的
钢铁中心匹兹堡和汽车中心底特律从巅峰开始走下坡路的情景，于
是，很多人预计硅谷会在半导体产业的巅峰过去后开始衰落。

不过这种担心最终被证明是没有必要的。在 70 年代末到 80 年代初，
尽管美国的经济大环境很差，可硅谷的经济却蒸蒸日上。当地人甚
至还没有来得及感觉到半导体从硅谷淡出给经济带来的影响，那里
的产业就已经开始转型了，这在美国算得上是一个奇迹。维持硅谷
繁荣的直接原因是计算机软件和服务行业的巨大发展——这不仅弥
补了硅谷在半导体领域的损失，而且还使得硅谷在全球 IT 产业中
的整体份额有所上升。在硅谷的知名跨国公司中，大约有一半诞生
于那个年代，包括苹果公司、甲骨文公司、太阳公司和思科公司，
以及生物制药领域的基因泰克公司等。如果再算上那些在行业里执
牛耳的中等规模的众多软件公司，比如 Adobe 公司、赛门铁克公司
和 Intuit 公司等，可以说美国经济最萧条的那十几年，反而是硅谷
催生出知名公司最多的年代。从 70 年代中期开始，全球进入了信
息时代，而硅谷也同步进入了硅谷 2.0 时代。至于为什么硅谷能够
抓住计算机软件产业在全球兴起的最好时机，这里面就有很多奥秘
值得探究了。

2　软件业的契机

从契机上看，硅谷软件业的兴起与两件事有关。首先，1969 年 IBM
为了避免遭受反垄断诉讼而开放了软件市场。从计算机诞生后不
久，直到 60 年代后期，IBM 在计算机工业界都是一枝独秀。这在
不能容忍出现一个国王的美国，迟早是要受到反垄断诉讼的，因此，

1969 年 IBM 决定开放自己的计算机软件开发 —— 在此之前，IBM 计算机的软件均由 IBM 自己开发。不过这里面有一个问题，那就是从前的计算机软件都是搭配计算机硬件免费提供给用户的，软件的价值要通过硬件来实现（这和苹果公司现在的做法有点相似），一个没有计算机硬件的公司，如果单独出售软件，能否生存下来呢？

第二件事就是摩尔定律使得计算机进入家庭成为可能，而这在客观上要求出现一个针对个人电脑的软件市场，此前这个市场则完全是一片空白。

这两个机遇在 IT 历史上前所未有，当然这次的机遇并非专属于硅谷，而是属于全美国乃至全世界的 IT 行业。事实上，在那个年代诞生的软件公司，大部分并不在硅谷，只是硅谷的公司生存下来并且发展壮大了，而其他地区的公司往往没有太大的发展，或者甚至关门了，因此给人的印象仿佛是这些机遇都发生在硅谷地区。我们不妨通过两个具有代表性的公司的发展历程，来看看为什么硅谷的公司在信息革命中更具有竞争力。

历史上最早得益于上述软件业发展机遇的大型软件公司，是美国东部的（国际）联合电脑公司（Computer Associates Technologies，又称冠群电脑公司，简称 CA）和硅谷的甲骨文（Oracle）公司。联合电脑公司由华裔计算机工程师王嘉廉（Charles Wang，1944—）创办于 1976 年，一度是世界上最大的独立软件公司，并且在很长时间里仅次于微软，是世界第二大独立软件公司。今天，联合电脑公司依然是世界上最大的软件公司之一，年收入在 40 亿美元以上，其创始人王嘉廉不仅是华裔在美国创业成功的典范，也被誉为独立软件产业的先驱人物。

王嘉廉创办联合电脑公司的过程和很多创业者有着相似之处，1976 年，做了几年软件工程师的他看到很多用户（都使用 IBM 的大型机）的需求是现有软件无法满足的，而此前不久 IBM 允许第三方为

IBM 大型机系统开发软件，于是他带领他的师弟阿提兹（Russell M Artzt）个人投资（包括从信用卡借钱）办起了这家为 IBM 计算机开发企业级软件的公司。联合电脑公司一开始就在 IBM 操作系统（和其他软件，比如数据库）的基础上，为 IBM 的用户开发"附加的"应用产品，与 IBM 一直是合作关系而非竞争关系，并将这种定位保持至今，因此 IBM 对它更多的是合作和帮助而不是打压。后来，联合电脑公司不断发展壮大，与其合作伙伴，比如早期的 DEC 和今天的惠普，都保持着这样一种关系。在 IBM 开放软件市场后，联合电脑公司得以在各大计算机公司的支持下填补企业级用户所缺少的应用软件，而企业级用户的付费能力远远高于个人用户，因此联合电脑公司成为早期最成功的软件公司。

3 卖软件——甲骨文的新模式

硅谷地区的甲骨文公司，则是走了一条不同于联合电脑公司的路。1977 年，硅谷的老兵拉里·埃里森决定离开 Ampex 公司，利用 IBM 的关系型数据库技术开发一个通用的数据库管理系统。和联合电脑公司所做的产品不同的是，埃里森实际上是在跟 IBM 直接竞争，他最初打算兼容 IBM 的系统 R 数据库，但是 IBM 并不愿意，这就逼着埃里森等人只好自己单干。然而，被 IBM 这么一逼，加上 IBM 不愿意放弃技术落后的系统 R 进入关系型数据库市场，这倒给了埃里森一次捡漏的好机会。两年后，他终于成功开发出第一款商用的关系型数据库管理系统——Oracle 2，并且获得了第一个订单——来自俄亥俄州的怀特·派特森空军基地（Wright Patterson Air Force Base）。

当然，光靠提早这一点点时间还远不足以和 IBM 竞争。在 20 世纪七八十年代，IBM 公司的系统 R 在全球数据库市场上依然占据统治地位，如果甲骨文没有 IBM 难以复制的优势，等到 IBM 转到关系型数据库上时，甲骨文就会成为被 IBM 碾死的众多公司之一。而甲骨文最终能在数据库方面超越 IBM，关键在于它采用了新的商业模式。

在甲骨文出现以前，整个计算机的市场都是企业级市场 —— 当时的个人计算机市场几乎为零，苹果还很小，IBM-PC 还没有出来。而所有计算机公司，从大型的 IBM 到中小型的 DEC 和惠普，商业模式都是"合同制"。比如，IBM 卖一台大型机系统给花旗银行，它不是简单地把硬件（大型机主机、终端、打印机等）和软件（数据库）卖出去就算完事了，而是必须连同服务一起销售，IBM 会把技术人员（通常是合同工）派到花旗银行全时为银行服务。当然，IBM 每年的服务费要占到软硬件售价的 10% 甚至更多。软件看似免费，但用户实际支付的费用并不少。

甲骨文的商业模式则很简单，它只卖软件，而不是靠收服务费生存。企业用户一旦购买其软件，就不需要额外付给甲骨文服务费了，除非用户不会使用而需要付给它一些咨询费。这么简单的商业模式，显然可以给用户带来很大的好处，但是 IBM 等公司却不喜欢，这样一来它就很难一劳永逸地收取服务费了。在很长一段时间里，甲骨文都没有自己的硬件，这种商业模式要行得通就得有一些先决条件，那就是得有硬件厂家愿意捆绑它的软件，而放弃开发自己的数据库软件。甲骨文最早的数据库系统是为 IBM 当时的竞争对手 DEC 开发的，而 DEC 这种在行业里位居第二档的公司也乐意接受这样的分工，因为如果有一家软件公司同时为四五家硬件厂商开发软件，那么每家硬件厂商实际摊到的开发成本便只有原来的五分之一到四分之一。

甲骨文的这种商业模式非常简单，也很有效，它的数据库系统很快就被那些不愿意支付高额服务费的中小企业接受了。为了方便客户在它的数据库管理系统上二次开发应用型数据库，甲骨文又为用户开发了一套开发工具 —— 交互式应用工具（Interactive Application

图 4.5　甲骨文公司在红木海滨（Redwood Shore）的总部

Facility，简称 IAF）。这样就又在社会上培养了一大批基于甲骨文数据库系统进行二次开发的程序员，逐渐培育起一个行业，并且形成了一个以甲骨文为核心的利益群体。到了 20 世纪 90 年代，甲骨文的营业额从上市前的每年 5500 万美元，增长至 1990 年的 9 亿美元，5 年里增长了 16 倍。虽然它的数据库的收入依然比不上 IBM，但是为甲骨文进行二次开发的程序员数量却远远超过了 IBM。

对比联合电脑公司和甲骨文选择的发展方向和商业模式，我们可以看到很多的不同。联合电脑公司更多的是对 IBM 软件的一个补充，具体来说就是 IBM 做基础软件，联合电脑公司基于这些软件进行开发，这条路相对容易，但是最终发展会受到限制。而甲骨文的软件也是属于基础平台一级的，然后它培养自己的二次开发者，实际上它走的是一条挑战 IBM 并且取代 IBM 的道路。因此，早期（80 年代）甲骨文的发展要远比联合电脑公司慢很多，即使在 90 年代也远远落后于联合电脑公司。但是，甲骨文最终走通了这条路，不仅开创出一片新天地，成为世界上最大的数据库软件公司，而且为硅谷后来的软件公司提供了一条可行的发展模式。经过几十年一路发展下来，今天甲骨文的销售额已经是联合电脑软件公司的 10 倍了。联合电脑公司和甲骨文今天的差距，其实早在几十年前就注定了，它们一个是维持传统（IBM 定下来的游戏规则），另一个则是颠覆传统。这两个公司的命运从某种程度上也折射出纽约和新泽西这两个老 IT 中心和硅谷这一新 IT 中心的差别。

甲骨文和联合电脑公司的这种差异，在中国也能找到类似的案例。2000 年前后，中国的空中网和腾讯都是靠分发短信（包括彩信等）挣钱。但是地处北京的一些公司采用的做法是不触及中国移动运营商的利益，加上这些公司和中国移动运营商有着较好的关系，有些公司甚至在纳斯达克上市了，并且是中国在移动通信领域里最成功的公司，但是这些公司也因此一直处在移动运营商的阴影之下。而差不多同时期创立的腾讯（虽然早成立几年，但是腾讯挣钱是从分发短信开始的）公司，并没有良好的政府关系背景，很早就一直试图摆脱移动运营商的影响，甚至颠覆运营商的业务。腾讯在这条没有公司走过的新路上，虽然最初几年它的发展并不突出，与移动运营商的关系还时常很紧张，但最终它发展到了移动运营商对它无可奈何，并且反过来对它忌惮三分的地步。

4 硅谷由"硬"变"软"

再说回到硅谷。继甲骨文之后，硅谷又诞生了 Informix 和 Sybase 等针对传统企业级市场的软件公司。可是，如果只有这些做企业级软件的公司，旧金山湾区软件业的发展，将不足以弥补这个地区半导体行业的萎缩。多年之后，旧金山湾区很可能只是众多 IT 企业的聚集地之一，就如同今天的新泽西、纽约北部、华盛顿周边等诸多地区，却绝不会是像今天这样在全球 IT 行业具有强大影响力的硅谷。支持硅谷成功转型的还有另一大动力，即个人电脑软件的发展。

在 20 世纪 70 年代，随着集成电路的性能不断提高，价格不断下降，从成本上看计算机有了进入每一个家庭的条件，但大家都找不到个人（除了爱捣鼓电器的发烧友）购买计算机的理由。就连当时英特尔公司的 CEO 格鲁夫都认为，他想象不出个人买计算机有什么用途。这说明，在计算机和个人用户之间需要一个桥梁，这就是各种针对个人用户的应用软件。

从 80 年代开始，美国主要的软件公司都是在上述大环境下产生并且快速发展起来的。在这个时代诞生的大型软件公司，只有微软在西雅图，联合电脑在纽约，剩下来的基本上都在硅谷地区。除了甲骨文等数据库公司，做游戏的艺电（Electronic Art）、做图像处理和排版软件的 Adobe、做财务软件的 Intuit、做安全软件的赛门铁克（Symantec）和做电路设计的 Synopsis 等著名软件公司都是在那个年代诞生于硅谷的。就连 IBM 这种一向以硬件和系统为主的公司，也转向了软件开发。其 Almaden 研究中心原来主要开发计算和存储设备，在这次浪潮中逐渐转向开发数据库软件 DB2 并从事各种

图 4.6　位于圣荷西的 Adobe 总部

IT 服务。这一转型，使得 IBM 公司由全球最大的计算机设备公司变成了全球最大的软件公司，直到 2000 年前才被微软超过。在这样的大环境下，硅谷悄无声息地完成了它从半导体到软件的行业转型。在整个转型的过程中，没有人谈论转型这件事，更没有人规划硅谷的发展。只是到了 90 年代，人们回过头来对比 70 年代初硅谷的就业情况及公司收入情况时，才看到了这一巨大的变化 —— 与集成电路以及硬件系统相关的工作和收入都在不断减少，而与软件相关的工作和收入却在大幅增加，显然，二者相抵之后的净值是增加的。当时，即使在那些以硬件产品为主的公司，比如思科、3Com和 Novell 公司，里面的大部分从业人员也变成了软件工程师，这种情况一直保持至今。当然，随着硅谷由"硬"变"软"，全球出现了一个巨大的新市场 —— 计算机软件市场。到 2014 年，全球前十大软件公司创造的软件收入[6]将近 2000 亿美元，这还不包括像苹果这样通过硬件实现软件价值的公司，也不包括 Google 这样的互联网公司。

软件业能够在美国崛起的一个重要原因是，绝大多数人愿意花钱去买软件。如果大家都以某个理由比如价格高而使用盗版软件，那么就不会有硅谷的发展了。根据美国计算机协会 ACM 的通信会刊[7]报道，2000 年全世界（缺中国的数据），依然有 37% 的软件是盗版的[8]。在所有国家中，美国是盗版软件最少，盗版的比例为 25%，其次是英国（26%）和德国（27%）。即使同在发达国家行列，法国的盗版比例为 39%，高于全球平均水平，荷兰和意大利则高达 44%。至于发展中国家，大部分盗版比例都在 60% 以上，个别则在 80% 以上。总的来讲，虽然盗版的比例和人均 GDP 有一定关系，但是文化和法律则是另一个重要因素。一些富国，比如沙特阿拉伯，盗版软件的比例就非常高，达到 56%，而英语国家和其他同等收入的国家相比较，软件盗版现象则较少。要说政府对硅谷的崛起真有什么帮助的话，或许保护软件在内的知识产权是最有意义的。在美

6
像 IBM 和微软等公司，既有软件收入，也有硬件收入，只计入了软件部分。

7
COMMUNICATIONS OF THE ACM January 2004/Vol. 47, No. 1。

8
中国的数据无法统计。

国海关，每查到一份盗版光盘就直接罚款 2500 美元，一些不了解这一情况的旅客在入关时吃过这种苦头。美国软件业的快速发展首先得益于其全民保护软件知识产权的意识。全世界 10 个最大的软件公司（以公司的直接软件收入衡量），除了德国的 SAP 和瑞典的爱立信，剩下的 8 家都在美国 [9]。而在全球 100 大软件公司中，有 8 成是美国公司，这些美国公司一半都在硅谷。

保护软件的知识产权给整个美国带来了软件的竞争优势。在独立软件业发展初期，它体现为美国对世界各国的优势，但是在发展了 10 年，到了 80 年代末时，这种竞争优势则集中体现为硅谷对全世界的优势了，那么硅谷的特别之处在哪里呢？原因很多，我认为最重要的有以下四点。首先是前面已经提到的颠覆式创新，这从甲骨文和联合电脑软件公司的对比上已经能看得很清楚。除此之外，利用计算机开拓全新的应用、风险投资的挖角，以及特殊的生产关系是硅谷软件业迅速崛起的根本原因。我们不妨逐一进行分析。

先说说硅谷在开拓计算机新应用上的成就。计算机是运算速度很快的机器，要想让它从事过去由人完成的工作就需要开发各种软件。在 IBM 主导计算机发展的时代，大部分计算机都是用于大中型机构或企业的管理，在这一时期计算机公司不会考虑小企业和个人使用计算机的需求。随着处理器性价比不断提升，使得计算机有可能进入小企业和家庭时，为个人电脑配备各种软件就变得刻不容缓。最早出现在个人电脑上的实用软件，有很多都是将原来大型机上的软件小型化，比如一度是全球销售额最高的个人电脑软件 —— 莲花 1-2-3（Locus 1-2-3），就是把原本运行在大型机上的数据库软件核心功能抽出来，搬到个人电脑上。这样的想法当然顺理成章，但是，由于针对大中型机构企业需求的可用软件总数并不多，能移植的软件很快就移植完了。而硅谷的工程师们则另辟蹊径，直接从个人电脑本身出发，针对个人用户的特点，挖空心思去琢磨个人用户的需求，打造出很多大型机上并不存在的软件。比如施乐公司在硅

9
它们分别是微软、甲骨文、IBM、赛门铁克、惠普、EMC、Adobe 和联合电脑 CA。

谷的 PARC 实验室，为了方便非专业计算机用户（在 70 年代之前，能使用计算机的都可以称为专家），发明了一种基于视窗图形界面的操作系统。虽然施乐没有将它成功地推向市场，但是苹果公司的乔布斯将这项发明用于 Lisa 个人电脑和麦金托什计算机（Mac），后来又被比尔·盖茨用于微软的视窗操作系统中。在整个 80 年代，硅谷开发出了针对个人用户的排版软件 Acrobat 和图片处理软件 Photoshop，还有服务于小企业和个人的财务软件 Turbo Tax 和 Quick Book，以及个人电脑安全软件诺顿（Norton）和互联网浏览器软件网景（Netscape），等等，而这些领域都是原来的软件业所不涉及的。除此之外，硅谷还诞生了代表个人电脑时代计算机游戏最高水平的艺电公司。当然，这些软件只是硅谷开发的众多个人电脑软件中比较知名的，知名度较低的更是不计其数。有了这些软件，人们发现计算机居然能够完成过去想都不敢想的事情，这也才使得个人电脑的普及成为可能。

5　风险投资的作用

关于风险投资在硅谷从半导体到软件业转型过程中的作用，瓦伦丁和多尔给出了很好的诠释。瓦伦丁说，他在仙童和国家半导体公司任职时，仔细观察工程师们所做的事情，发现工程师们总是有着无穷的创造力，也就是说，如果没有人限制这些工程师，你就不用担心创新的问题，因为他们总是会去尝试新的东西。但是，对大多数工程师而言，要将创造力转换成商业上的成功，缺少两样东西：一是资金，二是放弃目前高收入高福利工作的动力。因此，瓦伦丁等人就需要创造出一个体系，让这些工程师们有足够的资金来实现自己的想法，同时又有足够大的诱惑让他们愿意从原来的公司跳出来"单干"。硅谷的风险投资人和过去传统的投资人不同，他们不是被动地等着创业者来要钱，而是在不断地探求未来新的科技发展机遇，并且主动寻找可能的创业者，劝说这些人"反叛"。如此一来，硅谷的新公司才不断涌现出来。当然，要做到这一点，要求投资人

本身也懂技术，并
且能够看清未来 10
年科技产业的发展
趋势。对于瓦伦丁
和多尔来讲，这并
不是问题，因为他
们之前在技术公司
积累了足够多的经

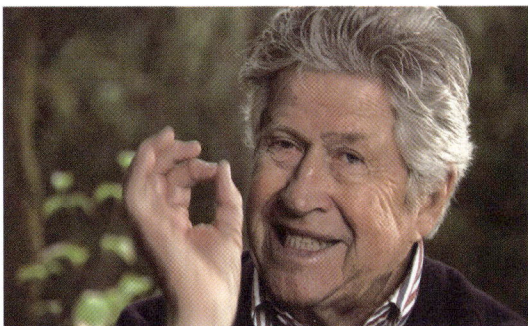

图 4.7　硅谷著名投资人瓦伦丁

验，而这对于传统
的投资人而言却并非易事。但正是这个原因（而非天气因素），风
险投资在硅谷的回报率才能高于美国其他地区。

风险投资人劝说工程师们跳槽（到自己投资的小公司）和创业，起
初还只是个案和独立事件，后来他们就此形成了一整套理论，并且
在硅谷地区不断地对全社会灌输这样的理论。用多尔的话讲，风险
投资人就是需要让工程师们"合法地暴富起来"，注意，他讲的是
暴富，而不是一般的富有。从瓦伦丁、克莱纳到多尔、莫里茨等人
一直都在鼓励员工们的"反叛"行为，并为"长了反骨"的员工的
反叛行为保密，这一原则已经成为硅谷风险投资家们不成文的约定。
这种反叛行为，对于原来的公司无疑是损失，这也能说明为什么仙
童成为不了 IBM 或者 AT&T 这样具有垄断地位的超级巨无霸，却
让硅谷在整体上受益。在风险投资人看来，拆掉一座旧房子，用里
面好的砖石搭建新房子，要比慢慢改造一座旧房子效率高得多。在
从半导体到软件的转型过程中，这些风险投资人一方面不断树立创
业成功的榜样，另一方面不断地在挖大公司的墙角。长期以来，硅
谷风险投资人的这些努力取得了良好的收效，硅谷的工程师们逐渐
养成了再培训和改行的习惯，很多人工作几年后会回到学校学习新
知识，然后换一份与原来性质完全不同的工作。硅谷早期的很多软
件工程师就是这样从电机工程专业改行过来的。至于硅谷风险投资
的特点及其发展历程，我们后面还会详细讲。

硅谷在从半导体到软件的转型过程中，没有刻意做出艰难抉择，一切显得那么自然。半导体和软件是两种不同的东西，却有着很强的内在联系。半导体工业的发展导致计算机成本的下降和普及，进而引发对软件的大量需求。而在硅谷，众多工程师最擅长就是把握技术的发展方向，只要有资金和制度的帮助，从半导体到软件的转型便在不经意间完成了。在这个过程中，并没有某个高瞻远瞩的人来建议硅谷该如何发展，一切都是靠商业的力量，靠着每一个人在最大化自身利益的同时，给社会带来正向效应。毫无疑问，在这一转变的过程中，得益的是风险投资人和创业者，而损失的是现有的大公司。

硅谷在发展的过程中，渐渐形成了一种特殊的劳资关系，关于这一点后面还会仔细分析。一言蔽之，那就是过去工业时代形成的雇佣关系被打破了。一个老板要做大公司，就要找到好的员工，而这需要出让一部分公司的所有权给这些员工。在 80 年代之前这种做法还不很规范，但是到了硅谷软件业腾飞的年代，各个初创公司就都得留出 10%—15% 的期权（甚至是股权）给普通员工，而特聘的高管（比如 CEO 和 CFO）期权另算。这样一来，一个公司的老板（比如创始人或者 CEO）与下属的关系，便从雇佣关系变为契约合作关系。

总结一下硅谷成功转型的特点，那就是没有政府的干预。在 70 年代末到 80 年代初这段时间，虽然硅谷地区面临半导体工业外迁带来的风险，但是也存在着信息革命带来的新机遇。面对选择，硅谷并没有硬把当时依然具有竞争力的半导体产业留下，如果一定要这么做，是可以将半导体产业离开硅谷的时间延缓几年的，但是硅谷没有这么做，而是去拥抱了新技术革命的浪潮。如果硅谷有一群权力很大的行政领导，为了选票，很可能会尽力保住这些半导体行业的工作机会，就如同奥巴马总统不合时宜地试图保住美国一些低端制造业的工作机会一样。如果这么做了，今天的硅谷便只会剩下一个每况愈下的半导体产业，以及大量低水平的工人，就如同今天的汽车之城底特律一样。

硅谷从 1.0 到 2.0 的转变，可以进一步细分为两个阶段。第一个阶段从 20 世纪 70 年代中期到 80 年代末，在这个阶段，传统软件业兴起。第二个阶段是 20 世纪 90 年代，即互联网爆炸式发展的时期。全世界第一个得益于互联网发展的大型跨国公司是硅谷的思科公司，它从成立到上市只用了 6 年，还创造了许多股市上的神话，比如业绩和股价连续 10 年上涨，打破全球市值增长最快的记录，等等。思科之后，各种互联网公司如雨后春笋般在硅谷诞生，然后上市。这时，加州移民的冒险精神再次显现出来了，年轻人和一百年前的祖辈一样，为了自己的梦想，当然也为了经济利益，投身到互联网这个金矿中。到了 90 年代后期，在硅谷最热门的选择是自己办公司，其次是到雅虎等互联网公司工作，最后才是去 IBM、惠普和苹果等大公司。这一段历史在《浪潮之巅》里有详细介绍，这里不再赘述。

第三节　硅谷风险投资自身的发展

前面讲了，硅谷的转型并没有政府的主导，除了科技本身的发展，资本的力量也不容忽视。在硅谷，作用最大的资本是包括天使投资在内的各种规模的风险投资，然后是大公司用于并购的钱，最后才是华尔街的钱。华尔街的钱以及各种私募基金的钱对硅谷起的作用远没有它们在传统工业中的作用那么明显。

作为直接影响硅谷发展的资本力量 —— 风险投资，有着很强的地方特色。正如我们在前面所讲到的那样，它不仅仅是提供科技公司早期发展的资金，还帮助这些公司建立起自己的团队，包括从其他公司挖人，甚至承担了年轻创始人导师的义务。可以说，硅谷风险投资人在把控技术方向上的独特眼光以及帮助所投资公司发展上的特长，是硅谷以外的传统投资人所不具备的，这些特长帮助了硅谷的成长。当然，这些特点并非一日形成的，而是随着硅谷的发展逐步进化而来的。我们不妨来看看从早期到硅谷 2.0 末期，硅谷风险投资的发展过程，并且对比它和外来投资人在做事方面的不同之处，以此了解硅谷风险投资的特点，这样也就能理解为什么风险投资在硅谷的发展中能够起到独特的作用。

1　凯鹏华盈和红杉确定硅谷风险投资的原则

硅谷早期的投资来自于硅谷之外，具体说是来自当时经济更为发达的美国东部地区。其代表人物就是前面提到的洛克。除了洛克，还有一位值得一提的人物 —— 威廉·德雷珀三世（William Henry Draper Ⅲ，1928—），他和盖瑟（Gaither）、安德森（Frederick Anderson）一起创办了硅谷早期的风险投资公司德雷珀 – 盖瑟 – 安德森（DGA），后来又创办了萨特山创投（Sutter Hill Ventures）。作为硅谷最老的风险投资人，德雷珀一生打出的本垒打并不多，而且很多时间都花在了慈善和公共事务而不是投资上。但是整个风险投资界都十分尊重德雷珀，这倒不是因为他年纪大，而是因为他提出了两条被称为风险投资金科玉律的准则：第一，投资就是投人，选对了人，就能把不好的项目变成一个好项目；投错了人，就会把一个本来有希望的好事搅得一团糟。第二，风险投资人要储备这种技术和管理人才，以便今后把他们派到所投的公司去挑大梁。此外，德雷珀热衷于打造一个风险投资家们能够分享信息一同投资的行业协会。正是因为这些贡献，他在整个风险投资界很受人尊敬。

硅谷早期的崛起在某种程度上要感谢这些来自东海岸的投资人。但是，硅谷后来的发展和长盛不衰，则离不开伴随其科技工业同时成长的本地投资人。在不同时代，硅谷的风险投资人有着不同的特点。让我们先来看看随着半导体繁荣而成长起来的第一代风险投资人 —— 克莱纳和瓦伦丁等人。

克莱纳和瓦伦丁的交集是仙童公司，但是两个人在仙童的角色完全不同，在仙童克莱纳是创始人，而瓦伦丁则是从洛杉矶的销售员做起，一直做到仙童主管销售的副总裁。两人各自离开仙童后，走到了一条路上，一同开创了硅谷自己的风险投资领域。

我们先说说克莱纳，他于 1962 年离开仙童后，做起了天使投资，投资对象大多是他的老同事和朋友，其中最成功的是投资诺伊斯和摩尔的英特尔公司。1972 年，通过做天使投资挣到不少钱（按照今天的标准，也就是在帕洛阿图买一栋中等价位的房子而已）的克莱纳和惠普的副总裁帕金斯创办了克莱纳－帕金斯（公司）。这两个人投了不少个人资金，还从一些小合伙人那里募集到了资金，这些合伙人每个人贡献的也只有几十万美元而已。这和之前洛克等人的做法完全不同，洛克等人的投资基金，资金来自非常富有的家族（比如菲尔柴尔德家族）、银行（比如花旗银行）和金融机构（比如高盛或者摩根斯坦利）。因此，洛克的投资理念还是替人管钱。克莱纳和帕金斯则不同，他们确定了管理者（普通合伙人）和投资者（有限权利合伙人）之间一个公平的利润分配原则，从而让二者形成为一种利益共同体。第一期风险投资基金只有 800 万美元，这个金额比今天的大多数天使投资基金规模还要小，即使考虑到通货膨胀的因素，也只能相当于现在一个早期风险投资基金的规模。不过在当时，拥有 800 万美元的克莱纳－帕金斯（公司）已经是最大的合伙人制风险投资基金了。后来考菲尔德（Frank Caufield）和拜尔斯（Brook Byers）也加入了进来，并且成为了合伙人，从此公司改名为克莱纳－帕金斯－考菲尔德－拜尔斯，在它进入到中国以后才取名为凯鹏华盈。

一年之后，瓦伦丁在硅谷创办了第二家类似的风险投资机构——红杉资本（Sequoia Capital）。它的合伙人结构以及资金规模和克莱纳-帕金斯相似。这两家总部相距不到一百米的投资机构，不仅在规模上和今天的天使投资社差不多，而且在投资方式上也很相似，

图 4.8 凯鹏华盈的全球总部在沙丘路旁一个幽静的院落里

具体来说就是广种薄收、双倍砸钱和技术价值投资这三条。

广种薄收,顾名思义,很好理解,但这其实并非硅谷早期投资人的本意,无论是克莱纳、帕金斯,还是瓦伦丁,都是希望广种广收,最后变成了广种薄收多少有点无奈,因为他们在早期并没有经验。凯鹏华盈早期投资的公司多而杂,包括一些克莱纳和帕金斯所熟悉的半导体公司,但也包括像运动鞋和摩托车零件这种他们完全不了解的企业,其中克莱纳一个人就投了 350 个项目,可以想象大部分后来必定是关门大吉,因此凯鹏华盈在开始的几年里表现并不突出。今天,硅谷的很多天使投资依然重复着克莱纳等人的老路,他们有时幸运地获得同样的成功,有时也不可避免地遭受凯鹏华盈早期同样的失败。但是即使有失败,硅谷的风险投资人依然在坚持广种的原则,因为他们在投资之前实际上并不知道往哪个领域去投,而是要看创业者们选择在那些领域创业之后,才能决定投资方向。

当然,如果凯鹏华盈按早期那样办下去,今天就不会有多少人听到它的名字了。硅谷投资人在广种的基础上,还有第二条原则,就是所谓的双倍砸钱（Double Down），即对于前一轮投资的公司里那些表现好的，在下一轮融资时砸更多的钱。这个简单的原则通常很有效，因为经过一轮的考察，对于哪些公司更可能成功就会看得比前一轮更准确了，双倍砸钱可以保证将更多的资金投给更有希望的公司。这个原则在 70 年代还不是很流行，当时凯鹏华盈的资金还没多到每一轮都能进行投资，而如今这一原则已被硅谷各大风险投资公司普遍采纳。

凯鹏华盈在 70 年代初期交了一些学费后，就开始坚持技术价值投资的原则，并一直延续至今。前面提到，凯鹏华盈早期投资过一些杂七杂八的项目，但是很快就回归到克莱纳等人熟悉的半导体和计算机领域了。它的第一个不折不扣的本垒打是 1977 年投资的天腾电脑公司（Tandem Computers）。在天腾上市后，作为最早也是最大的投资人，凯鹏华盈大赚了一笔。接下来它挖到了一个更大的金矿，70 年代中期，帕金斯当年以区区 10 万美元（当时 4 个电脑工程师一年的年薪），买下了基因泰克 25% 的股份，到 1980 年基因泰克上市时，这笔投资的回报已有上亿美元。当然，凯鹏华盈要是能将基因泰克的股份持有到 2008 年，收益将超过 200 亿美元 [10]。

10
2008 年，瑞士的罗氏制药公司以 436 亿美元的价格收购了基因泰克尚在流通 45% 的股份。

根据上面的三条原则，克莱纳和帕金斯两人一辈子投出了傲人的战绩，除了基因泰克，他们还成功地投资了一度是全球最大的个人电脑公司康柏（Compaq）和今天炙手可热的互联网公司亚马逊。当然，他们的同事和弟子更是青出于蓝。到 2014 年为止，除了上述著名公司，凯鹏华盈还投资了包括 AOL、Google、网景、太阳在内的一大批改变世界的大公司，在纳斯达克上市的排名前 100 的公司里，凯鹏华盈投资的公司占 10%。不仅如此，凯鹏华盈的投资还产生了很大的社会效益，将它投资的公司的营业额加在一起，今天（2014 年）则超过三千亿美元，创造了 30 万个就业机会。

红杉资本也有自己的特点，这首先反映在识人上。它的创始人瓦伦丁的初衷是帮助那些有创造力的工程师，因此找到这些人就成了关键所在。至于做什么项目，瓦伦丁相信工程师们自己的判断。这个原则在传统的投资中并不多见，在传统投资中，对价值的评估更重要的是基于项目，而非基于人。

瓦伦丁投资的第一个伟大的公司是苹果。当年，乔布斯和沃兹尼亚克在朋友的介绍下找到了瓦伦丁，后者很看好这两个年轻人，不仅给他们投资，还撮合市场经理马库拉与他们俩共同组成了苹果的创始团队，并亲自给予指导。为了给苹果保驾护航，他还投资了数家为苹果供应配件和服务的小公司。当然，他对苹果的投资和呵护最终得到了巨大的回报。瓦伦丁投资的第二家伟大的公司是甲骨文，我们知道拉里·埃里森同样也很了不起。

硅谷的一些公司创始人，他们可能是优秀的早期产品设计和开发的专家，但未必是经营管理大公司的合适人选，红杉资本在这种情况下会投资这家小公司，后期会用更好的职业经理人替换掉公司创始人。这方面最著名的例子就是瓦伦丁赶走思科创始人勒纳和波萨克的故事。

继凯鹏华盈和红杉资本之后，硅谷诞生了很多风险投资公司，它们早期的投资方式和上述这两家很相似，今天的天使投资人依然也是这么做的。这可以说是早期硅谷风险投资人的共同特点，他们并非像华尔街的分析师那样对比一大堆的数据，而更多的是靠直觉和经验进行判断，他们看重的是人和未来的市场前景。我的一位在凯鹏华盈做事的朋友经常和多尔一起开会，讨论可能投资的案例，据他介绍，多尔判断公司的准则常常就是直觉，而且通常是从与别人不一样的角度去看问题。如果计算投资成功率，他的成功率要低于整个风险投资行业的平均水平，但打出的本垒打比别人多。

相比华尔街，硅谷风险投资的另一个特点，就是不同的基金之间合作要远远多于竞争。这不仅反映在几家基金合投一个项目，以降低每一家风险投资基金本身的风险，而且反映在不同的基金相互接盘，把一个个公司推上市。这在某种程度上也是硅谷地区风险投资回报较高的原因，而在其他地区，从天使投资到最后上市前大规模的融资，尚未形成产业链，相互接盘的情况不如硅谷普遍。在有些地区甚至还出现过风险投资公司相互抢对方比较好的项目的情况。

2　硅谷风投和传统投资风格迥异

硅谷风险投资的这些传统，在 2000 年前后差点被华尔街的做事风格毁掉。鉴于硅谷在过去 30 年的成功，在互联网泡沫时期，大量的热钱涌入各种风险投资基金，使得风险投资金额从 90 年代平均每年不到 200 亿美元猛增到 1000 亿美元（2000 年）以上。这是一个美国市场完全无法消化的风险投资量，即使在十几年后，美国市场上正常的风险投资金额也不过在每年 300 亿美元上下（见图 4.9）。这么多风险投资基金要在短期内投出去，马上就遇到了两个大问题。首先是找不到那么多值得投的项目，结果只能投给一些毫无价值的项目，因此，1999—2001 这三年也就成了创业者最容易拿到钱（甚至是骗钱）的三年。只要有一个小点子，不论是自己的，

美国风险投资金额（十亿美元）

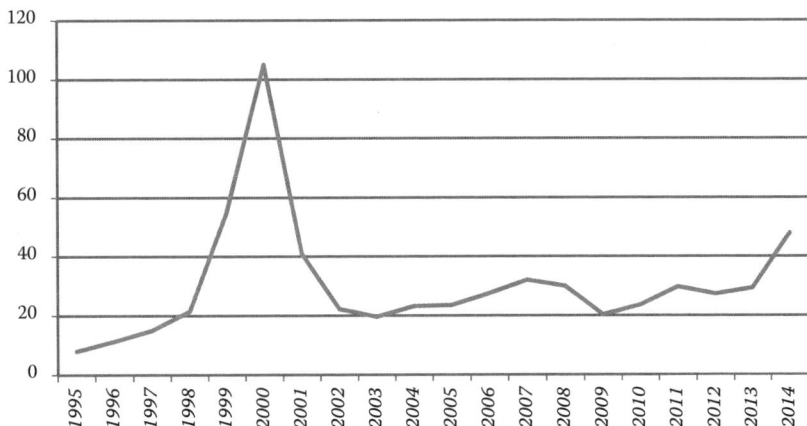

图 4.9　1995—2013 年美国风险投资规模（数据来源：普华永道）

还是模仿他人的，只要和互联网沾上边，就都能找到投资。此外，风险投资基金相互抢项目，也使得每个小公司的价值被严重高估。2013—2014 年，硅谷风险投资平均每一笔投资的金额是 300 万美元左右，而在 2000 年则是 700 万美元。这样一来，风险投资就成了"危险投资"。2001 年之后，互联网泡沫破碎，大部分风险投资都打了水漂。那个时期红杉资本回报最好的一期融资，融资金额接近 20 亿美元，除了投资 Google 算是幸运地打出了一个本垒打，其余几乎都失败了，要不是 Google 给投资人带来了足够多的回报，这一轮红杉资本融资的回报也将是负值。

第二个大问题是没有那么多合适的人来管理这些资金。按照克莱纳 – 珀金斯或瓦伦丁的方式投资，需要有很多既能洞察行业又懂得如何考察创业者的投资人。然而，资金可以迅速增加几倍，而基金管理人（总合伙人及其助手）却无法迅速培养。于是，股票债券等传统投资领域的基金经理们纷纷涌入硅谷地区开始从事风险投资。可是，这些人过去的经验和技能并不适合从事风险投资，他们对技术和科技产业都缺乏了解，但是，由于缺乏有经验的风险投资人，也只能找他们来充数了。通常二级市场的投资人在做投资决策时，需要有大量量化的、可跟行业比对的数据做依据，比如根据福特公司多年来的营收情况，以及它和整个汽车行业其他上市公司的数据，决定是否买入（或者卖出）福特公司的股票。但是，对于新兴的互联网行业，这些数据是缺失的，因为大部分互联网公司不仅没有利润，甚至没有营业额。于是，这些过去在二级市场上做投资的传统投资人便人为地创造了一些看似可比对的数据，比如互联网公司的每人流量和价值比，并且拿一些已经上市的公司（比如雅虎或美国在线 AOL）作为参照系比对。这种估值显然毫无意义，且不说雅虎和美国在线本身就被高估了，更何况那些完全没有盈利能力的互联网公司的流量在价值上也远没有雅虎或美国在线高。

通过这些外来投资人和硅谷本地投资人在投资风格上的对比，可以看出硅谷本地投资人在把握技术脉搏方面的能力是独特的，同时在短时间里也是难以复制的，这和他们长期生活在 IT 行业中，而不是处在单纯的投资领域中有关。缺乏这样的投资人，也是很多地区复制硅谷失败的重要原因。

从另一方面讲，巨额投资和缺乏经验的投资人并不完全是坏事。

首先这创造出了巨大的互联网泡沫，而对互联网的过度投资其实带来了非常积极的社会效益，这些巨额投资，让互联网行业在最初几年里为用户提供了免费的服务（当时被戏称为免费午餐），不仅让互联网以难以置信的速度发展起来，还保证了互联网免费和开放的运营发展模式。可以说没有风险投资，就没有今天的互联网。

其次是加速了硅谷由"硬"变"软"的转变。在 90 年代初，硅谷地区在就业人数上，偏硬件的半导体公司和系统公司依然超过偏软件的公司，可到了 2000 年这个情况就完全反过来了。当然，一个地区的发展不可能总是靠烧钱，因此硅谷本身的风险投资方式无疑比外来的更有效。

硅谷 2.0 时代也是全球信息革命蓬勃开展的时期，硅谷不仅面临着自己内部公司之间的竞争，更面临着全球行业内的竞争，其激烈程度远远超过 70 年代之前。这个时代的硅谷可以这么概括：过度投资，自由竞争，优胜劣汰，赢者通吃。在 20 世纪 90 年代，硅谷的过度投资是普遍现象，从积极的意义上讲，它是保障自由竞争的必要条件，而能够让新兴产业获得过度投资，则是风险投资人融资的功劳。自由竞争原本就是硅谷的一大特点，历史上它没有得到过政府什么资助，不过 20 世纪 90 年代之后的过度投资和大量年轻人开始创业，则进一步加剧了硅谷公司的竞争。当然，自由竞争的结果必然是优胜劣汰，这本身没有什么奇怪的，只不过在硅谷 2.0 时代，互联网带来的商业效率提升，以及资本的导向，加速了淘汰的过程。当然，公司胜出的速度也同样很快。当某个行业里一旦有一个公司开始胜出，它就会以极快的速度开始通吃市场，成为大型跨国公司，这便成为了硅谷的一大特点。硅谷过去的英特尔、思科等公司如此，后来的雅虎、Google 和 Facebook 公司依然如此，只不过通吃的速度也越来越快。这四个特点，导致硅谷成为全球最具竞争力的地区，尽管办公和生活成本不断提高，依旧活力无限，世界上还找不到第二个地区能够取代它的位置。

第四节 硅谷 3.0 —— 后互联网时代

11
不过事后证明，事情没有像想象得那么糟糕，投到硅谷的钱并没有浪费。红杉资本和凯鹏华盈在 Google 投资的 2500 万美元若持有到 2014 年夏天，价值在 1500 亿美元以上（按照 2014 年 6 月 Google 的股价计算），超过了风险投资最高的 2000 年全美国所有风险投资的总和（1050 亿美元左右）。只不过挣钱的风险投资人是少数，而赔钱的占大多数。

硅谷 2.0 以一次成功的转型（半导体到软件）开始，然后以一次巨大的科技泡沫崩溃而结束。硅谷是 2001 年经济危机的中心和重灾区，大部分互联网公司都倒闭了，只有少数现金充裕的公司还在苦苦支撑。位于硅谷中心的圣塔克拉拉县，2002 年失业率超过 10%，这还不包括那些持工作签证、没有资格领取失业救济的失业者。很多来自印度的工程师，干脆把用分期付款方式买来的新车扔在机场，然后坐飞机直接回国了，一时间旧金山机场出现了大量无主的新车。当然，那时很多人不免再次怀疑硅谷的科技神话是否还能延续 [11]，尤其是当 2000 年前后一些低层次软件开发的工作被外移到印度和中国之后。

但是，硅谷在短短六个季度后就走出了危机。从 2003 年初开始，雅虎等优质的互联网公司率先走出亏损，恢复了盈利，同时股价开始猛涨。而当时还没有上市的 Google 一直都在盈利，同样一直都在盈利的硅谷互联网公司还有 eBay。经济危机帮助硅谷淘汰了那些人云亦云、缺乏竞争力的跟随者，造就出一批互联网时代全球最具影响力的公司。整个硅谷地区的经济结构乃至社会结构也发生了翻天覆地的变化。从 2003 年起，硅谷进入了 3.0 时代。

1　大而强

硅谷 3.0 时代最显著的特点，就是这里的公司拉大了和美国以及世界同行们的距离。在硅谷 1.0 时代，硅谷的半导体业虽领先于世界，IT 整体水平却比不上美国东部新泽西和纽约等传统发达地区。到了硅谷 2.0 时代，硅谷的软件业和互联网已在整体上领先于世界，但全球最大的软件公司微软并不在硅谷。然而 2003 年之后，硅谷在技术和产品上可谓风光无限，遥遥领先。下表列出了纳斯达克指数成分股中的前 10 大公司（根据流通股价值计算），其中有 6 家来自硅谷。

表 4.2　纳斯达克指数成分股中的前 10 大公司

公司	地点
苹果	硅谷
微软	西雅图
Google	硅谷
英特尔	硅谷
亚马逊	西雅图
Facebook	硅谷
吉利德科学	硅谷
思科	硅谷
高通	圣地亚哥
Comcast	费城

2003 年之后，硅谷第一颗耀眼的明星是 Google。这家以搜索引擎起家的公司，如今几乎成为了互联网的代名词。全世界大约有 70% 的网民直接或间接地在使用它的产品。即使在那些无法使用其搜索引擎、YouTube 视频服务和 Gmail 邮箱服务的地区，依然有大量用户在使用基于 Google 安卓操作系统的手机。这家公司身上凝聚了硅谷的很多优点 —— 创新、活力、多元化和全球眼光。

在 Google 之后，互联网进入了一个崭新的时代，人们称之为互联网 2.0。在互联网 2.0 时代，基础的网络服务和互联网上的内容以及应用开始分离，而最能代表这种技术趋势的是 Facebook 公司。这家在互联网泡沫之后才诞生于硅谷的公司，在短短的两三年时间里，就成为全球最大的社交网络公司，同时也成为在移动互联网出现之前承载各种互联网上的应用程序（包括游戏）的公共平台。Facebook 的诞生，使得很多互联网公司不再需要搭建自己的网站，而是通过 Facebook 把自己的服务推向市场。

硅谷另一颗耀眼的明星就是今天炙手可热的苹果公司，这家发明实用化个人电脑的公司曾经一度濒临破产，但是在硅谷 3.0 时代，它成为史上市值最大的公司。而且从 2000 年开始，苹果的产品，从笔记本电脑到手机再到平板电脑，一直是时尚和品质的代名词。苹果等大公司在人数规模和生意不断扩大后，运营的效率并没有受到明显的影响，而且在全球范围内竞争力愈发强大，也可谓是硅谷的神奇之处。

2 小、快、灵

硅谷的优秀公司还非常多，若要一一仔细道来，足以写成一本书。值得一提的是，当下硅谷的这种创新力不仅体现在上面几个明星公司里，而是普遍存在于湾区的每一个角落。相比 2.0 时期，今天硅谷的创新力在进一步增强，这一点从这些年硅谷诞生的众多明星小公司就能看到。像 Snapchat[12]、WhatsApp[13] 和 Dropbox[14] 等只有几十人或者上百人的小公司，在短短几年里就获得了上亿甚至超过十亿的用户，并且在各自的领域成为世界排名第一的公司。

促成硅谷创新力增强的原因是创业的成本变得非常低，而帮助创业的相关服务达到了空前完善的地步。

四五十年前，在硅谷创业开发一款芯片，没有两三百万美元的投资

---

[12]
一个图片和视频分享的应用，与一般多媒体分享服务不同的是，上传者可以限定上传内容的有效时间，通常不到 10 秒钟。

[13]
其类似于腾讯的微信。2014 年，这家不到 100 人的小公司被 Facebook 以 190 亿美元的高价收购。

[14]
全球最大的针对个人用户的云存储公司，用户数量超过 3 亿。

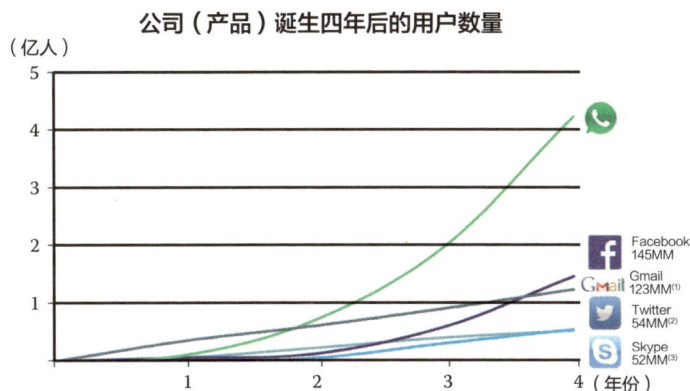

公司（产品）诞生四年后的用户数量
（亿人）

Facebook
145MM
Gmail
123MM[1]
Twitter
54MM[2]
Skype
52MM[3]

1　　2　　3　　4（年份）

图 4.10　Skype、推特、Gmail、Facebook 和 WhatsApp 前 4 年用户增长的速率，增长速率最高的是 WhatsApp

是做不出样片的。英特尔公司成立时获得了 1000 万美元的投资，这在当时是一笔大钱。当时风险投资的整体规模并不大，加上集成电路的开发周期一般都比较长，很多公司做了四五年，依然拿不出一款销量很大的芯片，因此硅谷每年诞生的公司数量并不多。

30 年前，开发一款软件，至少要把几个人集中到一起，没有一百万美元，就无法购买计算机并且雇上几个专职的软件工程师。整个软件开发的周期，通常需要一两年。当开发完成后，在较长时间内软件的销售额可能还无法赚回开发的成本。

20 年前，计算机便宜了很多，但是要创办一家互联网公司，哪怕只服务于几十万用户（用户再少的话公司也就做不起来了），购买服务器的开销也不小，加上网络带宽等支出，费用甚至不比创办一家甲骨文这样的软件公司低。事实上，2000 年，风险投资平均每一笔的投资为 1300 万美元，远高于今天的每笔 700 万美元。

今天，做一款下载量上百万的应用软件，除了几个创始人需要没日没夜在家写程序之外，其他成本非常低。他们甚至连车库也不用租了，可以在家干活，通过网络远程办公，即使需要租用办公室，那些收费很便宜的孵化器也可以提供帮助。很多孵化器一个座位一

15
世界上大部分互联网公司的服务器还达不到这个使用率。

16
马斯克在 Paypal 卖给 eBay 后挣到了大约一亿美元的现金。

17
威廉姆斯将他的 Blogger 卖给了 Google，获得了第一桶金。

18
赫利和陈士骏把 PayPal 卖给 eBay 后，挣到了上千万美元。

19
《黑客与画家》一书的作者。

20
YC 孵化器一共给 500 多家小公司投入了大约 10 亿美元，今天这些小公司的估值大约在 137 亿—300 亿美元之间，因为不同人的估计偏差较大。

天只收 5—10 美元，比在星巴克喝两杯咖啡贵不了多少。与 10 年前不同的是，今天办一个公司的 IT 成本更是低得令人难以置信，亚马逊和 Google 提供的云计算服务近乎是免费的。从亚马逊租用一千台服务器（8000 个核），按照 20% 的使用率[15]计算，一年的费用大约是 15 万—20 万美元，只相当于这些服务器（加上空调）一年的耗电量，加上半个系统管理员的工资。如果只是搭建一个为少量用户提供演示的系统，费用更是低得惊人。我本人支持过一家做大数据处理软件的小公司，他们从开发到完成在亚马逊上的演示系统，云计算费用只花掉 500 多美元。

当然，创业成本的降低对全世界都是一样的，那么为什么硅谷能诞生那么多成功的公司呢？这就涉及到创业的环境了。正如同硅谷 1.0 时代造就了一批风投专家，为硅谷后来的发展创造了条件一样，Google、eBay、思科和 Facebook 等公司的成功为硅谷缔造了一批新贵。他们既有钱，又懂技术，对硅谷的继续发展起到了巨大的作用。这些人中间，有的成功地进行了第二次、第三次创业，比如 Tesla 和 Space X 的创始人马斯克（Elon Musk）[16]、Twitter 的创始人威廉姆斯（Evan Williams）[17]和 YouTube 的创始人赫利（Chad Hurley）和陈士骏[18]等，但更多的人则成为了当今活跃的风险和天使投资人。与 2000 年前后从华尔街来的那些基金管理者不同，这些人不仅对技术非常敏锐，而且有成功创业或在那些明星公司工作过的经验，因此他们在做风险投资的同时，还有能力对创业者进行辅导，大大提高了这些创业者成功的概率。这里面最著名的是计算机专家和作家保罗·格雷厄姆（Paul Graham）[19]创办的 YC 孵化器（Y Combinator），它聚集了硅谷很多有经验的创业者、法务财务专家和公司里的资深人士，对旗下的小公司进行全方位的辅导，因此投资的成功率比其他的早期风险投资人要高不少。从 2005 年成立到 2014 年，它的总回报率大约是 14—30 倍左右[20]，这些小公司中最著名的是云存储公司 Dropbox 和 O2O 的房屋租赁公司 Airbnb。

类似 YC 孵化器创投这样的风险投资基金在硅谷有很多，它们的背后大多有一些大公司高管和成功企业家在参与。这些资深人士亲自挑选有前途、愿意创业的年轻人加以培养。他们深知自

图 4.11　创业者们在 YC 孵化器接受培训

己的公司需要什么技术，而由于种种原因，不适合在原来的公司里开发，他们就让自己培养的这些年轻人在外面做，同时给予投资和指导，一旦达到预期，就由公司出面收购。我们常常看到这些年Facebook 高价收购的一些似乎不很知名的小公司，其实这些公司的一些投资人和顾问都是 Facebook 的高管。今天，在硅谷这类合伙人团体非常多，这些人是连接创业者和潜在收购者的桥梁。

如果说在大工业时代一个优秀的企业必须具有完整的、大而全的管理结构，那么要想在硅谷 3.0 时期诞生的公司中寻找这个特征，恐怕会失望，因为那些公司所关心的是如何快速适应不断发展的新技术和不断变化的市场需求，组织架构的特点是小、快、灵。我们不妨把过去那些企业的架构看成是恐龙型的，而今天诞生的这些初创公司则是变色龙型的，它们会以更快的速度占领市场。

在硅谷 3.0 时代，尽管那里的各种成本不断上升，但是在硅谷，无论是大公司还是小公司，都在全球范围内保持了极强的竞争力，因为它们有很强的创造力和非常灵活的管理方式。这一切，让硅谷继续保持常青。

结束语

我在《浪潮之巅》中曾经讲过，创业并非易事，有很多杂事需要创始人自己处理。但是在硅谷 3.0 时代，创业不再是一件难事，创业者们只要做好两件事即可：第一，想出真正有创新（而不是抄袭）的点子，并拥有过硬的技术；第二，以最快的速度去实现它。正是因为创业的大环境比以往任何时候都好，硅谷在过去的 10 年里，开始"批量制造"创新公司。至此，"硅谷"这个词已经成为了一个历史的称谓，创新才是它最重要最核心的元素。

硅谷在 3.0 时代比以往任何时候都更繁荣，以至于在 2008—2009 年全球金融危机时仍能独善其身，这似乎已经跳出了世界各地区都难以避免的"从兴起，到繁荣，再到衰落"的周期律。

至于硅谷有什么常青的秘诀，我们后面会仔细分析，不过从硅谷的发展历程来看，至少可以看出它的两个独特之处。

首先是一种"叛逆"的力量。从硅谷 1.0 到 2.0，再从硅谷 2.0 到 3.0，都是如此。在每一次大大小小的变革中，支持创新的人和资金都来自以往成功的公司，他们的行为实际上是对过去公司的一种叛逆，甚至对过去具体的每一家公司都会有伤害，却在整体上保证了硅谷的活力，并不断产生新的技术。当然，光靠叛逆或许能够摧毁一个旧的行业，却未必能开创出一个新的行业。20 世纪 60 年代的嬉皮士运动也是叛逆的体现，时过境迁，事实证明其并没有产生什么正向的社会影响力。硅谷不断推陈出新，必定有其内在的优势。这里面，最重要的应该是多元文化、机会均等和拒绝平庸。

第二，我们必须要感谢硅谷风险投资人这个特殊的群体。硅谷在发展半导体工业的同时，培养出了大批风险投资人。虽然硅谷早期的投资人（比如阿瑟·洛克）都是外来的，甚至只是把风险投资当作副业，不过他们在信息时代，创造出了一套有别于传统投资思维方式的理论，比如洛克的"为了获得最大的利润，就得在别人还没有动起来之前投资"，再比如威廉·德雷珀三世的三个风险投资的原则，即"投资就是投人"、"储备人才"（即今天的创业孵化器思想）和"多家风险投资一起参与项目"（即把原来由一家承担的风险分散到几家风投公司），等等。不过，将这些新的投资理念予以很好实践的是硅谷培养的风险投资人克莱纳、珀金斯、瓦伦丁和多尔等人。用今天的话讲，他们就是在做"跨界"的事情，因为他们原本的职业并非金融投资，但长期生活和工作在硅谷这个IT环境中，并且有第一手的创办公司和经营公司的经验，这使得他们在风险投资上具备了其他地区投资人所没有的独特眼光。这不仅让他们经常能够打出"本垒打"，而且他们在劝说有经验的管理人才、专业技术人才和销售专家们出来创业时，会特别具有说服力。最后要说的是，硅谷的风险投资人不仅在本地投资，而且还要求所投的其他州的项目搬到硅谷来。最终，硅谷风险投资人逐渐引导该地区从单一的半导体工业朝着IT全方位发展。反观底特律和匹兹堡，都不曾培养出自己的投资人，一直守着单一的工业，所以渐渐地就衰落了。

参考文献

1. 阿伦·拉奥 (Arun Rao), [美] 皮埃罗·斯加鲁菲 (Piero Scarruffi). 硅谷百年史. 闫景立, 侯爱华, 译. 人民邮电出版社，2014.

2. 迈克尔. 三位一体: 英特尔传奇. 黄亚昌, 译. 浙江人民出版社，2015.

3. Douglas Edwards. 手气不错: Google 第 59 名员工的自白 (*I'm Feeling Lucky: The Confessions of Google Employee Number 59*). Mariner Books，2012.

4. Leslie Berlin. 集成电路背后的人：诺伊斯和硅谷的发明 (*The Man Behind the Microchip: Robert Noyce and the Invention of Silicon Valley*). Oxford University Press，2006.

5. Doug Menuez and Kurt Andersen. 无畏的天才 (*Fearless Genius: The Digital Revolution in Silicon Valley 1985-2000*). Atria Books，2014.

第五章　硅谷的奥秘（上）

硅谷的独特之处

从硅谷的诞生和发展，我们可以看到它在时间和空间上与美国乃至世界其他工业化地区的巨大差异。从时间上讲，它崛起于工业时代的后期，具体是二战之后。硅谷从一开始就跳过了工业时代的很多过程，是一个按照信息时代的特征建立起来的产业中心，比如特殊的人与人之间的关系。从地理条件上看，它也拥有世界其他地区所不具备的特性，比如多元化文化、对外来事物的包容。我们不妨从这些角度去寻找一些硅谷独一无二的特点，或许这些特点才是硅谷成功的奥秘所在。

第一节　叛逆和宽容

从"八叛徒"离开肖克利半导体公司成立仙童公司，再到这八个人（与他们的同事和下属）离开仙童，创造出整个半导体产业，无不显示出叛逆的特性。反叛、叛逆或者叛徒，在硅谷并非贬义词，因为没有叛逆，就没有硅谷的半导体产业和后来新的产业，当然就没有硅谷的崛起。

1　硅谷叛逆的传统和法律保障

叛逆能够成为硅谷的常态现象，这一来是有加州人素来爱冒险和喜欢尝试新东西的传统，这一点我们在介绍旧金山湾区的历史时已经强调过了。但是光有这一点还不够，还必须看到第二点，即法律的保障对叛逆文化的形成至关重要。而在美国其他发达地区，这两点都不具备。

在介绍硅谷对待叛逆的态度之前，我们不妨先来看看美国上一代的新技术中心在这一问题上的态度。二战前，美国科技产业最集中的是纽约周围的新泽西（AT&T 所在地）和上纽约（Up New York）地区（IBM 所在地），那里曾经诞生了 GE、AT&T 和 IBM 这样伟大的公司。直到今天，那里依然是美国科技人才最集中的地区，并且不断地推出伟大的发明，比如从地沟油里提炼航空燃油的技术（2008 年）、肿瘤细胞蛋白质染色技术（2009 年）、新一代 500GB 容量的 DVD 光盘、量子计算机（2012），等等。但是，在过去的半个世纪里，那里的产业并未发生太大的变化，也没有诞生什么新的跨国公司。而 IBM 等老企业，虽然经营得还算不错，但是在美国乃至全世界经济中的地位其实是在慢慢下降的。20 世纪 60 年代末，IBM 的市值已经达到 400 亿美元，占当时美国 GDP 的 3% 左右。今天，其市值虽然达到了 1400 亿 [1]，却只占不到美国 GDP 的 1% 了，在世界 GDP 中的占比下降得更快。旧的公司渐渐老化衰落，而新的公司却又诞生不了，究其原因，在很大程度上是该地区缺乏硅谷的叛逆精神以及对叛逆的宽容。

在美国，各个科技公司的员工都需要与公司签署竞业禁止协议，以免员工拿了公司的成果为个人牟利，或者跳槽到其他公司为他人所用。这类规定在纽约或者新泽西执行得非常好，比如在 IBM 或者 AT&T 公司，员工在任何时间任何地点做的任何事情，甚至想到的任何主意都属于公司。为了说明这一点，我在 AT&T 公司实习时，老同事举了这样一个例子："如果你被 AT&T 雇用了，某一天你正在夏威夷度假（不是工作时间），躺在沙滩上想到一个制造炸鸡炉子的主意。对不起，这个点子属于 AT&T。"针对这种情况，一个

[1]
以 2015 年 6 月的股价为准。

图 5.1　贝尔实验室在新泽西霍姆德尔镇（Holmdel）建立的第二个办公中心，占地达 24 万平方米，里面有 6000 名科学家和工程师

普通员工通常会怎样应对呢？首先，与他工作无关尤其是和他升迁无关的事情他就懒得多去想，更不要说动手去做了。这么一来，久而久之，员工的创造性就被压抑了。在这种环境下，大学毕业的年轻人刚进入公司时还意气奋发，慢慢便变成了朝九晚五按时点卯的老油条。尽管有些人出于对业务的兴趣会持续努力，但是大多数人会发现获得升迁最好的办法不是让脑子里天天充满关于公司产品和业务的奇思妙想，而是设法取悦老板并与同事争夺功劳。因此，美国很多大公司集中的地区后来技术进步缓慢也就不足为奇了。在微软所在的华盛顿州，情况与纽约周边大致类似。

在美国东部和西雅图地区，竞业禁止协议对创新的抑制，不仅体现在员工难以创办公司与原来的雇主竞争，还体现在雇主限制员工跳槽上。比如一个在 AT&T 公司工作过的工程师，在离开该公司后直接去朗讯从事同样的工作，是被严格禁止的。通常，这些想跳槽的员工会找一家与原雇主业务无关的公司过渡一段时间，然后再加入自己心仪的那家公司。可以想象，如此一来，跳槽将变得非常麻烦，首先要由跳槽的员工和最终要去的公司达成君子协定，保证前者在离职一段时间后，后者还为他保留职位，同时跳槽的员工还要找好一个临时的短期工作——通常，研究人员会去大学做一年研究，而工程师则会选择为某个公司做一段时间的咨询服务。无论采取什么样的过渡方法都非常麻烦，以至于许多人除非对现任雇主很不满意，否则就懒得考虑跳槽了。对于那些坚持直接跳槽的员工，原雇主甚至不惜和他们对簿公堂。2005 年微软状告李开复跳槽 Google 一案，就是这种同业禁止的典型案例。

加州之外的很多公司对员工离职后创业也多有限制。按照纽约或者新泽西州的法律，一名员工离职后，若使用他原先所在公司的技术创业，那是会有大麻烦的。不仅如此，即使他不使用原公司的技术，但只要他所从事的业务与原公司可能存在竞争关系，也是要被禁止的。比如，某公司的销售人员，如果离职后雇用了一批与原公司无关的技术人员，研制出与原公司相关的产品，那也是不行的，尽管他只是销售人员，不懂原公司的技术。这种种诸多的限制，使得在 AT&T 周围很难出现其他的大通信公司，在 IBM 附近很难诞生有能力与之竞争的计算机公司。西雅图地区也存在类似的情况，那里的波音、微软和亚马逊等三个大公司，主营业务没有多少重叠，而除了这三个巨头，在西雅图几乎就找不到其他像样的科技公司，只因它们的主营业务覆盖范围很大，以至于在这些范围内难以诞生新的公司。

生活在当下"大众创业，万众创新"热潮的中国读者朋友可能会对上述提到的诸多竞业限制感到不可思议，因为当今中国的企业（尤其是互联网企业）不太好意思强制实行类似的限制。但是，就在 5 年前，这类限制在中国的互联网企业里都还十分普遍，我在腾讯工作时就遇到过两起类似案例。一例是百度禁止我们雇用一名它的前员工，另一例是腾讯一名总经理禁止员工去竞争对手那里，后来等到自己要跳槽时他才体会到这种限制带来的麻烦。这些规定的形成有其历史原因，并且在很长一段时间里对保护发明创造，尤其是维持一个公司的稳定发展起到了正面的保护作用。与专利制度一样，这是现代工业企业制度中不可缺少的组成部分。正是靠着这样的制度保障，才使得公司里难以出现叛逆，从而保证了一个地区不仅能够出现像 GE、AT&T 和 IBM 这样伟大的跨国公司，同时也帮助它们成为百年老店。但是，另一方面，客观上这些制度也阻碍了一个行业中产生新的强大竞争对手，甚至阻碍了颠覆现有行业的新行业的出现。当然，竞业限制比中国和美国更甚的是欧洲的大部分国家以及日本，因此，与美国相比，欧洲和日本在将科技转化为生产力方面缺乏创造性也就不足为怪了，虽然就个体和民族而言，那里的人其实并不缺乏创造力 —— 事实上法国、意大利和日本反而是最出艺术家和设计大师的地方。

硅谷地区对待叛逆行为的做法则完全不同。在加州，法律上也存在上述规定，但是很难实行，因为在加州还有一项规定，那就是当一个人必须使用某一项技能才能生存时，就必须允许他使用。比如，约翰是图像处理专家，他被 Google 雇用时签署了不做竞业的协议，而且约翰在 Google 一直从事图像处理方面的工作。后来雅虎公司出高薪挖约翰做同样的事情，约翰本人也愿意跳槽过去。虽然根据当初他与 Google 签署的不做竞业的协议，他不应该去 Google 的竞争对手那里从事相同或相似的工作，但是只要他能够证明除了做图像处理，他不会做其他的专业工作，那么即便官司打到法庭上，法庭也会判决允许约翰继续利用图像处理的特长养家糊口。当然，正因为知道结果肯定会是这样的，Google 自然也就不会与约翰对簿公堂。

说到这里，读者朋友可能会问，那这么一来各个公司和员工签署的非竞业协议岂不是一纸空文了？这只说对了一半。首先，正如我们刚才所说的，这份协议的限制作用的确很小，不过员工们在跳槽时还是需要遵守几个注意事项，以免惹上官司。

首先，在面试以及去新的雇主那里工作时，跳槽者不能明确讲述自己过去所做工作的细节，除非原雇主公开披露了这些细节（比如发表论文或者变成了开源软件），当然他在今后的工作中可以使用先前掌握的任何技巧。正因如此，懂行的面试官在面试时从来不会向应聘者打探上一份工作的技术细节，以免惹麻烦。

其次，跳槽者在新雇主那里不应该继续使用原公司的程序、数据、设计图纸等知识产权。在国内我见过一些员工离职时悄悄拷走自己写的程序和文档，这在美国包括硅谷的公司里是要惹大麻烦的。但是，如果这个员工到了新公司是把过去的方法重新实现了一遍（比如重新写程序或者重新设计半导体芯片），那就没有人管得着了。2004 年 Google 聘用了南加州大学 ISI 实验室的研究员弗朗兹·奥科（Franz Och），让他负责机器翻译项目。奥科把自己在南加州大学写的程序用 Google 的风格重新写了一遍，这些重新写的代码就成为了 Google 合法的知识产权。

因此，竞业禁止协议也不能算是白签。

2　硅谷的谎言——车库文化

在世界任何国家和地区，一个人若拿了自己所在单位的成果办公司，为自己谋利益，都会被看作是违法的。在硅谷地区，从严格的法律意义上讲，这样的事情也是不被允许的。但是事实上，公司的员工们拿了原先所在公司（或大学）的成果办公司，在硅谷却是司空见惯，而且原来的公司对此也似乎并不在意。外界谈论硅谷时，总是会提到"车库文化"这样一个名词，因为在早期一些介绍硅谷的文章和书中是这样宣传的。大意是，一些辞职的员工（或尚未全职工作过的年轻人），为了节省办公成本，租下一户人家的车库作为办公室来创业，最后获得了成功。这个说法颇具误导性，是关于硅谷的几个大谎言之一。实际情况是，在硅谷诞生之后，那里除了苹果公司之外，其他伟大的公司都不是这样创办的。在硅谷，成功创办一个伟大的公司，真正的秘诀却是：在原来的公司（和大学）里，孕育新的公司。

在硅谷，除了苹果之外，最著名的公司莫过于 Google、思科、英特尔、太阳、甲骨文和雅虎等公司了。这几家公司无一例外都是在原雇主（或所就读的大学）那里孕育出来的，甚至是直接拿了原雇主的技术创办了公司。英特尔和仙童的关系我们在前面已作详细介绍，英特尔便是从原来的公司直接派生出来的，做的还是同样的业务。Google、思科、太阳和雅虎则都是从斯坦福走出来的公司。Google 当年的杀手技术 —— 网页排名算法 PageRank 是佩奇和布林在斯坦福使用学校的资源（场地、设备和经费）发明的，并且这项专利属于斯坦福大学，斯坦福大学后来以很小的占股让佩奇和布林拿去办了公司。思科公司的两位创始人里昂纳德·波萨克（Leonard Bosack）和桑德拉·勒纳（Sander Lerner）原本是斯坦福的雇员，思科的核心技术 —— 多网络路由器也是两人在斯坦福的职务发明，斯坦福在思科甚至没有占股。太阳公司的英文名称 SUN，本意是 Stanford University Networks（斯坦福大学校园网）的首字母缩写，顾名思义，它是从斯坦福的一个项目中分出来的，所有用于创办思科的发明都是职务发明。雅虎虽然是杨致远和费罗等人趁教授学术休假之际做的课题外项目，但用的全是学校的资源，而且是在拿奖学金的"上班时间"搞出来的，并非什么课外项目，对此斯坦福也没有要求占股。此外，斯坦福的教授们创办的公司几乎无一例外都是靠职务发明办起来的，比如，斯坦福校长亨尼西院士创办的 MIPS 公司、"DSL 之父"约翰·西奥菲（John Cioffi）创办的 Amati 通信公司、孟怀萦（Teresa Meng，女，来自中国台湾，美国国家工程学院院士）创办的 Atheros 通讯公司。事实上，在斯坦福大学的电机工程系或者计算机系，一个教授工作了十几年都没有尝试办过公司，反倒是十分罕见的。

再看看美国其他地区，像斯坦福这么"大度"的大学并不多见。一个典型的反例就是，电子计算机的两个主要发明人莫奇莱和埃克特与他们所在的宾夕法尼亚大学为了计算机的发明权而交恶，最后分道扬镳。历史上，在美国硅谷之外的大学里，很少有教授直接拿着职务发明去办公司的。这里面固然有地域和文化上的差异等原因，比如美国东部名牌大学的教授们更看重纯学术研究，也与大学是否宽容、鼓励教授们办公司有关。按照法律，任何人的职务发明都是属于所在单位的，不论这个单位是大学、公司还是政府部门，因此大学对教授拿职务发明办公司做一些限制也是合情合理的。在相当长的时间里，斯坦福等硅谷大学对教授们拿职务发明办公司的宽容是美国大学的特例，并非普遍现象。而今，美国一些大学也在学习斯坦福的做法，这显然是对硅谷模式的肯定。

说到这里，有人多半会问，斯坦福这么做，它得到了什么？简单来说，它得到了两方面经济上的直接收益，以及在名誉声望和人才引进上的间接收益。

先讲讲经济上的直接收益。第一笔收益来自其专利技术在未来公司中所占的股权，如果将来公司能够上市或者被收购，那么斯坦福就可以套现。但是，斯坦福在各个公司中即便持有股权，占比也非常小，比如当初斯坦福占 Google 股权不到 1%，这笔收益其实很有限。斯坦福自从 1970 年成立技术转让办公室（Office of Technologies Licensing）以来，一共收入了十几亿美元[2]。十几亿美元听起来不是一个小数目，而且相比世界上任何一所大学，斯坦福的技术转让收入都算得上非常高，但是这笔钱在斯坦福财务预算中的占比非常小，对斯坦福发展所起的作用甚至是杯水车薪，如果这 40 多年光靠这十几亿美元的收入，斯坦福也不可能成为今天世界超一流的大学。

2
http://otl.stanford.
edu/inventors/
inventors_patent.
html.

3
2014 年，哈佛获得香港慈善家陈乐宗一笔 3.5 亿美元的捐赠，因而在当年超过了斯坦福成为那一年获得捐赠最多的美国大学。

4
收到的学费扣除以奖学金形式返给学生的部分。

斯坦福收获的第二笔财富才是大头，即每年 10 亿美元左右的捐赠。从 2005 年开始，斯坦福获得的捐赠第一次超过了美国东部的老牌名校哈佛，在此后的 10 年中，斯坦福每年获得的捐赠金额都在 10 亿美元左右，其中有 9 年[3] 斯坦福获得的捐赠在美国排名第一。10 亿美元对于斯坦福大学而言是什么概念呢？大约是斯坦福从所有本科生身上实际收到的学费[4] 的 5 倍，超过斯坦福每年从各级政府获得的科研经费。

除了直接的经济收益外，斯坦福还获得了一个非常好的名声，这对它进一步吸引优秀的教授和学生都有着莫大的好处，并且进一步促进了斯坦福在科技上的发明创造。1970 年，该校当年只获得了 28 项发明专利，而到了 2014 年，斯坦福每年获得的专利上升至近 500 项。关于这一点，拙作《大学之路》中有详细的介绍。

由此可见，对"叛逆"的宽容不仅给大学带来了好处，也给同样对"叛逆"采纳宽容政策的公司带来了莫大的好处。要理解这一点，我们不妨来看两个具体的例子。

第一例是关于思科的内部创业。当思科公司在 20 世纪 90 年代发展成为全行业最大的公司时，各种大公司的问题也就不可避免地显现出来，其中之一就是，无论一些员工多么努力，工作多么出色，他们在获得好几级提升之前，都只不过每年多拿几万美元的奖金而已，因此他们缺少把自己的工作做到极致的动力，即使有发明创造的想法，也未必会在公司里面做。而如果外面某个公司研发了一项新技术，思科若要收购，可能需要花不少钱；更糟糕的是，外面的公司也未必愿意卖，或甚至卖给思科的竞争对手。比如思科前员工柯严离开公司后与谢青、邓锋合伙创办了防火墙公司 Netscreen，最后卖给了思科的对手 Juniper。为了解决这个矛盾，即一方面公司内部员工不愿意为公司尽全力工作，另一方面公司又要花钱到外面买技术，思科干脆允许员工在公司内自己创办小公司，这些人还在公司里上班，使用公司的各种资源，但是思科的身份却由雇主变成了投资人。如果那些小公司死掉了，公司就当是一个项目做砸了；如果成功了，思科就有机会把它们买回来，从而巩固思科在市场竞争中的地位。从 1993 年起，思科平均每年收购 5～10 家公司，到 2015 年已经收购了近 200 家公司，其中相当一部分公司是由思科员工在公司内部创办的。

思科这种"宽容"的做法损害了思科内的一些局部利益，甚至造成了一些不公平的现象，比如一些员工开始利用工作之便做自己的事情，然后办公司卖回给思科，自己发了大财，而那些老老实实给公司工作的员工则只能拿到基本的薪水和奖金。但是，从整体和长远来看，这种做法保证了员工能够充分发挥创造力，而这些小公司如果办成了，思科作为投资方也将受益。正是靠着这样的宽容，硅谷地区的诸多公司才能不断完善一项技术，做到全球领先。

第二个例子是我亲身经历的一件事。当 Netscreen 卖给 Juniper Networks 之后，Netscreen 所有的创始人和骨干都相继离开了。其中来自以色列的 Netscreen 前 CTO 尼尔·祖克（Nir Zuk）先是随公司的并购加入了 Juniper Networks，但是紧接着在 2005 年又创办了另一家网络安全公司 Palo Alto Networks，与以前的老雇主竞争，并于 2012 年成功上市。今天 Palo Alto Networks 的市值为 150 亿美元，反而超过了老东家 Juniper Networks（100 亿美元，按 2015 年 7 月的股价计算）。在 Palo Alto Networks 上市的两年前，公司里的几位工程师又开始创业 —— 他们也不可避免要用到原公司拥有的技术和各种资源，而 Palo Alto Networks 里的一些高管也知晓此事。按照过去很多人的想法，这些"领导"应该批评教育这几名不安分的员工，甚至要限制和监视他们的行为。但是，Palo Alto Networks 的 CEO 没有这么做，他不仅支持这几个年轻人的想法，并且还承

5

Arista Networks
的背景非常复杂。
1995 年贝托谢姆
和大卫·切瑞顿
（David Cheriton）
创办了花岗岩网
络 公 司（Granite
Networks），并于
1996 年卖给了思
科，他们二人在思
科一方面负责一条
产品线，同时还在
公司内部创业又
办起了一个小公司
并于 2003 年将其
出售给太阳公司。
2004 年贝托谢姆、
切瑞顿和思科公
司的杜达（Kenneth
Duda）离开思科创
办了 Arista 公司。
但是，该公司表现
平 平，直 到 它 从
思科挖来了高管
Jayshree Ullal 全面
负责公司的运营。
Ullal 的跳槽引发
了思科和 Arista 的
官司，因为她在思
科和后来在 Arista
做的工作太相像。

6
参考文献 3。

诺给他们 10 万美元的天使投资，让他们能够安心创业。我所在的
丰元资本后来给这家小公司投了资，在做投资决定之前，我们特意
向 Palo Alto Networks 的管理层确认这几个年轻人的做法不会受到
原雇主的刁难。 管理层和我们讲，Palo Alto Network（当时已经快
上市）的竞争对手是思科、Juniper 和 Fortinet（原 Netscreen 创始
人谢青创办的另一家上市网络安全公司）等大公司，若这几个小伙
子能捣鼓出点名堂来，我们现在给了他们的小公司一点投资，将来
可以优先收购回来，这样做，只会更加有利于 Palo Alto Network 与
其他大公司进行竞争。

如今在硅谷，公司的高管运用公司本身的风险投资基金，为自己的
员工办公司提供资金已颇为寻常，因为这样可以用较少的资金保证
这些新公司将来不会投入到主要竞争对手的怀抱中。

由此可见，在硅谷不断地发生叛逆的行为，和这里对叛逆的宽容是
分不开的。如果一个公司和大学把里面的人员看得死死的，生怕他
们把职务发明拿出去损害了自身利益，那么断无可能涌现出那么多
高起点的科技公司。其实，对叛逆的宽容，未尝不能够给公司带来
长久的利益。相反，对叛逆的不宽容，也未尝就对公司有利。以下
两个反例也恰恰出在思科和 Juniper 身上。2004 年，思科公司的几
位高管直接拿了思科的一个项目办起了 Arista Networks 公司[5]，并
于 2014 年上市了。思科公司状告 Arista 侵权，但是这种官司最终
常常会不了了之，以 Arista 提供一定的补偿告终。实际上，在这场
官司之前，Juniper 也曾经诉 Palo Alto Networks 使用它的技术办公
司，最终法庭裁决的结果，是让后者支付前者 1.75 亿美元的技术转
让费[6]，这笔钱看似不少，其实只相当于后者市值的 1% 左右。相比
之下，Juniper 的收获可能还不如当初直接投资 Palo Alto Networks
来得合算。也就是说，宽容可能比不宽容结果更好。

3　社会对叛逆的支持

硅谷地区对叛逆的宽容是全方位的。透过上面两场官司可以看到加州的公权力（以法庭为代表）和民意（陪审团）对叛逆的宽容。这种事情要是放在美国的其他州，或者放在欧洲、日本，则是要禁止侵权者的经营权。至于为什么加州能够宽容这种叛逆行为，这里面有更深层的原因，我们在接下来的两章会进一步分析，这里需要先指出这一事实。宽容叛逆的做法，虽然对一些原有的大公司不利，但是对新公司的诞生和壮大、对整个地区的长期发展却是有利的。这也很好地解释了为什么硅谷地区的仙童公司没有能够成为新泽西的 AT&T 或者纽约的 IBM 和通用电气，却带动了整个地区的繁荣。

为了鼓励员工的叛逆行为，以促进整个地区的技术进步，加州政府甚至禁止公司之间私下里达成相互不挖角的君子协议。2011 年，加州政府状告苹果、Google、英特尔和 Adobe 四家公司，因为发现它们之间很少主动去挖对方的员工。加州政府的理由是，这四家公司互不挖角，影响到了员工的收入。但是，任何人都知道，苹果和 Google 等公司给员工支付的薪酬和期权都高得惊人，绝不存在待遇低的问题，诉讼的根本原因是加州希望这些公司能够释放人才。经过三年的诉讼，加州地方法庭最终判苹果等四家公司败诉，并且要求它们赔偿 3.24 亿美元的罚金。这四家公司不服，到法庭提出上诉，但是上诉法庭后裁决的结果是更重的判罚 —— 4.15 亿美元。加州政府的做法，无疑使得各个公司都不敢把人才限制在公司之内不让他们跳槽或出去创业。

在鼓励叛逆上，资本的态度也不容忽视。硅谷风险投资家们的信条就是不断地从现有的公司中孕育出新的公司，因此他们暗地里甚至公开地都在支持着种种叛逆行为。就拿前面两个例子中提到的几个公司来讲，风险投资不仅为新公司提供资金，甚至帮助新公司从前公司挖人。为了帮助读者搞清楚上述公司之间复杂的关系，我画了一张图：

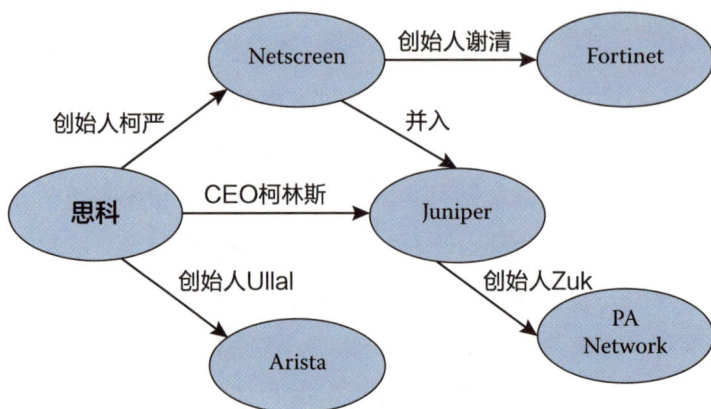

图 5.2　几个相互竞争的公司之间的继承关系

在图中，公司之间的链接代表二者的关系，比如从思科到 Arista，其关系是"思科的员工 Ullal 成了 Arista 的创始人"。

在华为成为全球性公司之前，Juniper Networks 公司是思科主要的竞争对手，创始人斯蒂胡（Pradeep Sindhu）来自施乐公司，首任 CEO 柯林斯（Scott Kriens）却来自思科，这一大挖角是在 Juniper 获得了风险投资支持之后。柯林斯到来后，斯蒂胡反而退居 CTO 的位置。在通信业老兵柯林斯的带领下，Juniper 从思科手里抢到了一些高端路由器的订单，从而得以发展壮大。而从 Juniper Networks 公司派生出来的 Palo Alto Networks，连续三轮融资都是由著名的红杉资本领投的，而整个创始团队则是在风险投资的帮助下从 Juniper 搬过去的。

直接采用思科技术创办的 Arista 公司，其背后的投资人是硅谷著名的天使投资人贝托谢姆，这位太阳公司创始人的绝大部分财富来自于他的天使投资。除了 Google，贝托谢姆还成功地投资了六七家最终上市或被高价收购的公司。当然，Arista 在发展过程中还接受了其他投资。由于在整个创办过程中不缺钱，Arista 得以吸引很多科技明星加盟。在投资人的追捧下，Arista 居然能在思科的高压下活得有滋有味。

4　对叛逆的宽容

为什么硅谷对叛逆如此宽容呢？因为只有这样才能在现有公司基础上孕育出更加优秀的公司。正如牛顿所讲，需要"站在巨人的肩上"。如果办一个新公司一切都要跑到车库里从头做起，而创始团队的资源又不足，后进入市场的小公司其实很难后来居上取代先前的公司。但是，如果能在现有公司的基础上往前走，那么结果就不同了——新的公司可以依靠更好的技术、更高的研发效率后来居上。就说上面提到的那些公司，思科是在互联网大潮之前出现的，最初是制造通用路由器的，只是赶上了互联网的大潮，这种路由器变得特别有用，于是迅速发展起来。但是，正因为它是诞生在互联网大潮之前，所以它的路由器并没有专门为互联网的应用而优化。Juniper Networks 公司看到了思科公司产品的这个缺陷，便在思科工作的基础上专攻高性能、面向互联网的路由器，结果就抢占了思科的部分高端市场。当 Arista 站在思科公司的肩上诞生后，它采用的策略和当年的 Juniper Networks 如出一辙，也是在思科的基础上更上一层楼，在高端市场与思科竞争。类似地，Fortinet 和 Palo Alto Networks 也是在 Netscreen 的基础上从事新一代网络安全产品的研制，从而占领了市场。50 年代和 60 年代末的仙童公司对肖克利半导体公司的叛逆，以及英特尔和 AMD 对仙童的叛逆，也具有同样的特点。这些叛逆行为，给整个硅谷地区带来了科技的进步和产业的升级。

对这些技术升级的新企业，资本市场反而更看好。比如销售额只有6 亿多美元的 Arista，因为属于新一代网络设备公司，市值居然超过了 50 亿美元。相比之下，销售额接近 500 亿美元的思科，市值不过 1400 多亿美元，这说明华尔街更看好 Arista 的发展。

在结束这一节内容之前，我们需要再补充说明一点，即硅谷对叛逆的宽容是有选择性的，它宽容能够带来技术进步的叛逆，而简单的抄袭则不在被宽容之列。我常常把第一种叛逆称为 $N+1$ 型的叛逆，也就是说会在原来的基础上更上一层楼。反观 10 年前国内一些从原有公司里派生出来的新公司，很多不过是技术骨干以及掌握了市场资源的销售人员简单重复原公司的业务，然后通过价格战与原公司进行低层次竞争，我习惯称之为 $N-1$ 型叛逆。也就是说，山寨出来的产品，水平不如原创的。这样的 $N-1$ 叛逆，除了降低整个行业的利润，对技术进步和地区的产业升级，没什么帮助。

由此，我们可以给出这样一个结论，即硅谷成功的第一个秘诀是叛逆以及对叛逆的宽容，同时可以澄清外界对硅谷的一个误解，即伟大的公司都是诞生在车库中的。事实上，大部分伟大的公司都是诞生在巨人肩膀上的，而这种 $N+1$ 的叛逆行为得到了整个硅谷地区的认可。

第二节　多元文化

只要在硅谷地区生活一段时间，就能体会到这里的多元文化。1996年，我初到美国时，第一站是旧金山湾区，我在那里生活了两周，感觉仿佛还在亚洲，抬眼望去到处是黑头发黄皮肤的亚裔，而且在当地能够让中国人继续享受到很多国内的生活习惯，比如有很多中餐馆和亚洲食品店。当我继续往前旅行，来到美国东部时，才真正体会到我来到了另一个国度，必须开始过美国人的生活了。不仅是中国人，在硅谷地区生活的很多移民或多或少都会有类似的感受。

图 5.3　硅谷的中国超市，亚洲食品种类齐全

硅谷地区的这种特性首先是由人口的结构决定的。前面介绍旧金山湾区的历史时提到，这里的人口是经过了四次殖民和移民的过程增长起来的。第一次是西班牙人发现旧金山湾区之后的殖民，这导致今天这里的大多数地名都是西班牙语的。第二次是淘金热带来的美国各地及世界各地的移民，除了来自美国东部的移民，最多的是来自墨西哥、爱尔兰和意大利的移民，当然还包括早期定居在这里的华侨。但是直到二战后，旧金山湾区的人口也并不多。如今硅谷地区最大的城市圣荷西市在 1950 年只有 10 万人。旧金山湾区第三次有大量移民涌入是在二战后硅谷崛起时，这些移民及其后裔实际上是今天硅谷地区人口的主体，比如硅谷地区的港台移民大部分来自于这个时期。第四次移民则是在信息革命，尤其是互联网大潮之后，如在美国毕业的留学生和部分持工作签证来到硅谷的专业人士。大部分来自中国大陆和印度的移民都属于这一批人。经历了二战后的两次大规模移民潮，旧金山地区人口暴增。到了 2014 年，圣荷西市的人口超过了 100 万，是 1950 年的 10 倍。

大量新移民的涌入，使得硅谷地区的人口结构与美国整体人口结构完全不同。图 5.4 显示了硅谷中心地区帕洛阿图市（斯坦福所在地）的人口构成，从中可以看出，只占美国人口大约 4% 的亚裔，占当地人口的三成。即使是白人，很多也是从东欧、法德和中东地区来的移民。

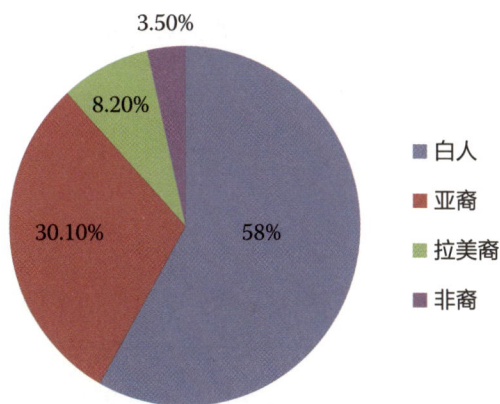

3.50%
8.20%
30.10%
58%

■ 白人
■ 亚裔
■ 拉美裔
■ 非裔

图 5.4　帕洛阿图市的人口构成（来自 2010 年美国人口普查数据）

而在苹果总部所在的库帕蒂诺市，亚裔更是占到总人口的 2/3 左右。在科技公司密度略低的圣荷西市，亚裔、白人和拉丁裔大约各占三分之一。这些第一代和第二代移民很好地保留了自己族裔的文化。从某种意义上讲，

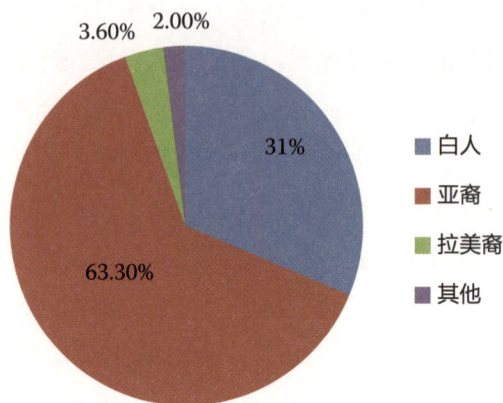

图 5.5　库珀蒂诺市的人口分布（来自 2010 年美国人口普查数据）

硅谷只是由美国为全世界那些想创业、想从科技信息产业中淘金的人提供的一个居住、工作和生活的场所，从领土的主权上看硅谷属于美国，而在其他方面（尤其是经济和文化上）属于全世界。

多元文化为硅谷带来了很多好处，甚至可以说没有多元文化，硅谷地区就不可能在二战后得以繁荣，更不可能在半个多世纪里持续发展，维持繁荣的局面。我们可以从以下四个方面来看看多元文化为硅谷带来的好处。

1　面向全球市场

优秀的美国公司几乎都有一个共同的特点，那就是做全球市场，打造全球品牌。在全球主要国家中，美国是人均拥有世界级品牌最多的国家。中国的贸易额和出口量高于美国，但是美国拥有比中国多得多的跨国公司。在美国标准普尔 500 指数中的成分股公司，一半左右的收入来自于海外。表 5.1 给出了美国主要科技公司海外营收的占比，我们选择了 2008 年金融危机前后的 2007 年和 2009 年以及最近的 2013 年。从表中可以看出，以硅谷公司为主的美国科技

公司，有超过一半的收入来自海外。这种现象首先与从荷兰和英国
继承的商业文明有关。（更多细节可参看拙作《文明之光》第二册
中"荷英时代 —— 为什么英、荷统治世界"一章。）不过，在硅谷
崛起之前，美国公司常常是先从国内市场做起，然后逐渐进入国际
市场，很多国家的公司也都是这种做法，今天美国东部的一些中小
公司依然采用这个节奏发展。

表 5.1　美国主要科技公司营收中海外部分的占比（数据来源：sec.gov）

公司	2007 年	2009 年	2013 年
IBM*	58.4%	57.9%	55.8%
惠普	66.6%	63.8%	64.1%
微软	41%	42%	41.1%
英特尔 *	80%	80%	82.8%
思科 *	46%	46%	42%
苹果	51.2%	55.9%	61.6%
Google	48%	53%	56%
吉列德（Gilead）	49%	49%	48%
甲骨文	49.5%	48.5%	47.1%
高通	87.6%	94.2%	97%

但是，硅谷的公司则不同，很多还只是十几人的硅谷小公司就开始
进入国际市场，并且很快成为跨国公司了。一个典型的例子是 2014
年 Facebook 耗资近 200 亿美元收购的 WhatsApp 公司。这家公司
主营移动互联网即时通信业务，产品相当于国际版的微信，如今在
全球有 8 亿多活跃用户，超过微信许多。当然，它的绝大多数用户
在美国之外。其实在 2013 年，腾讯公司也曾联系过 WhatsApp 公
司并试图收购。因为在海外推广时，功能完备得多、资金非常充足
的微信居然斗不过硅谷的小公司 WhatsApp，最后腾讯不得不动了
收购的心思。腾讯当时对这家只有十一二个工程师（其中 5 个还是
做前台界面）的小公司，开出了自认为不低的价格 —— 10 亿美元，

却被对方一口回绝。不过，在这个失败的收购过程中，腾讯看到了硅谷公司在做事方式上与自己非常大的差别。

首先，这个只有六七个后台工程师的小公司，其产品在腾讯看来，有很多颇为基础的功能都没有时间做，却在做着支持 20 种语言的事情 —— 这种开发产品特性的优先次序与腾讯完全不同。在腾讯，公司最高领导常常自己试用微信产品，一旦发现什么细小的问题，都会在第一时间通知项目组，即使是在凌晨也不例外。而中国大部分公司的中层干部和员工，对领导意图的反应速度就不必多说了，因此那些来自上层的工作指令总是排在最高的优先级。当时微信有几百名工程师，但产品国际化的工作相比之下则很难得到开发人员的重视。时间一长，这个很有前途的即时通讯产品就被过度优化成只适合中国人使用的特定产品了。比如微信直到 2015 年之前的各版本，删除单独一条聊天记录的功能并不显眼，一般用户找不到，这或许跟国内用户很少使用这个功能有关，而在世界其他地区这个功能却很重要。

其次，WhatsApp 这个小公司做事情的方式颇为"怪异"，它做的产品，其特性并没有针对任何国家任何人的使用习惯进行优化，一些功能（比如前面提到的删除单独一条聊天记录）干脆照着 Google Gmail 的使用习惯设计。但是，各国的用户却比较容易上手使用其看似粗糙的产品。而腾讯在海外不少国家都针对当地用户习惯做了很多本地化工作，然而似乎当地人并不买账，个中原因我们后面再分析。总之，腾讯虽然收购 WhatsApp 失败，但至少看到了硅谷公司与自己做事情方法上的不同。

WhatsApp 的做事方法在硅谷具有典型性。2002 年我加入 Google 时，全公司只有为数不多的工程师，却支持了 70 多种语言的搜索，并且在 20 多个国家有了广告收入。当时，公司定下一个规矩，任何产品和服务，在推出英语版本的 6 个月内，必须开发出支持主要亚洲语言和欧洲语言的国际版。当然，有人可能会问，6 个月做不出来怎么办？答案很简单：推迟英语版的面世时间，抓紧时间先开发国际版。

Facebook 的情况也与 Google 类似。搬到硅谷之前，Facebook 的做法与中国一些公司拓展市场的方式很相似，先是从波士顿地区的大学和美国其他地区几所有代表性的大学做起，一边扩展用户，一边销售广告。但是，硅谷的老兵派克（Sean Parker）[7] 改变了 Facebook 创始人扎克伯格对创业的认识，在派克的建议下，Facebook 改变了市场策略，它在迅速开拓美国市场的同时，很快进入了欧洲市场，并且在短短的两年时间里，进入了全球除中国以外的大部分市场。

在硅谷，不仅明星公司在努力全球化，即使是不太出名的小公司，也会在第一时间开拓国际市场。2013 年，我所在的丰元资本投资了一家从事移动互联网安全业务的小公司，到了 2014 年它发展到十几个人，用户有上千万，其中只有 20% 的用户来自美国。这种现象在硅谷非常普遍，在我们投资的 80 家小公司中，有四分之一公司的第一个客户来自于美国之外。

硅谷公司能够快速进入国际市场，除了有强烈的国际化意识外，很大程度上得益于硅谷地区的多元文化。硅谷是美国唯一一个能够在开拓任何海外市场之前，找到那个地区的母语人才的地方。不仅如此，硅谷的员工也比美国其他地区的专业人士更善于和外国人打交道，因为他们周边都是来自其他国家的人。在硅谷地区，无论是在公司里请同事吃饭，还是两个公司进行一次普通的商业交流，七八个参加者往往会来自四五个国家。这些人平时工作在一起，对自己国家和地区以外的文化多少有些了解，对各个族裔的禁忌也知道不少。他们在走出硅谷开拓国际市场之前，就已经在公司内部或外部与来自各种文化背景的人们有了交流，甚至曾经发生过冲突，然后

7

派克在 1999 年创立了免费下载音乐的 Nepster 网站，该网站后来被唱片公司集体诉讼并输掉了官司，最终被关闭。派克后来又多次创业。

解决了冲突，因此他们开拓国际市场的信心和技巧要高于美国其他地区。正是靠着这些便利，硅谷公司才得以快速做到国际化。

2 开发全世界的人们使用的产品

在英语里有两个很有意思的单词缩写，一个是 i18n，另一个是 l10n，它们分别代表 internationalization 和 localization，因为这两个词写起来太长，因此产品经理们偷懒，取 internationalization 的第一个字母 i 和最后一个字母 n，中间用 18 表示在 i 和 n 之间还有 18 个字母，用 i18n 代表国际化。类似地，创造出 l10n 代表本地化。国际化和本地化的差别很大，中国很多企业往往会混淆这两个概念。不同国家、不同文化的人有着不同的习惯，适合一个地区的产品未必适合其他地区，因此，在很多人的理解中做全球化的市场就是用不同的产品（设计或方法）满足不同人群的不同需求，这其实是本地化，不是国际化。我们不妨看看在采用这两种思路开拓全球市场时，做事情的方法的区别。

先说说很多公司的传统做法。这些公司在所在国家或地区针对某个市场开发了一种产品，为了赢得市场，公司对这个市场做了很多研究，下了很多功夫，让产品非常适合这个国家用户的心思。如果运气好，这种产品可能销售得不错，但是最终它会面临诺威格定律的宿命，即任何公司的市场占有率超过 50% 以后，就无法再让市场份额翻番了。于是，当公司的成长遇到瓶颈时，就要想方设法开拓其他市场了，很自然，这时候公司会想到海外市场，但是定位于自己国家的产品拿到另一个国家的市场上去销售，由于存在文化背景差异，未必受欢迎。于是这些公司会考虑先进入一个与自己所在市场差异不大的外国市场。

那么怎么进入其他国家的市场呢？不同的公司有不同的做法，中国的很多公司首先会想到进入东南亚等新兴而未饱和的市场，不过这些市场虽然竞争少，却因为配套制度不健全而隐性市场成本高，因此另一些公司则会优先选择欧美市场。不论选择哪一个市场，都是全球的一部分市场，而非全部。由于有着过去在一个国家和地区开发产品的经验，也为了适应新的市场需求，这些公司会对产品进行修改，以便满足新市场上用户的习惯，这种做法叫做本地化（Localization）。凡是做过产品开发的人都知道，这种本地化工作工作量很大，而且每进入一个新市场，就要重新来一遍。更糟糕的是，针对一个市场的改进通常不能直接推广到其他市场，因为在开发产品时，所有的设计相对都是独立的。具体到与 IT 有关的产品和服务，不同国家和地区使用的软件代码库常常是不同的。中国很多公司的国际化战略就是这种做法，这么做或许最终能够成功，但是，速度会很慢，做起来很累，而且利润率极低。

与上述方法不同的是苹果和 Google 等硅谷公司的做法，它们在一开始设计产品时，考虑的就是全球市场，对于不同的国家，它们很少改变产品的形态。比如 Google 在设计地图产品时，从一开始就考虑的是为全球用户提供服务，但是这件事做起来并不容易。Google 的中国工程团队曾经负责开发"地址分析"这项看起来颇为简单的任务，但是工程师们发现，要开发一个能分析世界上十几种主要语言、二十几个主要国家地址的软件算法，工作量并不小，但是如果只针对一种语言一个国家开发地址分析的算法，则只需要大约 20% 的工作量。也就是说，从一开始就考虑全球市场，工作量要比只考虑一个国家的用户多出很多，但是一旦完成艰难的第一步，接下来进入每一个市场的难度就小了很多。这其实才是 Google 能够保证它的任何服务在美国推出后半年内，就能推到欧洲和亚洲主要国家的原因。大部分硅谷公司倾向于采用 Google 的这种做法，在它们眼里，美国通常只是测试全球产品的第一个市场，而并非产品特别针对的第一个市场，一旦这种测试完成，它们就会迅速把产品（和服务）推广到全球。

做一个真正让各国人都喜欢的产品并不容易，因为不同国家、文化、收入水平和教育程度的用户，常常有不同的喜好品味。我遍历人类的文明历程，去搜寻那些各种文化背景下的人们都无条件喜爱的产品，最后找到了两个颇具代表性的产品，一个是中国的青花瓷，另一个是苹果的 iPhone。

先讲讲青花瓷为什么能受到各国人民的喜爱，因为它是多种文明融合而成的产物。青花瓷出现在元代，它的制作技术和部分设计来自中国的工匠，可以说是中华文明的产物，但是青花瓷从款式、图案到颜色和原料，又是其他文明的产物。

图 5.6　创下拍卖纪录 [8] 的元青花瓷器"鬼谷子下山"里面融合了多元文化

8
2005 年以 1400 万英镑，约合 2.3 亿人民币的高价成交。

9
关于这段历史，请看拙作《文明之光》。

在宋代，虽然定窑的白瓷已经烧制得非常好了，但是它依然成为不了上流社会的主流瓷器，因为宋代士大夫的审美观认为"白不如青 [9]"，因此在宋代是不会发明青花瓷的。而到了元朝，青瓷和白瓷的地位就颠倒了过来，因为蒙古族人崇尚白颜色，比如他们住的蒙古包都是白色的，很多服饰也是白色的（而白色对于古代的汉族人来讲是丧服的颜色）。这样，青花瓷的底色就定为了白色。而欧洲人由于同样欣赏不了青瓷那种因细微颜色差别而产生的美感，也倾向于使用白瓷。至于青花瓷白胎底上的颜色为什么是青蓝色，这就与元朝的历史有关了。

历史上，元朝是一个非常特殊的朝代，蒙古人的足迹遍及欧亚大陆，并且在征服南宋之前先征服了阿拉伯地区。和历史上大多数征服者一样，他们对待先被征服民族的态度明显比对后被征服者的要好。在元代，西亚的穆斯林们（色目人）的地位比中国北方的汉人（被称为汉人）和南方汉人（被称为南人）的地位要高很多。当时，有超过100万的穆斯林涌入元朝来经商和从事生产，元朝受穆斯林文化的影响要远远高于受汉文化的影响，而蓝色恰恰是中东穆斯林喜欢的颜色。在干旱的中东地区，水是最宝贵的资源，因此，在伊斯兰文化里，天堂是充满水的世界，是蓝色的。于是，蒙古人和穆斯林喜欢的两种颜色——白色和蓝色，就构成了青花瓷的基本元素。

不仅青花瓷的颜色受到伊斯兰文化的影响，就连它的颜料最早也来自于皈依伊斯兰教的波斯。元朝秉承了宋朝开放的国策，大量的波斯商人直接来到中国采购瓷器，青花瓷从一开始就不是针对中国一个市场的，而更多是针对西亚乃至东欧市场的。于是波斯商人将钴蓝颜料带到中国，这些商人不仅是中国瓷器的消费者和中国文化的传播者，而且直接参与了青花瓷的设计与监制。在元代，景德镇属于浮梁县，朝庭在景德镇设置"浮梁瓷局"[10]，专门烧造宫廷用瓷，开创了景德镇"官窑瓷"的烧造历史。而据当地史料记载，那里很多的地方官都是中东人，他们按照伊斯兰教的喜好，提出烧制具有异国风味的造型、装饰和图案的要求，于是景德镇的窑工们便采用把波斯"蓝"与中国"瓷"融合在一起的方案，烧制成具有多重文化特色的青花瓷器。波斯商人在带回瓷器的同时，也带去了中华的文化。

身为马背上的民族，蒙古人有着非常豪放的一面，因此他们制作的青花瓷器均为体积硕大、层次丰富的大件，和宋朝那种"汝瓷无大件"的风格正好相反。在纹饰上，元青花采用密集的纹饰，这又与汉族士大夫的审美截然不同。中国传统的汉文化在绘画上讲究留白，以体现一种空灵的美，即使画花卉，也以梅兰竹菊这些淡雅的花卉为

10
元朝的统治者把管理全国的瓷局设在景德镇，除了那里高岭土质量最高，还因为景德镇的瓷器属于白瓷，符合蒙古族的审美心理，所以他们就舍弃了其他瓷器中心，而选定了景德镇。

主。而蒙古人性格豪放，不受汉文化的约束，体现在青花瓷上就是十分丰富的纹饰题材。蒙古人尤喜牡丹芍药这样大富大贵的艳丽花卉，所以，在元青花中牡丹的图案非常多见。更有意思的是，元青花瓷器上大量采用了在中国绘画作品中很少见的葡萄藤图案，这完全是融合了古埃及、希腊和西亚诸多文化的特点。当然，元青花的图案中也少不了汉文化的元素，比如松竹梅兰、竹石荷叶、如意云头、龙凤鱼藻、花鸟草虫等。就这样，早期作为外销商品的青花瓷器，既体现了中华传统文化的创造性，又是中西亚文化交流融合的结晶，它从一诞生就开始风靡世界。

与青花瓷不同的是，无论是中国明代之后的各种精美小巧的瓷器，还是日本著名的赤绘瓷器，或者法国精美绝伦、价格昂贵的塞夫勒瓷器，都只能获得一小部分人而非世界各国人民的喜爱。因此，多元文化的融合是青花瓷几百年来一直受到各国人民欢迎的重要原因。

今天，如果要找到一款像青花瓷那样在全球市场上大受欢迎的产品，那可能要算是 iPhone 了。虽然每一个 iPhone 背后都写的是美国设计，但是它实际上也是多种文化融合的产物。它的设计者（最后拍板的）乔布斯在产品设计的理念上吸收了东方文化，尤其是禅宗文化的精髓。据乔布斯的朋友、著名建筑师林璎 [11] 在回忆中讲，乔布斯很好地将日本文化中那种"少即是多"的思想贯穿到了 iPhone（和很多苹果产品）的设计中。乔布斯还结识了著名建筑师贝聿铭和日本著名的服装设计师三宅一生等人，从他们的作品中吸收到各种文化的精髓。我们可以看到，在 iPhone 中，没有复杂而花里胡哨的按键和复杂的功能，这样，不需要看使用手册，任何人都能很快学会使用 iPhone。当然，iPhone 中的"外国元素"远不止来自东方的文化。乔布斯对欧洲文化同样推崇，他最初找来的苹果设计师就来自于德国，因为他对保时捷那种将技术和艺术结合在一起的理念非常认同。据苹果负责产品的早期员工比尔·阿特金森介绍，乔布斯多次带他去欣赏保时捷汽车的外形，让他们体会那些优秀产品

11
林徽因的侄女，美国华盛顿越战纪念碑的设计者。

的经典设计。据苹
果内部人士介绍，
乔布斯曾否决了好
几版 iPhone 设计，
他的很多想法往往
与其他做产品经理
的美国人不同，后
者通常看到的是身
边的产品，而乔布
斯总是去研究和欣
赏世界上的各种精
品，眼界开阔得多。

图 5.7　给予乔布斯灵感的奥地利贝森朵夫钢琴

除了前面提到的德国人和东方人的作品外，他还从奥地利著名的贝
森朵夫（Bosendorfer）钢琴，或者意大利的各种设计精美的工业品
中寻找灵感。就这样，通过一次又一次不断修改，不停地从世界各
国文化中吸取精髓，iPhone 一面世就惊艳全球。与之前诺基亚为了
适应不同的市场，设计了几十款手机，每个季度还推出新款不同，
iPhone 是一款打遍天下，而且每年就这么一款，这才是真正意义上
的全球化产品。

那么，怎样才能研制出全球化的产品呢？一个真正意义上的全球化
产品，靠的是满足人类一些最基本的需求，而不是通过满足一部分
人的特殊需求。我们不妨用一位奥斯卡奖评委对中、美、法电影的
评价来说明一下硅谷公司是如何满足人类最基本的需求的。2012春，
在中国热映且票房纪录颇高的电影《让子弹飞》登陆美国，在整整
一个多月的上映时间里，只有区区 6 万多美元的票房收入，这与它
在中国大陆的票房表现迥然不同。这位奥斯卡评委说，大部分美国
人根本不可能看懂它。说到这里我问他，为什么两年前在美国上映
的华语电影《赤壁》在美国的票房同样差得可怜呢（4 个月下来票

房仅为 60 万美元）？他说，虽然中国人对这部电影里的故事背景和情节非常熟悉，但是，不知道 2000 年前中国历史上发生过什么事情的观众，是无法理解电影人物的做事缘由的，尤其是无法理解歌颂两个对抗朝廷的割据政权的必要性。再加上里面类似草船借箭等诸多不符合基本逻辑的情节，更让美国观众看不明白这部电影到底想说什么。

接着，这位评委介绍了美国大片的特点，比如《泰坦尼克号》和《阿凡达》，这两部电影其实故事情节都十分老套，没有什么思想深度，甚至有点庸俗。前者是一个格林童话式的爱情故事，加上一个悲剧的结尾，后者依然是一个王子公主式的爱情故事，加上一点现代的人与自然和谐的主题。但是这种俗套的电影有一个好处，就是全世界男女老少都看得懂，欣赏《泰坦尼克号》或者《阿凡达》的观众不需要对美国的文化有任何了解，因此这种看似有点傻气的电影反而让人看到制片人的精明之处，他们抓住了人类的基本需求 —— 爱情、对悲剧人物的同情或者对大自然的关注，等等，而导演又辅之以吸引眼球的音响和视频效果，一道将它们打造成风靡全球的产品。这位评委还说道，正是因为好莱坞大片的这种通俗性，让法国一些有深度的大导演根本看不起好莱坞的电影，但是这些优秀的法国影片也只能得到数量较少的特定观众喜爱，因为不是全球化的电影。

硅谷的产品通常很像好莱坞的大片，它们的设计者总是挖空心思去设想如何做好一款全球化产品，来满足所有人 80% 的需求，而不是满足 1% 人的全部需求。当然，要做到这一点，除了需要设计者善于吸收多元文化，还需要整个产品研发团队成员来自多元文化，这样才能深入理解多元文化。Google 的搜索是一个多元文化下的产品，这在很大程度上取决于奠定其框架产品的核心员工来自多个国家。提出 Google 最初核心算法的是佩奇和布林，其中布林来自俄罗斯，他的数学功底帮了大忙。将这个算法连同搜索基本功能写成商用软件的是犹太人斯尔弗斯坦（Craig Silverstein），他无与伦比的编码技巧和一丝不苟的工程精神保证了这款产品的稳定性，同时他确立了 Google 所有产品、所有工程团队都使用一个代码库的原则，这与微软那种不同产品有不同代码库的做法不同。后来负责底层基础架构的霍尔斯（Urs Holzle）来自德国，负责搜索质量的辛格来自印度。为了保证产品的全球化，Google 一直致力于打造适用于全球的平台和服务，不仅在软件开发上采用支持所有语言的架构，而且从埋设海底光缆和建设分布在全球各地的数据中心做起，保证世界各地的访问速度和搜索体验与美国一样好。设计广告系统的卡芒格（Salar Kamangar）来自黎巴嫩，而销售广告的科斯坦德尼则来自伊朗，最后设计界面的梅耶尔（Marissa Mayer）是土生土长的美国人。正是这样一个具有多元文化的团队，才保证了 Google 搜索这个看似很简单的产品，却满足了全世界互联网用户最基本的上网需求。

当然，如果能在 i18n 的基础上加上一点 l10n 的元素，对特定的市场或许会有进一步的帮助，但是真到了这个时候，一项技术和产品最挣钱、利润最好的时间点往往已经过去了，这时硅谷公司会把市场让给第二梯队的公司，它们自己则继续向前走，去完成下一次探险。

3　汇聚全球精英

如果全面比较中美两国的创新力和对新科技的敏感，在过去的五六年里中国的平均水平其实已经赶上甚至超过了美国。在美国中部占土地面积一大半、人口三分之一的"红色的州"，人们今天的生活方式其实和 20 年前没有什么区别，美国真正的创新其实只集中在加州以及东北部从波士顿到华盛顿沿岸地区。在很多人的印象中，美国的创新力很强，其实是以偏概全，将硅谷这一特例当作美国普遍的情况了。用一个竞争力最强的地区与一个国家作整体比较，有失公允，更何况硅谷地区除了主权和税收上属于美国领土，在其他方面倒更像是属于全世界的地区，硅谷荟萃了全球精英。因此，从这个角度来讲，硅谷的创新力并不代表美国的整体创新力。世界上其他地区和硅谷竞争，实际上相当于用一个小的人才子集，和一个人才的全集竞争，自然也很难有胜算。

每年都有大量的精英从世界各地涌入硅谷地区，也有大量的退休人员卖掉硅谷高价位的房子，搬到美国其他地区甚至国外居住。以2013年为例，硅谷地区和美国其他地区人口交换净流出5000人，而和世界其他地区人口交换净流入1.8万人（这些人里不包括来自拉美的非法移民，因为他们不在移民局统计之列）。这1.8万人，大多是科技精英，绝对数量在人口大国中国看起来不算多，但是相对（广义上的）硅谷地区仅有的70万左右的IT人士，这个比例并不低。如果按照这个比例来算，硅谷地区的人才大约40年就能更新一遍。根据2012年的人口调查，在硅谷地区51%的家庭在家里使用的第一语言并非英语，而是他们移民来此地之前的母语。至于说的是哪种语言，则和硅谷地区引进外国移民的速度大体一致，排在前三位的分别是西班牙语、汉语和印地语。

大量外来的优秀移民，其实是在不断地给硅谷地区输送新鲜的血液。我们在前面讲到，第一代移民来到硅谷的目的是为了淘金，跟一百多年前没有太大的差别，当初是为了淘黄色的金子，20世纪60年代是为了淘白色的金子——硅，21世纪是为了淘虚拟的金子——创业带来的财富。这些外来者，不论移民的时间或者国籍文化有多大的差异，有一点是共同的，那就是都具有冒险精神。一般来讲，移民的后裔到了第三、第四代，这种冒险精神就慢慢开始衰竭了。因此，红杉资本才有一个不成文的规定，就是要求投资对象，即初创公司的创始团队中，至少有一个人是第一代移民，以此保证这个公司未来的冒险精神，或者用中国的说法，就是狼性。

世界各国来到硅谷的移民（以中国和印度最多）往往都是原来国家里最优秀的人才，他们不仅具有冒险精神，而且专业技能强，文化素养高，不仅成为硅谷很多公司的创始人，也成为了硅谷主要科技公司研发和管理的支柱。比如我们在前面提到的打造 Google 早期搜索引擎的主要人员，一半都来自于国外。在硅谷的很多公司里，比如 Marvell、Juniper 和 Nvidia，第一代移民占了员工人数的一大半。即使是在硅谷的学术界，比如斯坦福大学、加州大学的伯克利分校和旧金山分校里，各个族裔学生的比例也相当平衡。表 5.2 给出了斯坦福和伯克利各族裔本科生的比例。华裔教授（Faculty）在美国大学里的平均占比远不到 10%，但是在斯坦福大学，光是加入张首晟教授发起的华裔教授俱乐部的人数就超过 300 人，远远高于整个大学教授人数的 10%。

表 5.2　斯坦福和伯克利各族裔本科生的比例（数据来源：斯坦福和伯克利的官方网站）

族裔	斯坦福	伯克利
非洲裔	8%	3%
亚裔	22%	39%
拉丁裔	13%	13%
印第安 / 夏威夷等其他	3%	2%
白人	43%	29%
国际	8%	9%
未透露	3%	5%

为什么这些人愿意到硅谷安家落户呢？按照硅谷气候说的代表人物施密特的解释，是移民喜欢那里的气候。这当然是其中一个原因，但是正如我们在前面分析过的，气候不应该是主要原因。各国移民，包括从美国其他地区涌入硅谷的人，首先看重的是硅谷快速发展的机会。对外国人来讲，加州相对公平的就业环境则使得他们更容易适应，也更能发挥作用。在世界上，很难做到绝对的公平、完全没有歧视，不过，至少硅谷地区做得比较好，甚至可以说比世界各地做得都好。在硅谷地区，没有什么人觉得自己祖上多少代就居住在那里，是那里的主人。大家都是外来户，只不过某些人比其他人早

12
2015 年硅谷中心
地区的帕洛阿图市
中等价位的独立屋
价格在 200—300
万美元左右，周围
学区较好的库帕蒂
诺和萨拉托加市
中等价位的房价在
200 万美元左右。

来一两代而已。因此，所谓的"当地人"对"外来人"的态度，不
会像世界上很多地区的人们那样觉得"你来了就挤占了我的生存空
间"或者"抢了我的工作"，而是觉得"你来了帮助我做事情，把
这个地方搞得更繁荣"，如此而已。很多在硅谷地区居住了两三代
的家庭，看到自己祖上几十年前用 10 万美元购买的房屋今天涨到
了两三百万[12]，便很乐意将房屋卖掉，搬到加州的南部、东部或者
旁边的内华达州去居住。

外国人喜欢在硅谷地区生活的另一个重要原因，是这里的多元文化
给他们提供了与家乡非常相似的生活环境。我曾经在美国东部生活
多年，在整个华盛顿周围地区（俗称大华府地区，包括华盛顿、弗
吉尼亚北部和马里兰的南部），最好的中餐馆饭菜的水平连北京街
头一个家常菜馆都不如，而一位印度同学带我去吃一顿"正宗"的
印度饭，需要驱车 40 公里。但是在硅谷，各个族裔都会觉得生活
很方便，亚洲人会感觉这里还是亚洲，墨西哥人会觉得自己是在墨
西哥，就连一些法国人也认为这里虽然没有巴黎的繁华和文化沉淀，
生活却比法国更方便。

靠着这样的多元化文化，硅谷就像一个黑洞，不断地从全世界吸引
优秀人才。很多公司在和硅谷公司竞争时感觉很吃力，因为它们其
实不是在跟哪个国家的公司竞争，而是在和全世界竞争。

第三节　拒绝平庸

拙作《浪潮之巅》在介绍 IT 产业的规律性时提出了一个 70-20-10 律，
也就是说，在全球经济日趋一体化的今天，IT 行业非常容易做到赢
者通吃。通常，一个行业中的领头羊要吃掉 70% 甚至更多的市场份
额或者利润，第二名吃掉 20% 左右，其他所有公司吃掉余下 10%。
比如在 PC 时代，微软公司几乎垄断了这个产业绕不开的操作系统
市场，其余所有操作系统的市场份额之和还不及微软的一半；在半

导体行业中最挣钱的处理器市场上，英特尔公司占据 70% 以上的市场。在互联网时代，Google 占到了美国、欧洲和日本 70% 左右的互联网广告收入。今天，在移动互联网时代，安卓操作系统占到了全球 70% 以上的手机操作系统市场，而英国的 ARM 公司，则几乎垄断了所有手机处理器的设计。因此，一个地区要想成为全球的科技中心，就必须不断涌现那些表现卓越的领头羊，而前提则是拒绝平庸。

1　追求卓越是企业生存的需要

一个以科技产业为核心的地区拒绝平庸的关键在于要不断涌现伟大的公司，而一个公司要成其伟大，有很多必要条件，其中最重要的一条就是得不断吸引最好的人才，同时不断提升公司人员的平均素质。我们不妨先从公司的层面，再从人的层面看看拒绝平庸的重要性。

拒绝平庸是很多地区都想做到的，但是真做起来就会发现非常不容易。国内的很多创业园可以说是想法设法，给足了优惠招商引资，不过效果如何大家心里都有数。虽然偶尔不乏引进一两个优秀人才，但是大部分人都够不上卓越，即使是引进的少数几个优秀人才也未必用好了。相反，中国的一线科技公司，比如百度、阿里巴巴、腾讯和小米科技，最初却并非是那些优惠政策孵化出来的。在如何拒绝平庸上，世界上很多国家和地区，包括美国的很多地区以及中国大部分开发区，与硅谷地区有着明显的区别。

我们先来看看硅谷地区是如何做到拒绝平庸的。其实，拒绝平庸，在某种程度上是被不断上涨的成本倒逼的结果。硅谷地区的办公和生活成本，除了在斯坦福科技园刚刚成立的头十几年里比美国大部分工业化地区低，从 20 世纪 60 年代中期开始，这里的各种成本就超过了美国的平均水平，更不要和世界其他地区相比了。单纯从成本考虑，硅谷地区似乎渐渐变得不具有竞争力了，因此，从 60 年代中期开始，硅谷就将半导体的制造业外移到海外或者美国其他地区。

如果这件事放在中国的很多地区或者美国中部传统的工业区，当地政府或劳工势力就会给资方优惠条件或者施加压力，通过软硬兼施的办法希望企业将工作机会留下来。然而硅谷地区没有这么做，这一方面是因为政府没有多大的权威，另一方面是因为这些半导体公司工会的势力并不大。这就让资方有机会将技术含量不高的工作外移，这种做法虽然让部分人暂时失去工作，却增强了半导体公司的全球竞争力。

但是硅谷半导体行业所面临的来自硅谷内部及亚洲公司的竞争并没有因此而减弱。英特尔公司当时的艰难处境在硅谷就很有代表性。一方面英特尔的主营业务动态存储器 DRAM 已经不如以前那么赚钱了，而它的新产品处理器在市场上落后于 MOS 科技公司（MOS Technologies）、Zilog 公司和摩托罗拉公司。到了 1974 年，英特尔不得不考虑裁员了，这是一贯善待员工的 CEO 诺伊斯最不愿意做的。谁知屋漏偏逢连夜雨，1975 年英特尔又赶上一场大火，烧毁了一个工厂，这时诺伊斯再也坚持不住了，他甚至考虑卖掉公司，以维持员工们的饭碗。因此，他先试图找到先前的竞争对手国家半导体公司，看能否收购英特尔。而当时，以著名风险投资人洛克为首的董事会则建议裁掉 30% 的员工，因此他们产生了分歧。幸好国家半导体公司当时也是力不从心，回绝了诺伊斯的建议。后来摩尔得知此事后，提出愿意替诺伊斯运营公司一段时间。最后在董事会的支持下，摩尔接替了诺伊斯，临时管理起英特尔公司，而他的得意门生格鲁夫则负责公司的具体运营，并且很快接替摩尔成为了公司的首席执行官。

今天看到英特尔在个人电脑时代如此风光的人，很难想象它当时的窘境。那么英特尔公司又是如何走出困境，塑造辉煌的呢？其实它

图 5.8　英特尔的全球总部现在仍位于当年在圣塔克拉拉市的那栋很低调的小楼

只是做了两件事。第一件事是在管理上，当时摩尔和格鲁夫感叹他们的公司大了，有了些暮气，那怎么解决这个问题呢？他们都觉得只有回到 1968 年公司刚成立的状态重新创业，这样英特尔就又有了活力。第二件事就是确定公司的发展方向。摩尔早在 1965 年就提出了摩尔定律，但是在 70 年代中期的英特尔公司并没有按照摩尔定律规定的速度（每 18 月性能翻一番）不断更新自己的产品，因此他们决定放弃掉一些周边的产品，主攻处理器，一定要在 18 月的期限内做到处理器性能翻番。正是靠着不断追求卓越，英特尔才起死回生，并且走向辉煌。

在摩尔定律提出之初，就连摩尔本人也不敢想象半导体集成电路的性能可以几十年不停地翻番。但是到了 2015 年，这个行业的工程师们做到了这一点，这可以说是人类历史上的一个奇迹。这背后的原因，与其说是半导体天然的性质所致，不如说是工程师们不断追求卓越、拒绝平庸的结果。事实上，从 60 年代末开始，全世界在经济上的最大成就，便是将这些钢蹦儿大小的处理器应用到各种产品和服务中，从而实现了全球的现代化。

到了 80 年代初，英特尔公司已经走出了困境，但是在和日本公司的竞争中并不占上风，格鲁夫果断决定停掉了公司的动态存储器业务，将这个市场拱手让给日本人，以便将精力集中到处理器业务上。动态存储器可是英特尔起家的业务，而且在当时依然是盈利的，这么做对大部分人来讲在感情上是难以接受的，但是格鲁夫就这么决定了，这才有了后来英特尔在处理器领域的不断成功。至于为什么格鲁夫能够做出这样的决定，并非他对未来先知先觉，而是像摩尔评价的那样，为了追求卓越。

英特尔的这种发展历程在硅谷非常具有代表性。苹果的产品设计、Google 的工程水平在全世界有口皆碑，都是追求卓越的例证。全世界模仿硅谷的创业园或者科技园很多，但是少有公司真正能像英特尔那样不断挑战物理学的极限，像苹果和 Google 那样精益求精、一丝不苟开发产品的。英特尔等公司的做法，一方面是为了占领世界市场，另一方面也因为只有这样才能在硅谷长期立足。

2 高成本导致了正向淘汰

硅谷地区和世界上的很多地区不同，还在于并非哪个公司在那里占住脚之后，就能够一辈子呆下去，这也是硅谷地区与世界其他工业中心非常大的一个区别。在很多传统的工业中心，通常是最早进驻那里的公司占据着最好的位置，新的公司只能到周边稍微偏僻一点的地区去发展。但是随着产业的变迁，占据最好位置的公司，往往不再是发展最快的公司了，从合理利用资源的角度来讲，它们应该让出来，但通常又"赖着不走"，直到把那个地区搞萧条了为止。但是，硅谷地区不是这样做的，它靠市场机制来分配资源。随着硅谷生活成本和商业成本越来越高，只有少数利润足够高、发展足够快的公司才能生存下去，做不到这一点，就得搬离硅谷地区。在过去的半个多世纪里，硅谷完成了几次转型，每一次转型都会淘汰掉一批公司，同时带来新的、更挣钱的商业机会。

在硅谷的东部地区（俗称东湾）有一个汽车专配厂，在 60 年代，那里是美国通用汽车公司的工厂。到了 80 年代，随着美国汽车在市场上不断让位给日本汽车，那里也就成了丰田公司的装配厂。又过了 20 年，到了金融危机之后，整个汽车工业都不景气，丰田也无法承受硅谷的成本，不得不搬到其他州去。而那个工厂几经周折，最后转手卖给了硅谷新的明星公司特斯拉。在过去的几十年里，类似的情景在硅谷不断地上演，今天 Google 公司的总部是当年硅谷明星公司 SGI 的总部，Facebook 的总部则是当年太阳公司的总部。

当然，可能有人会问，那么太阳公司和 SGI 这些公司怎么办？这些上一代的明星公司，或者被并购了（如太阳公司），或者申请破产了（如 SGI）。在硅谷每一次的产业变迁过程中，难免有很多人会失业，其中一部分人会因为工作技能不能适应新的变化，从此在硅谷找不到工作，最终不得不搬出硅谷地区。对这些人来讲，这似乎有些残忍，这也是我在《浪潮之巅》里提到"硅谷是一个嗜血的地方"的原因。但这样一来，经过很多年的发展，硅谷在整个 IT 行业的水平和地位才会不断提升。最终发展的结果就是，只有不断追求卓越的人和伟大的公司，才能在硅谷地区立住脚。

成就伟大的公司和创造伟大的产品靠的是最优秀的人才。为什么要最优秀而非第二等的人才呢？因为他们之间的差别非常大。前苏联著名物理学家朗道（Lev Davidovich Landau）提出过一个衡量物理学家水平的朗道等级。他把世界上的物理学家分为了五级，即第一等的物理学家的贡献是第二等的十倍，第二等是第三等的十倍，以此类推。其实，在各个行业里，不同层次人才的贡献也都大多如此。比如在 IT 行业里，乔布斯认为他的合伙人沃兹尼亚克就抵得上 20 个二流的工程师。从成本上看，一流工程师的收入可能是二流工程师的两三倍，但是，前者的贡献可能大十倍，从经济的角度来讲，采用最优秀的人才是最合算的。

伟大的公司倾向于招揽一流工程师，还有一个效率的考虑。在后工业时代，尤其是近十几年的后信息时代，像过去工业时代那种一个萝卜一个坑，复杂工作可以被很容易地分解成简单工作的管理方式和产品研制生产过程，不再适合现在的企业发展需要。这两个时代做事方式的区别我们会在后面的章节作仔细介绍，这里先一言概之，那就是在工业企业中，管理是树状结构的，做事的方式以这个结构为基础；而在信息时代尤其是后信息时代，管理是网状结构的，做事的方法也因此而不同。对于一个网状的组织结构，组织内任何两个人都有可能需要沟通，沟通成本很高，与人数的平方是成正比的。比如一个项目内有 10 个人，每个人都要和其他 9 个人沟通，那么沟通的成本就是 $10 \times 9/2 = 45$，人数增加一倍至 20 人，沟通成本就是 $20 \times 19/2 = 190$，增加了 4 倍多。20 世纪 70 年代中期，摩尔和格鲁夫在改造英特尔时将公司重新打回到初创公司的状态，2011 年佩奇将 Google 分成若干个产品中心（注意：不是事业部，因为产品中心不需要在财务上自负盈亏），其本质就是降低沟通成本。在后信息时代这样的大背景下，一种新的产品研发模式 —— 敏捷开发（Agile Development）才被发明出来，并为很多 IT 企业采用。

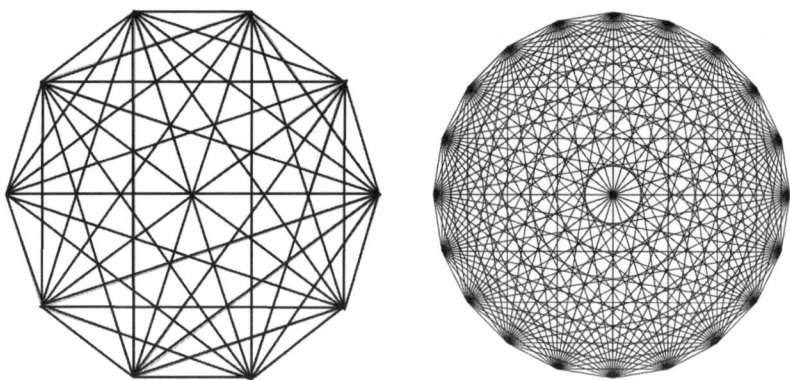

图 5.9　20 个点两两连接的密度（右）要比 10 个点高得多（左），因此组织太大了以后沟通的成本增长非常快

敏捷开发的本质并不像很多人从"敏捷"这两个字上理解的那样，是以牺牲产品质量而换取速度，它其实是将过去需要由很多不同的人做的设计、开发、调试和测试工作由一个人来完成，以降低沟通成本，从而加速开发的过程。这样一来，就要求每一个开发者的单兵作战能力比以前有很大的提高。因此，尽可能招揽一流人才成为今天各个伟大公司追求的目标。在硅谷，很多优秀的初创公司 CEO或者创始人最重要的任务是招人，而不是负责产品的细节。

至于一个企业如何吸引到最好的人才并能安心工作，这是我们在下一节要仔细分析的，在这里我们不妨从生活成本倒逼的角度来看看为什么只有最优秀的人才能在硅谷地区生存下来。

早期来到旧金山湾区的是冒险家，目的是为了淘金，而当时在那里生活的成本非常低，只要有口饭吃即可。一些人淘到了金子，或者通过卖水、卖牛仔裤挣到了钱，便留了下来，另一些人没有挣到钱，虽然一部分人靠吃苦和省吃俭用还能维持一两代人，但是随着更能吃苦的新移民（包括非法移民）的涌入，也渐渐被淘汰出局。这样一种淘汰制在旧金山湾区一直持续着，但是在硅谷诞生之前这是一个缓慢的过程。二战之后，旧金山湾区接纳了很多从太平洋战争中退役的老兵，为了安置他们，当时在帕洛阿图地区修建了不少售价5000 美元一栋的小型独立屋 [13]。这些房屋后来几经转手，被 IT 公司的员工购买。1999 年互联网泡沫时，这些 50 年前的房屋，价格已经涨到了 50 万美元，不过相比当时帕洛阿图市家庭的中值收入每年 11 万美元，还算是负担得起。当时，硅谷 IT 公司普通工程师和产品经理的税前年薪大致在 6~8 万美元，而像英特尔或思科公司的总监则年薪可以到 11 万美元。但是到了 2014 年，这些房屋（已经有 65 年历史了）的平均售价涨到了 250~270 万美元，而帕洛阿图市家庭的中值收入只涨到了 17 万美元，也就是说，一般的工程师（收入在 10~14 万美元）已经无力在硅谷的中心地区购买房屋了，即使是一般公司的总监（年薪 12~20 万美元），也无法负担帕

[13] 相当于中国的别墅，每栋建筑面积大约 180 平方米，占地 600 平方米。

14
美国银行给予个人的房屋贷款不能超过税前收入的 4.5 倍。

15
苹果公司的许多员工会在总部所在地库帕蒂诺市购房。

洛阿图的房价 [14]。事实上，从 2012—2015 年，在这个城市购买房屋的人主要有三种：首先是 Google 和 Facebook 的早期员工或者高职级员工 [15]，约占 4 成，其次是来自中国大陆的投资移民，约占 3 成，其余是成功的创业者和优秀的专业人士（律师、医生等）。除了 Google 和 Facebook，即使是二线的公司（比如雅虎和微软）的员工，在帕洛阿图买房也是非常困难的，因为这些公司员工收入与房价的差距巨大。另外请注意，我在这里用了"高职级员工"这个词，因为在 Google 和 Facebook 这样的公司里，并非行政级别高的人收入就高，而是在各个岗位上专业水平高的人（比如杰出工程师）收入最高。

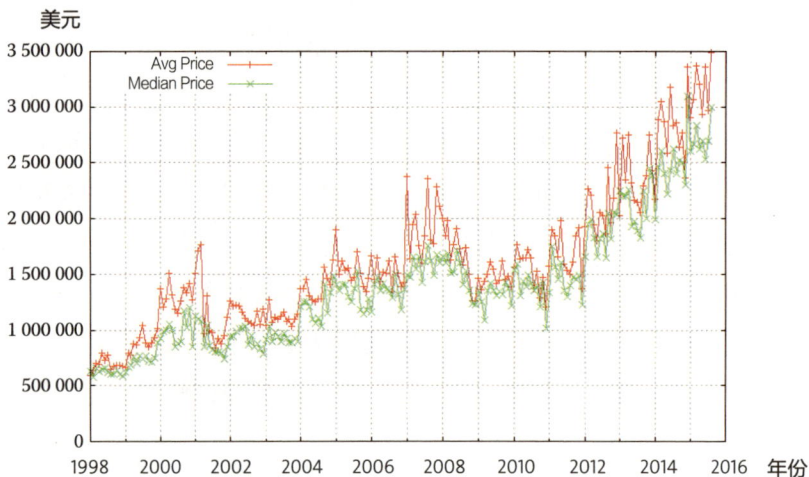

图 5.10　硅谷中心地区帕洛阿图市房价走势

硅谷那些好学区的地段（比如帕洛阿图、库帕蒂诺和萨拉托加），房价是周边房价的两三倍，因此那些住在好学区、收入又不是很高的家庭，会选择在孩子念完高中后，卖掉当地的房子，找一个学区稍差的地段生活。这样就为更年轻、收入更高的人腾出了硅谷最好的位置，这是生活成本倒逼的自然结果。最终，一流的人才住在最好的地方，二流的人才有地方住，三流的只好离开硅谷。

从这里可以看出，硅谷各种人才济济，不是靠刻意引进实现的，而是靠淘汰完成的。人类在感情上有一个弱点，就是不愿意面对死亡，不愿意面对淘汰，不愿意做减法。这看上去是对一些人的友善，却同时剥夺了后来者的机会。或许是因为硅谷的历史太短，没有太多的传统包袱，使得它在淘汰过气的公司、淘汰平庸的人方面显得特别下得了狠心。在硅谷，大家认可"死亡是一个公司对社会的最后一次贡献"这样一种看法，也认可"淘汰掉不合适的人对双方都是解脱"这样一个观念。

3　公司死亡也是对世界的贡献

拒绝平庸业已成为硅谷文化的重要特征。为了在硅谷生存，无论是在公司里做事情，还是自己创业，都必须拒绝平庸。很多人到硅谷参观后，惊讶于这个不大的地区竟能产生那么多原创发明，而且很少有抄袭和仿制的现象。其实这也很好理解，因为抄袭和仿制是在低层次上竞争，靠的是压缩自己的利润而非技术进步抢得市场，这样的公司必然无法承担硅谷高昂的办公费用，也无法给员工带来足够好的收入，让他们在硅谷过上体面的生活。初创公司如果只是拷贝其他公司的想法，公司创始人都不好意思去找风险投资要钱，因为结果肯定是碰一鼻子灰。对于大公司，抄袭其他公司特别是小公司的产品，是一种耻辱，它的老板会在业界抬不起头。这样，新的公司就要想方设法在市场

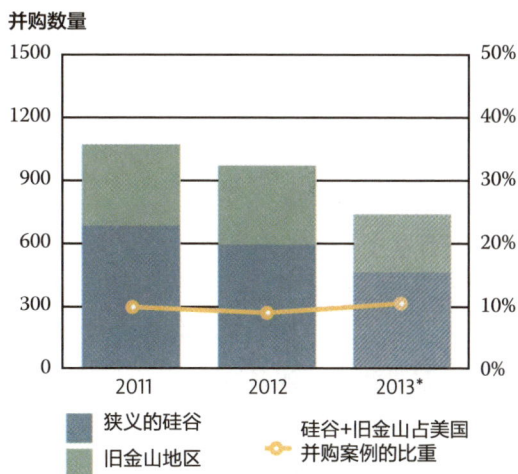

图 5.11　2011 年到 2013 年（前 3 个季度）硅谷地区并购案例数量和在美国并购案中的占比（数据来源：CB Insights）

上现有公司的基础上更上一层楼，而大公司，对于来自小公司且自身未掌握的技术，大多会采用并购的方式获得。这样，整个硅谷地区才会形成一种积极向上的生态环境。在过去的几年里，硅谷地区被并购的公司有上千家，大约占到获得投资的公司总数的四分之一。

拒绝平庸是很多人都懂的道理，但是很多地区、很多公司和个人都不愿意去做，并找出各种各样的理由，当然这些理由常常以"实际困难"和"具体情况"等字眼出现。我生长在一个大院里，里面有一些老员工，历史上他们对这家单位绝对有大贡献。不过，随着时间的推移这些人大多已经退休，没有退休的也不再活跃，早就不是当下工作的主力军了。但是这些人依然住着大院里最好的位置，因为没有一个机制能够请他们离开，新加入这个单位的年轻人则是工作的主力军，并且是未来的希望，却只好住在周边地区。这种情况在中国很普遍，因此一个地区在发展一段时间后出现暮气也就不奇怪了。如果能像硅谷那样，通过市场机制，把最有价值的资源重新分配给最优秀的人，这样才比较容易保持朝气。

在维持一个地区的繁荣稳定时，大部分国家的政府和劳工组织是在帮倒忙，典型的例子就是欧元区大部分国家。这些政府和组织生怕失业带来贫困和社会的不安定，结果却适得其反。2015 年，美国的失业率只有 5%，而欧元区 28 国的整体失业率则高达 9.6%。这些人忘记了一个最最基本的经济学原理，那就是财富是创造出来的，而要创造财富就必须把财富给予那些有前途的行业，那些伟大的公司和那些追求卓越的人。从长远来讲，只有创造出更多的财富才是消除贫困的最好办法。硅谷地区虽然人员流动非常大，暂时失去工作是经常发生的事情，但是整体上社会安定，经济繁荣，因为它拒绝平庸，创造着越来越多的财富。

结束语

硅谷成功的奥秘远不像媒体描述的那样，仅仅是靠气候、好的大学、尊重知识产权等那么简单。硅谷有着很多独一无二的特点，是世界上其他地区所不具备的，这些特点正是硅谷长盛不衰的奥秘。在这些独特之处中，叛逆和对叛逆的宽容、多元文化以及拒绝平庸是硅谷最根本也是最突出的特征。

参考文献

1. Howard Mintz. Apple, Google, Adobe and Intel have new settlement in no-poaching case. 2015. http://www.mercurynews.com/business/ci_27318062/apple-google-adobe-and-intel-have-new-settlement.

2. 硅谷指数 . http://siliconvalleyindicators.org/.

3. http://www.networkworld.com/article/2358183/network-security/juniper--palo-alto-settle-long-running-firewall-patent-lawsuits.html.

第六章　硅谷的奥秘（下）

硅谷的企业文化和情怀

我们在上一章介绍了硅谷的一些独特的地方，包括叛逆和宽容、多元文化和拒绝平庸，这些是硅谷最高层面的本质特征，它们从根本上保证了硅谷的成功。而在下一个层面，即具体到商业、投资、企业管理和发展规划上，硅谷地区也有着很多世界其他地区不具备的方法论和价值观，我们不妨将其统称为硅谷的企业文化和情怀。这些企业文化和情怀，揭示了硅谷成功奥秘的另一面。

第一节　宽容失败的文化

凡是要做事情，就有可能失败，如果想不失败，最好不要做事情。这是大家都懂的道理，但是在工作和生活中能够宽容失败并非易事。在大部分文化里，社会对失败和失败者并不宽容。在欧洲大陆或者日本，一个人只要创业失败一次，基本上就没了翻身的可能，整个社会都会给他贴上"失败者"的标签。在这种大环境下，年轻人通常不会选择创业。在日本大学里读过书的人都知道，毕业生首选工作稳定的大公司，而不是有点风险的小公司，更不要说选择创业了。在日本的大学里，如果哪个学生说毕业后不打算找工作，而要自己办公司，大家会觉得他是疯子。在这样的环境下，不可能从无到有催生出伟大的公司。在法国，情况比日本也好不到哪里去，我接触过一些法国的工程师，发现他们并不缺乏创造性和工程素养，但是自己创业的意愿非常微弱，主要是害怕失败后被贴上失败者的标签。

图 6.1 所示的是 2014 年 331 位投资人对世界一些国家和地区创新力的信心程度（5 为最高，1 为最低）。在这些投资人眼里，对失败相对宽容的美国、以色列和加拿大排在前面，而不宽容失败的法国和日本排在最后。中国原本对失败很不宽容，但是近年来忽然有很大的改善，创业失败后再创业的情况并不少见了，因此排名居中。

投资人的信心

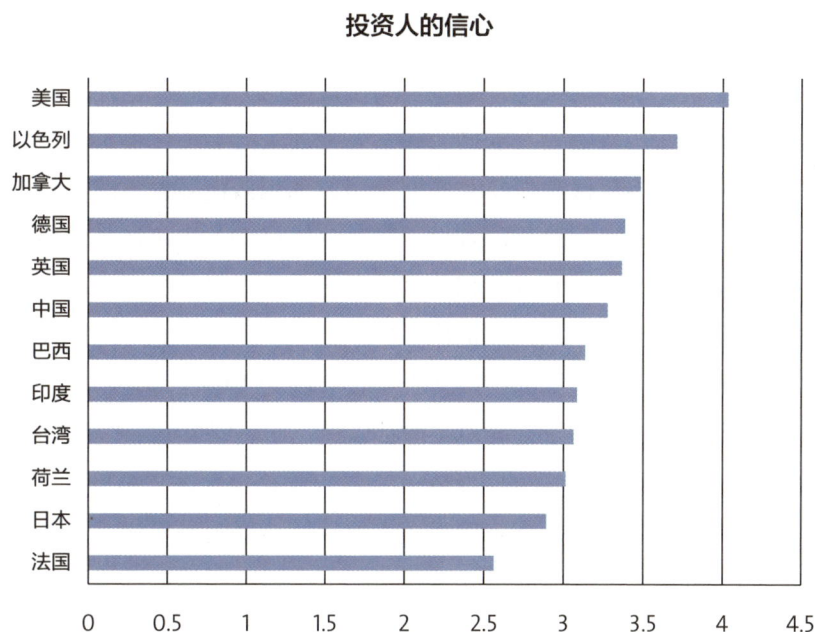

图 6.1　在风险投资人眼中世界一些国家和地区创新力的水平（数据来源：德勤，NVCA 等）

为什么宽容失败对于创新如此重要呢？因为成功太难，除了靠客观条件和个人努力等看得见的因素外，还有很多运气成分。在硅谷成功创业，或者成功做出一项重大成就的人，都承认自己只是比别人运气好一点点。这倒不是他们谦虚，而是当他们回首自己成功的过程时，发现在很多需要命运女神垂青的时刻，他们都得到了庇佑。我自己看着 Google 从小到大成长起来，在它从创立到上市之前，有六七个重大的决定要做，只要做错一个就不会有今天的 Google 了，幸运的是 Google 都做对了。拉里·佩奇、施密特和科斯坦德尼每每谈到这些事情时都认为只是运气好。施密特和科斯坦德尼加入Google 之前，都有过很惨痛的失败，如果历史没有给他们新的机会，今天可能不会有什么 IT 人士记得他们。

在硅谷的历史上，失败和成功一直相伴，尽管大家关注的常常只是成功。其中，最大规模、最惨痛的失败当属 2000 年前后互联网泡沫的破碎。当时，纳斯达克指数从 2000 年初的 5000 多点直落到2002 年中的 1300 点，大跌 75%，硅谷地区 280 家上市的互联网公司市值损失了 2 万亿美元，很多公司干脆关门大吉。那些还没有来得及上市进一步融资的互联网公司，98% 都关门了。在那次经济危机中，失败的不仅仅是那些互联网公司，也包括很多著名的风险投资公司，包括软银、红杉资本以及网景公司前 CEO 巴克斯代尔（Jim Barksdale）创办的巴克斯代尔集团。而诸多小天使投资人和小风险投资基金则因为亏损太多而退出了这个市场。但是，硅谷地区没有人责备那些创业或投资的失败者，更没有因为失败而裹足不前。我们看到更多的是，整个社会对失败的宽容，也就是在这些失败的基础上诞生了 Google 这样的伟大公司。扎克伯格经常在公司里讲"如果你没有遇到失败，说明你跑得还不够快"，这既是对尝试新东西的鼓励，也是对失败的宽容。

硅谷 BEA Systems 公司 [1] 的共同创始人比尔·科曼（Bill Coleman）这样总结为什么宽容失败是硅谷成功的必要条件：因为做成一件事情太难，中间有很多运气因素，没有人能够保证第一次做成。如果没有第二次、第三次的机会，不仅很少有人来冒险一试，而且无法通过失败变得更聪明。科曼之前就有过多次创业失败的教训，他在创办 BEA 时，招聘的高级管理层都是那些至少曾经在一个失败的公司里工作过的人。大家可能会奇怪在选择合作伙伴时科曼为什么采取这种怪招。科曼解释说，他们学到的不仅是如何从失败中吸取教训，最重要的是承受失败压力的心态。在创业的过程中，压力往往

[1]
2009 年被甲骨文公司以 85 亿美元的价格收购。

很大，如果有良好的心态和坚韧不拔的精神，那么成功的概率就会大很多。显然，科曼讲的这些品质，只能从失败中学习到。风险投资文化，本质特点就是对失败的宽容。在硅谷，风险投资人不会因为创业者失败了就不再给他们投资。只要创业者信守承诺，尽了自己最大的努力，那么他再次获得投资的可能性通常比他第一次还大。事实上，硅谷创业成功几率最大的是第三次创业者们。

硅谷地区对待失败的态度不仅体现在失败发生之后对失败者的宽容，而且在一开始就做好了失败的心理准备。硅谷的人们常常会用一种试错法（Try and Error）来尝试新的东西，开动思路设想很多可能性，不断尝试，直到成功。采用这种方法去创新，需要有人为失败买单，这些买单者通常是大公司、风险投资机构和做事情的那些人。宽容失败的好处是，创新者会走通其他人不敢走的路，这也是硅谷总能做出改变世界的发明的原因之一。当然，这种试错法成功的前提，或者说以最低成本获得成功的前提，是让失败来得更快一点。硅谷著名的企业家和天使投资人贝托谢姆在一次讲座中介绍他在太阳公司的经验，"我们在创造新产品时所做的一切可能都是错的，但是我们改正得很快。"在他看来，一个初创公司不仅仅是一个技术领先的公司，而且必须是一个学习机器。"成功的关键在于善于失败。"

在很多国家的文化中，失败是可耻的，在行动之前，他们不会做好可能失败的善后准备，而在失败发生后，又不愿意承认失败。日本筑波科学城的教训从反面说明了善于失败的重要性。中国和日本的发展阶段大致相差三四十年，也就是说三四十年前在日本发生过的事，无论是取得的成就还是走过的弯路，今天在中国都在简单地重复，因此日本的经验教训很值得中国参考。

在 20 世纪 80 年代，日本意识到必须从工业立国、贸易立国转向技术立国，于是由日本政府出面投入了巨资在东京郊区打造了筑波科学城，并且有计划地开发周边地区。当时，无论从资金投入还是政策支持等方面，这里都拥有非常高的起点。日本政府投入数目庞大的经费，把 30% 的国立科研机构都搬迁到筑波科学城内，并且让筑波科学城内的企业不断获得国内多项法律法规的支持。然而，在这种强势扶持下，筑波科学城交出的成绩单并不理想。经过了 20 年的建设，直到 1998 年，筑波科学城的产值只有 5000 亿日元，而投入却高达两万亿日元。导致这般结果的一个重要原因是，这些在政府和政策大力扶持下发展起来的企业，亏损严重，却不敢关门，不愿意接受失败的现实，只好一直硬撑着，日本政府也不愿意看到这些企业消失，于是一直用补贴的方式换取面子。这样一拖就是 20 年，旧的公司不关门，新的公司就无法开张，日本因此失去了很多发展机会。如果日本能够正确地面对失败，及早补救，就不会浪费掉 30 多年的宝贵时间。

硅谷地区对失败的宽容不仅仅体现在对创业的态度上，而且体现在公司内部对项目失败的宽容。苹果和 Google 等公司，内部会同时开展很多项目，而外界看到的产品数量却非常有限，原因是大部分项目都夭折了，但是 Google 从来没有出现过因为花掉了公司很多钱、很多资源而项目不成功走人的情况。历史上，Google 曾经尝试过很多形式的广告，包括报纸和电视上的，它们都失败了，每一次尝试的成本都是几亿到几十亿美元，但是 Google 并没有因此要任何人承担什么决策或者运作的责任。Google 多次尝试社交网络，也都失败了，但一直还在坚持投入，直到 Google+ 出现。此外，Google 的机顶盒项目也非常失败，在最糟糕的月份里，它卖出去的机顶盒还没有退货来得多，但是 Google 也没有因此而变得缩手缩脚。即便是 Google 内最挣钱、最需要稳定运营的广告系统，也会在改进的过程中不断产生新的 Bug，而很多 Bug 常常会损失数百万甚至上千万美元的广告收入，但是 Google 并没有因此而停止对广告系统的改进，更没有处罚任何人。正是在这种宽容失败的大环境里，Google 的工程师才能放开手脚工作。

今天，在中国"大众创业，万众创新"的大环境下，投资人对创业失败的宽容已经比十年前好了很多，但是企业内对项目的失败依然不够宽容。在报纸和电视上，总是有很多企业家不自觉地流露出他们对那些失败的项目耿耿于怀的心态，并且大部分时候都会把责任推给下属。正是因为对失败的不宽容，导致在中国的很多企业里，员工和主管们往往只找最省力、最稳妥的捷径走，很难静下心来投入足够的资源把一件事情做到极致，更别提去尝试那些暂时还看不到成功希望但有可能改变世界的技术了。

今天，中国很多地区在创新的意愿上并不比硅谷地区差，而一直未能做出多少在世界范围内原创的产品，其中一个重要的原因是对失败不够宽容，尤其是在公司内部。

第二节　工程师文化

1　受尊敬的工程师

工程师在中国和美国的社会地位有着天壤之别。在美国，工程师和律师、医生一样属于专业人士，社会地位高，很受人尊敬。相反，地方官员并没什么权力，而且什么人都可以竞选，反而头上没有什么光环。至于好莱坞和百老汇的明星，因为美国缺乏追星族，也没有多少人关心他们的生活，这些人每天的生活细节反倒是在中国的观众更清楚一些。

当然，光是有社会地位还不够，要想让最优秀的人从事某个行业，收入必须得比较高才行。图 6.1 给出了硅谷和美国其他地区主要科技公司中软件工程师的基本工资，并对比了美国收入最高的两个职业（外科医生和公司高管）、名牌大学正教授、现任美国总统和加州州长的收入。需要指出的是，科技公司里的工程师除了基本工资，还有奖金和股票（或者期权的收入），根据公司情况和员工

基本工资(美元）

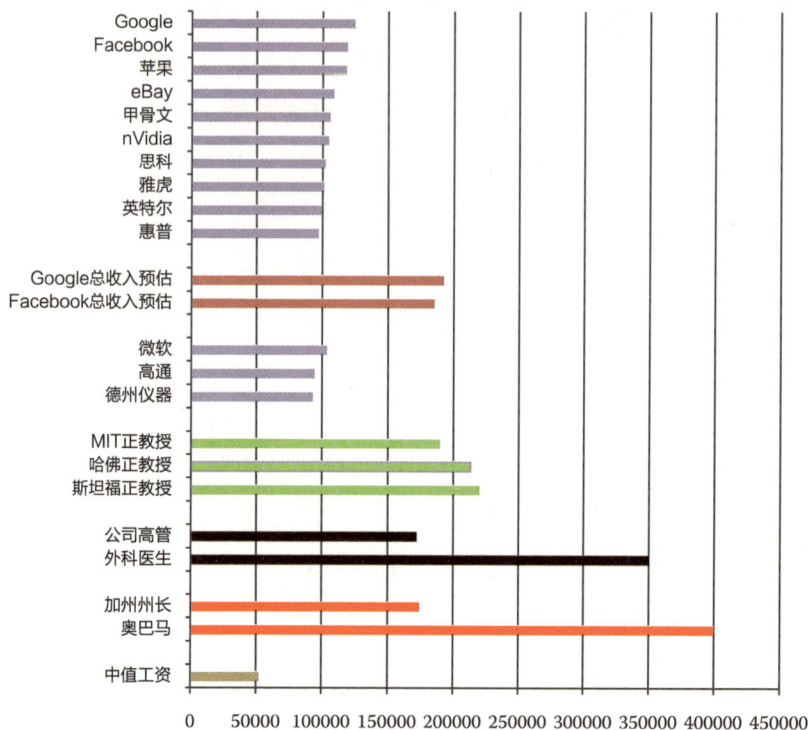

2
在图中高管们常常
有丰厚的奖金和股
票或者期权收入，
因此他们实际收入
通常是基本工资的
两到三倍。

3
数据来源:
CareerCast.com,
麻省理工学院网
站 mit.edu，加州
政府网站 ca.gov,
Business Insider。
以 2013 年 数 据
为 准。Google 和
Facebook 工程师
整体收入为预估。

图 6.2　硅谷和美国主要 IT 公司软件工程师的基本工资与其他行业从业人员工资[2]的对比[3]

职级，这部分收入可能为基本工资的 10% 到数倍，像 Google 或者
Facebook 这样的公司，奖金和股票的平均水平不低于基本工资的
60%，这些公司工程师的收入超过政府高级官员的收入，与斯坦福、
哈佛或麻省理工等名牌大学正教授的收入相当。

除了收入较高，工程师的工作也比较稳定，公司裁员时最后才可能
裁撤到工程师。另外，他们工作时间比较灵活，每年的休假比较多，
很多人愿意做一辈子工程师，这使得美国公司里一线工程师的平均
工龄比中国公司里同样职位的工程师要长很多，经验也自然更丰富
些。这一点在硅谷的公司里更加明显。

工程师文化是硅谷成功的一个重要原因。工程师文化首先体现在

工程师们在硅谷很多公司里的地位很高。Google 的创始人佩奇多次在公司内明确地讲，在 Google，工程师是处在金字塔顶上的人，在公司的地位是最高的，不仅过去如此，而且将永远如此。在 Facebook，虽然看上去好的产品经理地位最高，其实他们大多是工程师出身。而在半导体公司，基本上只能让工程师们说了算，因为半导体相关的专业技术非专业人士看不懂，甚至半导体的销售常常也需要由主管工程的副总裁负责。当然，工程师文化对硅谷创新所起的作用远不止体现在工程师的地位高，一个公司要想通过简单地提高工程师的地位和收入就获得硅谷那样的成功，可能会失望，因为工程师文化其实反映的是硅谷公司在管理和做事方法论等方方面面的特点，而不仅仅是收入。这些特点，我们可以大致概括成如下几个方面。

2　动脑和动手

工程师文化，首先是自己动手解决问题，也就是一些读者朋友可能听说过的 DIY，即 Do it yourself 的意思。要讲清楚这一点，先要说说什么人算是合格的工程师。有些人觉得有个工科学位，在 IT 公司里能够写两行代码，名片上印着工程师的头衔，就算是一个工程师了，其实工程师远没有这么简单，或者说没有那么容易当。一个合格的工程师，至少应该能够独立地实现一项工程目标，不论目标大小。在国内的很多公司里，很多程序员需要产品经理告诉他们做什么，这样的人被称为"码农"一点也不奇怪。我虽然并不喜欢这个对工程师带有调侃的贬义称谓，但是有时想想很多自称为工程师，或被公司任命为工程师的人，确实用"码农"来称呼更合适一些，因为他们确实在从事不太费脑筋的工作。这些人和我要说的工程师的差别在于，前者缺乏后者那种独立解决问题的能力，主管很难放心地将一件工作交给前者后就不再管了。

宾夕法尼亚州立大学的教务长琼斯（Nicholas Jones）博士喜欢用"逢

山开道，遇水搭桥"来形容工程师的特点。这里面有三层含义，首先，遇到问题后知道如何解决问题。其次，与科学家不同，工程师不关心那些理论的东西，不会在遇到问题时从研究理论做起，也不会站在那里等到某个理论问题解决了之后才开始动手，而是在理论问题还没有解决时，设法绕过去，搞定实际问题。以建设大桥为例，他们不是要架设最漂亮、最完美的大桥，而是要根据需求建造工期最短、成本最低同时安全完全有保障的大桥。若是军队要快速渡河，他们会建造一座可以只使用十天半个月的浮桥，若是建造一座跨海大桥，他们会运用现有的技术和材料，建造一座使用寿命百年以上的坚固桥梁。这是工程师的突出特点。

很多人在研究了硅谷的特点后发现，虽然硅谷地区做出了很多伟大的产品，但所用技术其实是其他地区的公司和大学里已有的技术，硅谷的工程师只是有创意地将这些技术拼装到一起而已。这确确实实是硅谷的一个特点。硅谷的工程师们不是科学家，他们没有发明太多很基础的技术，但是他们对新技术具有非常强的好奇心，而且有自己动手做小玩意的激情，于是他们把这些新技术用到现有的产品中，或者自己拼拼凑凑，搞出一个从来没有人想到过的新玩意儿。这些自己动手做的小东西，很多可能失败了，不过大量的硅谷工程师每天都在不断地做各种各样的尝试，总能做出一些改变世界的产品来。

安卓操作系统发明人安迪·鲁宾（Andy Rubin）的工作就是典型的"自己动手用现有技术做小东西"的过程。Linux 操作系统早就有了，简单的手机操作系统也早就有了，但是将体量庞大、消耗资源多的 Linux 用在手机上，之前尚无太成功的先例。于是，鲁宾就把这些现有的技术搭起来，做了一个小玩具，他把这个小玩具称为安德鲁[4]的小东西，并且用自己名字（Andrew）的前几个字母 Andr 和小东西的词根 -oid 拼凑出一个新词 Android，即安卓的英文名称。

4
英语 Andy 的正式称呼。

像鲁宾这样捣鼓小东西的人在硅谷比比皆是。需要指出的是，做这些事情通常不是老板下达的任务，而是出于自己的兴趣。正是发现工程师有着巨大的创造力，瓦伦丁才决定创办红杉资本来帮助他们，在瓦伦丁看来，只要给一些动手能力强的工程师注资，让他们全职地将自己 DIY 做出的小东西变成产品，就一定能改变世界。

既然是自己动手，那么自己就要有能力实现自己的想法，这是硅谷工程师的特点。在硅谷你总是能看到一些世界科技行业的泰斗或巨头还在写程序。Google 的狄恩（Jeff Dean）博士和戈玛瓦特（Sanjay Ghemawat）是世界上最早发明云计算技术的工程师，也都是美国工程院院士，至今仍在自己写代码，而且每次有什么新的想法，都是自己先实现自己的狗食（Dogfood）[5]。Google 的汤普森是 Unix 的发明人、图灵奖获得者，每天大部分时间依然花在写程序上。太阳工作站的发明人，该公司的创始人贝托谢姆，后来成为了天使投资人，又投资成立了上市公司 Arista，今天依然在写程序。这些人可算是功成名就，要是放在中国，早就当官去了，至少也进入到"君子动口不动手"的状态，但是他们在硅谷依然在自己动手。虽然他们自己写的代码未必比别人好多少，但是这在硅谷营造了自己动手的工程师文化。《纽约时报》曾经对比过微软和 Google 在研发上的差别，在微软，那些负责发明创造的研究员是动口不动手的，有专门的研发工程师为他们实现自己的想法；而在 Google，没有人替你写程序，所有的想法都需要先由自己实现证明。这样一来，两个公司在开发上的效率就有巨大差别了。

硅谷工程师文化的第二个特点是不仅要会动手，更要会动脑，而"动脑和动手"恰恰是被誉为美国工程师摇篮的麻省理工学院的校训[6]。在很多公司，产品经理和工程师是两个独立的角色。在中国的一些互联网公司里，有着大量的产品经理，在个别项目上产品经理甚至比工程师还多。这样的搭配带来了两个方面的恶果，首先很多产品经理不得不去做那些本不该由他们来完成的细节设计，同时本该参

5
在美国的公司里，第一版还不很成熟的产品常常被自己戏称为"狗食"。

6
拉丁语：Mens et manus。

与产品设计的工程师在设计上完全懒得动脑思考。另外，产品经理可能会因为缺乏对工程技术的了解而提出不合理的要求，而工程师也会因为缺乏对产品的全面了解，做的东西达不到产品经理预想的要求。在硅谷的公司里，产品经理和工程师的比例非常低，在Google这样的公司或者半导体公司里，这个比例可能是1∶20，甚至比1∶100还低。在我第二次回到Google时，辛格博士为了动员我加入他的部门，非常自豪地告诉我，他的部门有一大优势："在我管辖的部门里，产品经理和工程师的比例是1∶200多。"这个比例也许有些过低，却反映了硅谷以工程师为主导的特点。

有人或许会问，产品经理的比例如此之低，那么谁来设计产品。很简单，工程师会做很多在中国的企业看来应该由产品经理做的事情。讲到这里，就必须讲讲什么是优秀的工程师了。我结合前苏联著名物理学家朗道（Lev Landau，1908—1968）对物理学家的分类，以及在工业界大家所了解的工程师的能力特点，也试着把工程师分为五等。

3　工程师的五个等级

第五等工程师，是我们在前面提到的能够独立设计和实现一项功能的人。这是对工程师的基本要求，如果一个人只是懂一点工程实现的手段，需要别人告诉他怎么做，那最多算是助理工程师或者技工，不在我们讨论的工程师之列。

第四等的工程师就需要有点产品头脑了，也就是说他们在做一件事之前，要知道所做出来的东西是否有用、易用，是否便于维护，是否性能稳定，等等。除了要具备产品设计方面的基本知识，还要具有一定的领导才能，能在整个产品的生命周期从头到尾将一个产品负责到底。这在很多硅谷的公司里，基本上是一个高级工程师所应有的基本素质。对大部分工程师来讲，这些素质不是一个工学院就能培养出来的，而是需要在工业界实际锻炼三四年甚至更长的时间。

当然，个别天赋很好的年轻人在学校里就具备了这种素质，但这是可遇不可求的。

第三等的工程师，可以做出行业里最好的产品。他们与第四等工程师有着质的差别，这不仅反映在技术水平、对市场的了解、对用户心理的了解以及组织能力等诸方面，而且也反映在悟性的差异上。当然，这种悟性很多是后天培养出来的，但这就需要更长的时间了。有些人从工作一开始，可能需要十年八年，经过多次失败，不断总结，终于在某个时间点豁然开朗。而另一些人可能非常幸运，在一开始就有幸和最优秀的人一起工作，加上善于学习，五六年下来就能达到第三等的水平。在硅谷，有极少数工程师只花了五六年时间就达到了这个水平。但是，即使一个人再聪明，基础再好，也需要在工程上花足够的时间才能达到这个水平，一个年轻人工作了四五年就开始做行政管理工作，基本上就和这个水平无缘了。

第二等的工程师是那些可以给世界带来惊喜的人，比如实现第一台实用化个人电脑的沃兹尼亚克、DSL 之父约翰·西奥菲[7]、iPhone 和 Google Glass 的总设计师，以及前面提到的鲁宾、狄恩和戈玛瓦特等。他们与第三四五等工程师的差别在于其工作的原创性以及对世界的影响力。当然，他们的工作不是科学研究，这一点和科学家毕竟不同[8]。

第一等的工程师是开创一个全新行业的人，历史上有爱迪生、特斯拉、福特，二战后有保时捷（Ferdinand Porsche，1875—1951）博士、本田宗一郎（1906—1991）和硅谷的诺伊斯等人。这些工程师不仅在技术和产品等各个方向上与第二等的工程师有了质的差别，而且在经验和管理上也是好手，他们通常也是企业家，并通过自己的产品改变了世界。这一类人常常是可遇而不可求的，正如朗道列出的第一等物理学家只有个位数一样，第一等的工程师也是如此。朗道认为每一等物理学家之间的贡献相差十倍，每一等工程师的差

[7]
约翰·西奥菲是大学教授，也是优秀的工程师，事实上他是从工业界转到学术界的。

[8]
约翰·西奥菲是一名优秀的科学家，但是他对 DSL 的贡献在于工程，而非最早的科学研究上。

距也是这么大。当然，很多企业家都希望能遇到一些第二等，甚至第一等的工程师，但是这需要一个由工程师构建的完整金字塔：要想出几个第一等的工程师，就需要有足够数量的第二等工程师作为基础；同样，产生第二等工程师要靠大量的第三等工程师作为基础。在一个产业里，不可能指望在一大堆第五等工程师的基础上，突然冒出一两个第一或者第二等的工程师的。甚至有时，即使高薪聘请来一个第二等的工程师，如果没有第三、第四等的工程师与之配合，他也很难直接依靠第五等的人做出一流产品。

在硅谷，人们能够有幸接触到第二等工程师，这些人有时决定了一个公司产品所能达到的高度。而在公司里，真正干活的主力是第三、第四等工程师，这一类人比较多。而在中国的 IT 企业里，大家喜欢当官，因此在第五等工程师之上，会出现断层，从而影响产品开发的质量和原创性。

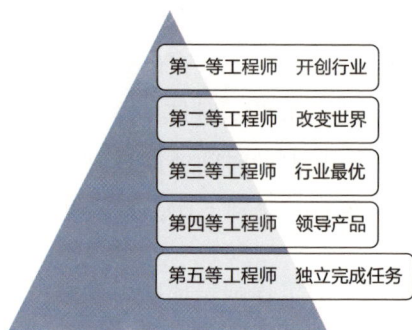

第一等工程师	开创行业
第二等工程师	改变世界
第三等工程师	行业最优
第四等工程师	领导产品
第五等工程师	独立完成任务

图 6.3　工程师的五个等级

硅谷工程师文化的第三个特点是全社会对工程师的认可。这种认可不仅包括对工程师的尊重，以及给予他们较高的社会地位，还包括允许不同等级的工程师在收入上有巨大差异。既然每一等工程师的贡献可以相差十倍，为什么他们的收入不能够相差十倍？当然很多人会反对这种收入差距过大的做法，比如欧洲的社会党人和美国的工会。但是客观规律不以人的意志为转移，如果拉大收入差距能够最大程度地发展生产力，而平均主义不能，那么采用第一种分配方式的地区无疑会获得更快的发展，硅谷则是这样的地区。

在硅谷很多公司内部，不同层级、不同贡献的工程师之间，工资和奖金的差异其实不大，但是期权起到了调节他们收入的主要作用。这使得第二等工程师的收入真的可以比第三等工程师多出一个数量级，而第三等和第四等之间，收入可能也有数量级之差。很多企业请我介绍一些 Google 的工程师，而且张口就要最好的，但我明确表示那些最好的工程师所要的薪酬包大部分公司可能都付不起，因为在大部分企业的想象中，不同的工程师之间收入差距在两三倍就算是很多了，而在硅谷的明星企业，这种差距是数量级的。在金字塔尖的那些工程师的收入非常高，甚至高过高层管理人员，再加上社会对他们的认可，转行政管理的欲望并不强烈。在硅谷的公司里，工程师们有专门的上升通道，这才保证了硅谷的工程师文化得以很好的维持。

世界上很多国家和地区对工程师本身还是很尊重和重视的，比如在法国要取得工程师的资格难度很大，需要在大学先读预科，然后才能进入工学院获得工程学位，并成为工程师。但是法国的工程师在收入上没有很大的差异，第四等和第三等的工程师数量很多，但缺乏更高级别的工程师，因为大家努力向上走的意愿并不强烈。毕竟，成为一个优秀的工程师需要经过很多年的努力。这也导致了欧洲很多国家的创新力不足。

第三节　不迷信权威

硅谷是一个权威随处可见的地方。在硅谷集中了 60 多名诺贝尔奖获得者，加上图灵奖和香农奖获得者，共有上百名世界顶级的科学家。走到街上，可能就和布林、杨致远或者亨尼西、朱棣文擦肩而过，邂逅相遇了。如果你在路上需要帮忙，帮助你的好心人说不定就是一位大人物。

但是，硅谷却从不迷信权威，这体现在三个方面。

1 不受所谓专业的约束

在硅谷，大家不看重一个结论是由谁来给出的，而看重得出该结论的过程是否有理有据合情合理。在中国，民众对权威常会有一种盲目的迷信，比如认为学习生物的人在基因科学上的见解就一定比其他人要正确，学习金融的人对股市的见解就一定比一个搞文学的深刻，这其实就是盲信权威的表现。我们经常看见国内的媒体上有这样的字眼"要相信权威机构"、"某某并不是某个领域的专家，因此他的话没有说服力"。在日常生活中也经常这样说："你虽然是优秀工程师，又不是经济学家，还是少发表金融方面的观点。"

在硅谷，谁要是这样说话，大家会用非常奇怪的目光看着他，意思是说，谁说学经济的对金融的观点就一定正确，凭什么说不是学经济的对金融学的见解就没有道理。甚至有些人会不客气地讲"What in the hell are you talking about."，直译过来就是你怎么能这样说话。即使是权威，要让人信服，也要有理有据，而且符合科学的过程。即使不是某个专业的人士，他对这个专业的了解未必就比所谓的专业人士少。事实上后一种例子在硅谷经常可以看到，即所谓的业余人士完全可能做得比专业人士好，而且好很多。我们不妨来瞧一瞧。

先讲两个投资方面的例子。Google 上市后，一些著名的投资银行，包括高盛和摩根斯坦利开始为其早期员工管理资产，但是后来一些工程师发现，这些大牌投行带来的投资回报率和控制风险的水平，并不比他们做得更好，于是这些人自己成立了一个对冲基金管理自己的资产。后来高盛等投行里面的一些基金经理发现这些 Google 员工做的基金不仅回报高而且表现稳定，甚至反过来取经。再后来，甚至一些外面的人希望这一小群人替自己打理财务。事实上，在高盛内部，存在一些由客户管理的小规模基金，因为高盛发现某些客户对某个行业或者某个板块管理得特别好，反而将一部分钱交给这些客户来管。

另一个投资方面的例子就是著名的风险投资公司凯鹏华盈。据我的几位在里面做风险合伙人[9]的朋友介绍，凯鹏华盈的著名投资人多尔等人，其实对财务和金融既不精通，也没有兴趣，他们常常以一种很怪异的思考方式（我们下面会介绍）来判定一个公司或项目的价值。在过去 50 多年的历史上，没有什么金融背景的凯鹏华盈的投资回报是风险投资中最高的。而那些非常懂金融的人，反而投资回报不高。

9
他们不属于基金的总合伙人，但是在基金里兼职做事，并且根据所参与项目的回报而分红。

图 6.4　尤斯塔斯从 41419 米的高空离开热气球的一瞬间

在硅谷有无数的业余人士超过专业人士的例子。斯坦福一位品学兼优的学生，并非职业高尔夫球选手，其最近最好的成绩，平了当年老虎伍兹创下的记录；Google 的高级副总裁尤斯塔斯（Alan Eustace）创造了跳伞世界纪录（41419 米）；而尤斯塔斯的前任罗森（Wayne Rosing），则建造了世界上最大、最先进的地面大型综合巡天望远镜（Large Synoptic Survey Telescope）。就连诺贝尔物理学奖获得者朱棣文教授，最近几年的研究方向也是生物学而非物理学。这样的例子其实在美国其他地区也能看到。2013 年获得富兰克林生物奖[10]的萨尔兹伯格教授，本科专业是英文，并且至今依然是福布斯的专栏作家，后来成为了计算机科学教授，然后从事生物学研究，并因此获奖。美国很多所谓的业余人士能够做出这样的成就，一方面和他们在大学里接受的通才教育有关，另一方面是因为他们不迷信权威，并且相信自己遵循规律去办事，在各个专业都能做得很好，即使在大学里没有学习那个专业。

10
富兰克林奖是美国历史最悠久的科学奖。

图 6.5　罗森（左）和他主持制造的大型综合巡天望远镜（右，光学直径达 8.3 米）

这种有点跨界的做法，导致了硅谷地区许多优秀公司的诞生。伊隆·马斯克今天在中国的 IT 界可谓家喻户晓。他原先是学习物理学的，但是他办的第一个公司是在线支付 x.com，后被 Paypal 收购，他办的另外三个公司，一个是航天，一个是汽车，另一个是太阳能，都和他的专业无关。今天世界上最大的语音识别公司 Naunce，其创始人之一科恩，本科学习的是音乐，至今仍在一个专业乐队里演出。Naunce 的一位编写语音识别引擎的早期员工埃里克·杰克逊（Eric Jackson）也是 Google 的早期员工，并且和我在一个办公室。他是 Google 最优秀的程序员之一，也是 Google 最早做国际化的员工之一，而他从本科到博士学的都是哲学。计算机科学对他来讲则是业余的。Google 设计广告系统的产品经理萨拉原来是学习生物的，Facebook 第一位华裔产品经理赵海平原来也是学习生物的，当他们接触计算机时，都只能算是门外汉，但是他们最后证明自己完全可以做得比那些所谓的权威更好。如果把马斯克、科恩、杰克逊、萨拉和赵海平等人放在中国，在那种"你又不是学某某专业"的舆论环境下，他们恐怕就无法做出他们在硅谷地区做出的贡献。

其实在全世界，真正搞科学的人都明白，科学是一个方法，一个过程，而非一个结论。一个结论是否正确，不能看它是由谁说出来的，而是要看它是怎么得到的。只是硅谷人比其他地区的人更懂得这个道理。

2 重实不重名

硅谷不迷信权威也体现在招人和用人上。任何人要想在硅谷获得成功，都需要真刀真枪地拿出真本事干出个样子，而不可能把资历往那儿一摆，各种资源就会自动送上门来。由于硅谷的公司在市场上的压力很大，淘汰率很高，大部分公司最急需的是能够实实在在干事情的人，而不是指手画脚的权威。公司在用人时，对他以前的工作经历和经验远不如那些传统的公司那么看重，而是更在意他的实际工作能力和工作热情。有时候，对公司而言，那些初出茅庐的年轻人比那些经验丰富却眼高手低的权威更有价值。

在硅谷的公司里，从录取开始就显示出对权威和经验的一种淡漠。在 Google，不管面试者名气多大，水平多高，过不了一关关的面试也是白搭。对于那些技术负责人职位的申请者，不论申请者年龄多大，过去的经验多么丰富，一定要考技术问题，甚至包括写程序。因此，一个有名气有经验的申请者，未必比那些大学刚毕业的人更容易被录用。我曾经遇到这样一个例子，一个在美国顶级计算机系工作的教授，先推荐了他的两个学生来 Google 应聘，结果都录用了。后来他自己来应聘，Google 要他做他的学生做过的类似的考题，他反而没有考过，虽然我们很为他感到可惜，但是也没有办法。这位教授很不服气，对我讲，我的学生远不如我你们却要了，我发表过那么多论文，拿到过那么多基金你们却不要，说明你们的眼光有问题。我承认他讲的很有道理，但是，不能为一个人坏了规矩。类似的情况在 Facebook 也发生过，某公司的一位工程总监手底下的好几个人都被 Facebook 录用了，等到他自己去，因为编程荒疏，反而被拒绝了。

在公司的日常工作里，同事们不会因为谁是权威就对他言听计从，这一点我们在前面已经讲过了。在讨论工作时，所有的员工都是平等的，不论资历深浅，大家不仅都可以发表意见，最后一个项目到底该怎么做，采用什么技术方案，都需要通过摆事实、讲道理、分析数据才能够确定。当然，有经验的员工常常更容易提出让别人信服的想法，但是他并不能用自己的经验压人。那种"我过去就是这么做的"、"我走过的路比你走过的桥还多"这一类的话是没有说服力的。

在员工的定级、工作安排和提升上，资历起的作用很小，更多地是看工作能力和对公司的贡献。我在 Google 有两个同事，来自同一家公司。其中一位我们不妨称他为马蒂斯，是原来公司的创始人，另一位是他公司里的一位普通工程师，我们不妨称其为泰勒。刚到 Google 时，马蒂斯比泰勒高两级，并且负责一个五六十人的大项目，泰勒则是普通员工，在马蒂斯的手下干活。在接下来的几年里，泰勒表现得非常出色，对 Google 的技术掌握得很快，不断推出新的产品，于是很快就和马蒂斯平级了，又过了两年，他们的项目做大了，泰勒反而成为了马蒂斯的老板，这前后不过是四年时间。

马蒂斯和泰勒的例子在硅谷很常见。我的一个朋友通过校友师兄的介绍加入了雅虎，而他的这个师兄算是雅虎的元老。我的这位朋友非常努力，半年后就成了他师兄的老板，并在随后的几年里，不断地成为他老板的老板。今天，他已经是全球 IT 行业里最有影响力的人物之一。

3 敢为天下先

不迷信权威的第三个特点就是敢于尝试过去权威们认为做不到的事情。权威的优势在于他们的经验和对所在领域技术的全面了解，以及对未来比较准确的预知。但是，这些优势有时也限制了他们的想象力，因此我们通常看得到的革命性产品，常常是外行颠覆专家的结果。

20 世纪 70 年代，拉里·埃里森决定做关系型数据库管理系统时，在这个领域毫无经验，而当时 IBM 大部分的数据库权威们并不看好这个新概念。但是埃里森并未因此而放弃自己的想法，也没有因为自己比那些权威缺乏专业知识就妄自菲薄。他和同事们开发的第一版甲骨文数据库甚至也不完美，但是他们最终证明不被 IBM 看好的关系型数据库也能成为世界的主流。

在硅谷这一类事情经常发生，除了甲骨文数据库，个人电脑、iPhone、Google 地图和特斯拉电动车等都是很好的例子。在我的身边这种例子也不少。

2002 年，布林给大家发了一封邮件，提到如果能用图片本身的内容，而不是关键词做搜索就好了。至于能不能做到（技术是否成熟）、怎么做、难度有多大，布林都毫无主意。他唯一知道的就是需要做图像的识别，而 Google 当时既没有这项技术，也没有懂这个领域的人。我根据自己对这个领域的大致了解，随手回了一封邮件，大意是讲按照传统的图像识别技术，人脸的角度转个 5 度可能就无法识别，一些科学家正在研究的 3D 模型或许有助于解决这个问题。晚上我和布林在聊天室吃零食时碰上，聊起来这件事，布林说我们

图 6.6　布林的很多想法总是匪夷所思，他那辆特斯拉也被他打扮得令人匪夷所思

就请 AT&T 的人来讲讲吧。于是 Google 请了 3D 模型的专家来介绍这项技术，这些人认为根据当时技术发展的速度，达到布林的要求，即人脸转 30 度还能识别出来，短期内是完全不可能的。不过，布林在有了大致的概念后，也不理会这些权威的看法，就从大学里找了一些博士毕业生做起来了，而且几年后就做出来了，并且用在了产品上。当然，Google 能够做出来的原因是拥有大学和研究所所不具有的大量图像数据。要是布林当年被权威的意见束缚，Google 的图像匹配服务可能就要晚出来五年。

Google 这个图像识别和匹配项目的主要贡献者景（Kevin Jing）博士后来辅导了一个中国的留学生做实习。这位实习生在 Google 呆了一个暑假后，找到一个学商业和工程的朋友一起办起了 Orbeus 公司，反过来挑战 Google。按照一般的想法，只在 Google 做了一个暑假的实习生要在一个难度很高的技术领域挑战 Google 这样一个技术巨头，基本上是自寻死路。但是 Orbeus 的几个年轻人还真就这样去挑战权威了，他们为第三方提供了很多 Google 没有提供的、与图像识别相关的服务，三年后（2015 年）这家公司以几千万美元的价格被亚马逊收购。如果这些人循规蹈矩，即使最终能够在技术上更上一层楼，也不可能在短时间里完成对原有公司的超越。

中国常讲一句话——自古英雄出少年，这在硅谷是一个大家都认可的事实。相比其他地区，硅谷的投资人更加认可年轻的创业者，资历和经验固然有用，而敢于挑战权威的闯劲更是创业成功的保障。一个人的能力可能通过尝试和失败不断提升，但是如果思维方式被过去的专家限定的条条框框所束缚，就难以创办出颠覆原有产业的公司。从仙童开始，到苹果、思科、太阳，再到 Google 和 Facebook 等公司，包括华裔在硅谷创办的雅虎、美满电子（Marvell）、NetScreen 和 nVidia，都是由原来默默无名的年轻人办成的。

硅谷相较于美国其他地方是机会最多，也是最均等的。它为创业者提供了同等的机会，而不是将人按照学位、名气和经历预先分为了三六九等。对权威的挑战甚至蔑视，是硅谷能够不断突破极限的重要原因。

第四节　扁平式管理

在管理上，硅谷公司的共同特征是扁平式管理。这个词大家并不陌生，也是很多企业一直追求的目标。

1　扁平式管理的特征 —— 减少层级和分权

扁平式管理最明显的特征是汇报层级少，这一点无疑是非常重要的。在美国商学院的教学中，常常会举数字设备公司（DEC）的案例。这家一度是世界第二大的计算机公司，到了后期官僚主义严重，曾经出现过上下九级只有一个单一汇报人的奇葩现象，即一个高级副总裁手下只有一个副总裁，后者手下只有一个资历更浅的副总裁，这位副总裁下面只有一位高级总监，以此类推，最后由一位一线经理指挥仅有的一个工程师。

这种多层管理层级通常是历史原因造成的，公司历史越悠久，一般这种现象越严重，其危害是很多管理者都清楚的，但是解决这个问题并非易事，毕竟这要剥夺一些中高层管理者的利益。在美国一些传统的企业和中国的很多企业里，较高的层级成为很多人的荣誉甚至奋斗的目标，因此，公司的创始人或者 CEO 虽然知道这种组织方式会导致低效率的管理，但依然不愿意将管理层级扁平化。

硅谷企业的管理层级相对较少，这里面有历史的成因，有出于管理效率的考虑，还有一个硅谷所特有的原因，即它那种新型的人与人之间的关系。我们不妨从这三个方面看看为什么硅谷企业能够做到管理的扁平化。

首先，硅谷的历史较短，来到硅谷的人目标都比较明确，就是寻求个人做事上的发展，而非在做官上的成功，整个社会没有太多的官本位文化。人们到硅谷住上一年半载，就会发现在这里，一个明星公司的普通员工，甚至比一个发展缓慢公司的副总裁更受人们的尊敬。比如这两个人同时离开公司去创业，前者通常更容易获得投资人的垂青，甚至两个人同时去购房，卖方的经纪人常常对前者会更感兴趣。一个明星公司的工牌，通常比一张头衔吓人的名片更有用。

其次，在同等收入规模的公司里，硅谷公司的规模相对较小，人数较少，整个公司的层级较少也很自然。加上硅谷公司的生命周期相对较短，很多公司在官僚体制还没有膨胀到很臃肿的程度，就已被收购或者关闭了。因此，大家在习惯上普遍不认同很深的管理层级。

最后，硅谷的公司管理层级较少的另一个重要原因是被激烈的竞争逼出来的。硅谷虽有光鲜的一面，也有竞争非常激烈、淘汰率非常高的一面，那些管理层级较高的公司通常会因为执行力差而率先被淘汰，而采用扁平管理的公司最终能生存下来，在外界看来，剩下的都是管理扁平化的公司。久而久之，新公司在成立和发展的过程中，一般都要采用扁平化的管理方式。

汇报层级少是扁平式管理最明显的特征，但只在表面上减少公司内的层级还远远不够。扁平式管理的另一个特征则体现在分权上。在一个现代企业中，每一级管理者，甚至个人要具有最终决策的权力，同时承担一定的责任。一件事情一个员工自己就能决定，就无需他的经理或者总监来拍板。一个经理或者总监能够决定的事情，就不需要副总裁或者更高职级的人来给意见。在 Google，一名资深的工程师或者产品经理，即使不担任任何行政管理工作，也能决定数万美元的采购，而不必先请示任何人。Google 的一个副总裁可以决定数百万美元的市场活动开销、上千万美元的大宗采购或者基础建设，并有权给予员工大笔的股票或者期权。只有分权，才能真正给公司带来效率。

扁平式管理的第三个重要特征体现在限制上级对下级的人事权，如果上级对下级拥有绝对的生杀予夺大权，那么他的下属就成了他的奴才，而不是公司的员工，而下属也会牺牲公司的利益以满足上级的意愿。这样的公司最终一定是山头林立，任人唯亲，上有政策下有对策，公司的战略意图和行政指令必定难以执行。在真正实施扁平式管理的公司里，上级对下级通常只有人事上的否决权，而没有决定权。也就是说，他可以否决提升那些他认为表现不好的员工，但无法提拔那些只是他个人喜欢的员工。在这种情况下，下属与其取悦于上级，不如把工作做好取悦于所有人。另外，因为上下级之间是契约关系，上级对下级的调动没有任何的限制权力，因此一个中层主管为了维持自己团队的稳定，就必须学会尊重自己的下属，而不是把他们当作自己的奴才。只有这样，才能把工作中人和人之间的摩擦降低到最少。

扁平式管理说起来很简单，很多硅谷之外的公司也在努力将管理扁平化，但是似乎并没有因此而提高效率，那么这又是什么原因呢？简单地讲，就是那些公司在管理上其实是换汤不换药。

2 虚假的扁平式管理 —— 换汤不换药

减少管理层级是扁平化管理的一个最显见的特征，而非它的全部。一些公司的负责人在将管理扁平化时，仅仅做了类似于把普通员工到 CEO 之间的汇报关系从七层降低到五层这一类的表面文章，本质上仍是换汤不换药。根据我的观察，在中国企业中，除了小米科技等极少数企业，公司内部管理并不是真正扁平的，不论那些企业里的汇报层级有多少。因为很多企业的老板并不明白"扁平化管理"这个词真正的内涵，甚至也不打算真正这样去管公司，而只是让员工感觉舒服一点而已。

在国内不少大型互联网公司和其他科技公司中，不到位的扁平式管理十分普遍，当然很多传统的企业连虚假的扁平化也做不到。为什么这些科技公司有扁平化管理的意愿呢？因为它们这些年发展得不错，营收也在不断增长，接下来要和国际接轨，开拓海外市场，管理的效率和产品开发的效率就被提到议事日程上来，而相比传统企业的高管，这些科技公司的创始人更容易接触到新的管理理念，因此在努力尝试将管理扁平化。但是由于大环境的因素制约、官本位文化的习惯和人与人之间契约精神的缺失，这些公司的管理实质上与传统企业并没有太大的区别。公司内部依然层级森严，部门间壁垒严重，扁平式管理是有名无实。这主要体现在这样一些方面。

1. 开大会时，会场的座位就分为了三六九等，参会级别最高的领导坐在主席台上，座位前还有个名牌；第二等级别的领导坐在第一排，有桌子有茶水；第三等的领导坐在前面比较好的预留位子。其他员工在后面和旁边随便坐。

2. 每个人的办公室场所完全与职级挂钩，中层以上的干部享受独立办公室，高层干部拥有豪华办公室，有些公司的 CEO 或者创始人甚至一个人占几层楼，而员工则挤在小隔间里，甚至有些新来的员工要在过道里临时搭个办公桌办公。

3. 公司和员工之间缺少正常沟通的渠道，原本很多信息可以由公司直接传达给全体员工，却要通过上下级关系层层下达，这样无疑在向每一个人强调人和人之间是有层级差异的。

4. 各种福利、津贴、差旅标准因为职级不同，差异巨大，客观上使得大家将注意力集中在往上爬上，而不是做事情上。此外，高级管理层还享受很多对基层员工并不公开的待遇，但是人事部门和秘书们嘴其实又不严，这些待遇便成了公开的秘密。

5. 上级对下级具有过大的人事权，从招聘、考核评估到提升无不由上级说了算，因此下级过分看重直接领导的态度，而不是公司的利益。上级也会把下级员工看成自己的私产，并且为了提升自己在公司的地位，不断扩大自己下属的人数。同时，上级还对内部调动的下级进行打压，每次都将最差的考核评分给予那些希望流动的员工，使得这些员工因为具有了不良的业绩考核纪录而难以提升。

6. 分权不够，很多事情都需要层层审批，比如招聘一个大学刚毕业的学生，有时还需要副总裁面试，招聘一个总监，需要公司的 CEO 面试。再比如在财务上，一个有着几百亿年收入的公司，居然花费一百万元也需要 CEO 审批。

这类虚假的扁平式管理特征还有很多，这里我们就不一一列举了。所有这些做法，无不在向各级员工传达着一个信息，那就是每一级之间都有一个鸿沟，每个员工自己会因为比下级高出一等而在下级面前感觉良好，同时每天工作中的很多事情又在时时刻刻提醒他和上级的不平等。这样，大家工作的目标就变成了当官往上爬。这也导致大量的年轻人在刚刚熟悉业务后，就不愿意从事一线的开发任务，而要削尖脑袋挤进领导岗位，在一线具体做产品的则永远是工作经验相对较少的新员工。

应该说，这些问题并不是管理者们想看到的，但是在没有真正理解和掌握扁平式管理的本质时，只是简单地减少一下汇报层级，就会导致出现上述换汤不换药的现象。那么扁平式管理的本质又是什么呢？

3　扁平式管理的本质 —— 契约精神

当然，在所有的原因中，最根本的原因还是在于，硅谷公司里公司与人、人与人尤其是上下级之间，是一种新型的契约合作关系，并非很多传统企业里的那种隶属关系或者拥有的关系。硅谷喜欢用"婚姻"这个词形容一个人加入一个公司的行为。既然是婚姻，除了相互的吸引和认可，重要的是一种契约，也就是说员工要履行他们对公司的责任和义务，公司则为他们的发展提供空间，并且根据这个人的表现（包括对公司的贡献），从公司的收益中获取自己的那一份利润。个人的收益并非像很多硅谷以外的公司那样，是以市场上劳动力的平均价格加上老板对他的满意程度给予的奖金而确定的，而是根据他个人对公司的贡献，按照事先定下的契约，从公司的利益中分到一部分。每个员工都很明确，他是被这个公司所雇用的，与公司有契约，而不是被哪个老板所雇用成为老板的人。在工作的过程中，上下级之间通常是用一种商量的方式而非命令的方式沟通。由于员工和他的主管上级之间没有这种隶属关系，因此员工的流动就得到了保障，只要一个新的项目需要人，他就可以离开现在的组织机构加入新的项目，而他的上司则无权干涉。在这种情况下，就不存在那种官大一级压死人的现象。

每个员工和公司都是一种契约关系，因此不论职级的高低如何，人与人之间相对都是平等的，而且几乎所有员工的福利都是相同的，并不存在太多对高层管理者的特殊照顾。以 Google 为例，很长的时间里，共同创始人布林一直和大家一样，出差坐飞机的经济舱，而各个级别的人出差时所住的酒店档次也是相同的。当 Google 公司的经营稳定后，所有员工出差都能享受五星级酒店的待遇，那些职级较低的年轻员工也能感受到公司给了他们和老板们同样的关怀。

到硅谷参观的很多中国代表团，都想去看看各公司 CEO 的办公室，结果他们大失所望，因为在几乎所有的公司里，这些高管们的办公室都很寒酸，有些甚至还没有办公室。特斯拉公司的创始人马斯克就在公共办公区里划出一片相对较大的工位办公，用的都是美国最便宜的宜家家具。美满公司除了 CEO 有一间办公室，其他上至 CTO 和 CFO，下至普通员工，都坐在开放的办公区里。而 Facebook 的扎克伯格，甚至没有固定的办公室。Google 的佩奇虽有自己的办公室，但是很多高级副总裁都在和别人共享一个简陋得不能再简陋的办公室。
我每次和辛格博士
开一对一的会议，
都不得不到办公楼
的园区里一边散步
一边谈事情，因为
他是和 4 位副总裁
分享一个不大的办
公室。办公条件上

图 6.7　扎克伯格没有固定的办公室，他办公的地方通常就是空闲的工位

的这种设置，使得公司里的所有人都能真正感受到管理是扁平的。

硅谷公司里不同职级的人，比如存在汇报关系的上下级，他们在待遇上的区别主要在于基本工资，以及当初和公司谈好的股权上。一个员工，如果经验比较丰富，资源比较多（比如手上掌握的技术、管理经验或者客户都是他的资源），与公司签署契约时自然可以获得一个比新员工有利得多的劳动合同。事实上，在硅谷的公司里，一些重要的岗位，比如 CTO、CFO 等，其劳动合同并不是公司老板和他们直接谈的，而是通过一个第三方的咨询公司根据这些特殊员工之前掌握的资源，以及他们在未来可能为新公司带来的利益，三方协商而定的一个利益分配方案。当然，每个员工到了公司之后，由于实际表现不同，作用不同，他们和公司之间的契约其实也在调整。不过，不管怎么样，他们的收入和管理的人数都没有直接的关系。在 Google 和 Facebook 等公司内部，有一些管理着区区几个人的资深员工，待遇和收入不亚于那些在汇报关系上层级非常高的管理者。在这样的环境下，员工们对一个比较好听的管理职务的需求就大大降低了，这样才使得管理的层级能够做到较少。

虽然没有哪个公司的管理是十全十美的，但是扁平式管理的特色让硅谷的公司具有较强的执行力，以及在竞争激烈的市场上较强的应变能力。

第五节　世界的情怀

硅谷的公司能够很快成为跨国公司并且不断做出改变世界的产品，这和它拥有一些具有世界情怀的理想主义者有关。著名科技评论家凯文·凯利曾经这样概括在硅谷为世界创造出伟大发明的三类人：梦想者（或者思想家），企业家和投资人，工程师。梦想者们拥有世界的情怀，并以改变全世界人类的生活为使命，工程师们是这些伟大理想的实践者，而投资人和企业家则在中间，将这些梦想者和那些脚踏实地的人联系起来。这三种人的结合促成了伟大产品的出现，如果缺了任一种人，则要么做出的产品是平庸的，要么理想永远无法实现。我们在前面讲述了后两种人对硅谷的贡献，在这里必须要讲讲第一种人 —— 梦想者。

有些时候，我发现和没有世界情怀的人谈这个问题会非常费劲，因为那些人自己没有这样的情怀和抱负，就不相信世界上其他人会有，这就如同一个心理阴暗的人不相信世界上有高尚的人一样。不过我相信我的读者朋友都是具有世界情怀的，因此大家会相信世界上确实有一些为了将世界变得更好的理想主义者，他们做事情是为了一个梦想，而不仅仅是从某一个市场上挣到钱。是否具有这样的情怀，决定了一个人办公司能走多远。

为了理解这种情怀对创造伟大公司不可或缺的作用，我想先介绍几位我所了解的梦想者。

Google 的共同创始人布林可能是这家伟大的公司里最有梦想，甚至也是最不切实际的人。虽然他腰缠万贯，不必为生计发愁，甚至不用为他的公司发展而发愁（这要感谢他的搭档佩奇），但是他依然会不断提出奇奇怪怪的想法，并付诸行动。我每次在介绍 Google 的特点时总是讲，要了解 Google 就必须知道世界上有两个 Google，佩奇的 Google 和布林的 Google。前者是大家看到的 Google，它有很好的产品，很挣钱，福利很好，也给投资人带来了很高的回报，我常常把它称作今天的 Google。后者则是 Google 不为人注意到的另一面，这里面有许多和布林那样充满了稀奇古怪想法的人，他们做事情不为挣钱，只为了能改变世界，他们做了很多非常新颖而奇特的东西，比如 Google 的无人驾驶汽车、Google 眼镜、Google 气球（通过气球提供全世界 WiFi 覆盖的项目）以及 Google 在医疗保健上做的很多事情。布林和他的同事在考虑什么事情该做，什么事情不该做时，通常只考虑两个因素，即是否能帮助全世界的人，以及是否具有革命性的突破。如果单纯为了第一条，他可以像盖茨那样去做慈善；如果单纯为了第二条，那么做出来的东西可能会远离我们的生活，那些或许是争取得诺贝尔奖的研究。这两条的结合，很好地反映了硅谷那些 IT 行业理想主义者的世界情怀。在布林的Google 里所做的这些事情，有些成功了，有些失败了，有些花了很多钱依然没有做好，但是还在继续努力。布林的这些"爱好"，每年花掉了公司将近 20 亿美元，至今还没有带来直接的利益，但它是明天的 Google。

如果说佩奇通过他在商业上的成功为布林实现那些伟大理想提供了物质基础，那么另一位具有世界情怀的梦想者 —— 伊隆·马斯克则不得不同时扮演佩奇和布林这双重角色。物理学博士马斯克从小就立志做一番改变人类命运的大事，但是在物理学方面他并没有找到机会，不过 20 世纪末的互联网大潮给了他机会，他创办了在线支付网站 x.com，并且将它卖给了 Paypal，获得了 1 亿美元的现金。很多在那一次互联网泡沫中挣到钱的弄潮儿都收手不干去养老了，马斯克却在考虑如何将这笔钱用于更有意义的事业中。他首先想到的是用很低的价格将人送入外太空，进而送入地球以外的星体。在他看来，NASA 之所以进展不够快，是因为官僚主义导致成本过高，经过仔细的计算，包括多次到中国和俄罗斯了解航天发射的成本和价格，马斯克认为私人搞航天项目可以比国家行为节省 70% 的费用。于是他决定自己搞航天项目，并联合一些志同道合的富豪，成立了Space X 公司。在他之前，还没有人很认真地考虑私人搞航天项目的问题，因为这在过去毕竟一直是国家行为。

Space X 这种项目几乎是不可能挣钱的，于是他又投资和创办了另外两个公司，研制和生产电动车特斯拉公司和用太阳发电的 Solar

图 6.8　由佩奇和布林等人投资，马斯克主持的 SpaceX 项目研制的载人航天器假想图

City。这两个项目也都非常烧钱，并且很难在短时间里盈利，好在马斯克筹到了一些风险投资，并将自己的大部分钱都投了进去。这两个公司虽然办得不错，但是很快就陷入了财务危机。这时，很多人表示愿意接手他的这三家公司，但是马斯克不愿意，他这样告诉那些上门的买主，他每天早上起来，都要考虑怎样为世界做些有意义的事情。这几家公司承载着他的这些梦想，不能卖。在特斯拉公司最困难时，马斯克把自己的最后一笔钱（大约 2000 万美元）全部投给了特斯拉公司，用于将一辆奔驰的 Smart 小车改成电动车，并因此获得了奔驰公司的投资，从而渡过了难关。后来人们问起他为什么要同时做这些事情时，马斯克讲，本来互联网是一个很好的造福人类的平台，但是已经太拥挤了。而对于环保产品，全世界做得还都不够好，因此他决定从这个角度去改变世界。Solar City 是为了产生清洁的能源，特斯拉电动车是使用清洁的能源，这就是它们之间的联系，也正因为如此，他哪个公司都不愿意卖。马斯克还说，虽然他原先对这两个行业其实都不懂，但是觉得有意义，就义无反顾地做起来了。直到今天，这两家公司仍在亏损，马斯克也一直在为现金流发愁，或许这样下去他可能会变得一无所有，但是他还在坚持。除非是理解和认同他常说的世界的情怀，否则很难解释他的行为。

在硅谷，具有这种世界情怀的不仅是企业家，也包括投资人。凯鹏华盈的合伙人约翰·多尔在30多年的投资生涯中，成功地投资了康柏电脑、网景、赛门铁克、太阳、亚马逊和Google等了不起的公司，被人们誉为风投之王。不过，仔细计算就会发现，他投资的成功率在凯鹏华盈内部算是低的，原因是投错了很多项目。了解多尔的人都知道，他考察项目的标准和华尔街的投资人完全不同，后者首先考虑的是赚钱，关注点都在找那些估值低、有望被下一轮基金接手的公司，至于那些公司的技术和产品到底对人类有什么帮助，并不重要，毕竟风险投资只要挣钱就好。而多尔每次考察项目时，总是问这样一类问题：假如不考虑成本和将来挣钱，现在给你们足够的投资让你们把这件事情做成，它会给世界带来什么好处？如果创业者能够证明这是一件可以改变世界的事情，他就投资。如果公司办成了，只是能挣点小钱，他就没有兴趣。在这样的思想指导下，他错过了不少能够挣钱，却对世界产生不了什么影响的项目，也投资了很多有意义但是短期内无法盈利的项目，比如太阳能和赛格威（Segway）自动平衡车。但是，正是在这种思想的指导下，多尔才能成功投资上述在全世界具有影响力的多个公司，才能通过风险投资为自己挣到24亿美元的巨额财富。

在世界范围内，能挣大钱的公司有的是，而能够改变世界、改变人类生活的伟大公司却不多。但是，在硅谷，这种伟大的公司却在不断地涌现，这和硅谷拥有很多具有世界情怀的梦想者有很大的关系。

结束语

硅谷的神奇之处不在于产生了多少GDP，而在于不断地引领世界科技发展的潮流，不断地产生出伟大的公司，并因此而改变了人类的生活。要做到这一点，首先需要具有世界的情怀。一家公司不能完全以盈利为目的，还要有梦想。当然，光有梦想还不够，还需要有足够的勇气，能不断挑战权威，挑战极限。当然，这样的尝试难免要失败，因此也需要全社会对失败的宽容。那种做事情畏首畏尾，以所谓"小步快跑"安慰自己的模仿者，不可能成就伟大的事业。

做成伟大的事业，不是一两个人能办到的，需要很多人相互合作，共同努力，因此在企业中人和人之间的关系就不能再是那种简单的雇佣和被雇佣关系，或者层级分明的上下属关系，而是建立在现代商业制度基础之上的契约关系。参与一项事业的所有人，不论职级高低，资历深浅，都是为了一个共同的目的聚集到一起，他们之间彼此通过一种契约将利益捆绑在一起。

世界大部分科技园所缺的不是资金，也不是一般意义上的专业人士，它们甚至有比硅谷更多的土地资源，它们所缺的是上面这些文化土壤。这才是那些科技园很难复制硅谷成功的根本原因。

那么为什么硅谷地区能够具有这些特点，而世界其他地区很难学会呢？这就要进一步从更深的层面来分析其中的原因了。简单地讲，硅谷的文化与管理，有着和其他地区不一样的科学基础和方法论。

参考文献

1. Horst Albach.Culture and Technique Innovation，Research Report.Academy of Science and Technology in Berlin，1993.

2. 阿伦·拉奥 (Arun Rao)，皮埃罗·斯加鲁菲 (Piero Scarruffi).硅谷百年史.闫景立，侯爱华，译.人民邮电出版社，2014.

3. 埃里克·施密特，乔纳森·罗森伯格.重新定义公司：Google 是如何运营的.靳婷婷，陈序，何晔，译.中信出版社，2015.

第七章　工业时代的科学基础

硅谷难以复制的根本原因，在于几乎所有的工业化国家和地区历史都太长，在发展过程中，不可避免地继承了很多工业时代遗留下来的痕迹，包括适应工业时代的现代企业制度、管理方式，以及由此而来的方法论。相比之下，硅谷还太年轻，刚开始有像样的工业时，已经跳过了传统的工业时代，它的一切都是建立在一种全新的理论基础之上的。在硅谷之外，唯一与之有点类似的是以色列，而以色列建国的时间恰恰和硅谷的起源相契合。当然，要讲清楚硅谷的科学基础，先要介绍工业时代的科学基础和相关特点。

第一节　牛顿和机械思维

工业革命应该是人类历史上空前的伟大事件。在工业革命开始前的两千年里，世界各地的人们，生活水平其实没有太大的提高。根据已故著名历史学家安格斯·麦迪森（Angus Maddison，1926—2010）对全球各个文明在不同历史时期所做的经济学研究可知，欧洲在古罗马时代的人均 GDP 就达到了 600 美元左右[1]，到了 18 世纪英国工业革命之前，人均 GDP 没怎么提高。在中国的西汉末年，人均 GDP 大约为 450 美元，在历史上的几个太平盛世，比如两宋时期、明朝中叶和康乾盛世，中国的人均 GDP 达到了 600 美元，

1
折算成 1990 年的购买力。

2
这是按照购买力计
算，如果不考虑物
价水平，1979 年
中国实际的人均
GDP 不到 200 美
元。

3
摘自《共产党宣
言》。

但是到了 20 世纪 50 年代初，又退回至 450 美元左右，就在 1979 年改革开放前，中国的人均 GDP 也不过 800 多美元[2]。虽说人均 GDP 未必能够完全体现人类的文明进步，但是在这么长的时间里变化不大，说明在农耕文明时期，人类的进步非常缓慢。

但是，到了工业革命之后，情况就大不相同了。马克思曾经讲过，"资产阶级在它的不到一百年的阶级统治中所创造的生产力，比过去一切时代创造的全部生产力还要多，还要大"[3]。如果用人均 GDP 量化地衡量一下就能发现，在南欧、西欧和北欧地区，工业革命开始以后，从 1800 年到 2000 年这两百年间，人均 GDP 水平增长了将近 20 倍——从 1000 美元左右增加到 20000 美元。而中国在改革开放后的 35 年里（1979—2014），以购买力衡量，人均 GDP 也上涨了十倍不止，如果不考虑购买力，则上涨多达 40 倍，根本原因是中国在 1979 年之后，才真正完成了工业革命，并且用 35 年的时间走完了欧洲花 200 多年走过的路，从农耕时代，一直走过了早期工业时代、大工业时代和后工业时代（信息时代），并与世界同步进入后信息时代。

工业革命带来的不仅是收入的增加和生活水平的改善，也大大延长了人类的寿命。在工业革命之前，无论是欧洲、东亚还是印度，人均寿命都在 30—40 岁之间徘徊，因此古人也才会有"人生七十古来稀"之叹。而在 1800 年之后，世界各国的人均寿命都先后翻了一番（见图 7.1），这靠的是工业革命带了的巨大社会财富和医学的进步。因此，我们说工业革命是人类历史上迄今为止最伟大事件。

4
卡达舍夫提出了以
能量衡量文明水平
的等级。

5
《西方将主宰多
久》的作者。

在人类的文明进程中，人们能够掌握和使用的动力水平，常常被认为是量化一种文明发展水平的标准，持这种观点的科学家和历史学家包括前苏联的卡达舍夫（Nikolai Kardashev）[4]、张首晟和美国的伊恩·莫里斯[5]等。这种观点即便不很全面，衡量方法也显得粗糙，但是确实也反映出了在人类文明历史上动力水平的重要性。事实上，

人均寿命

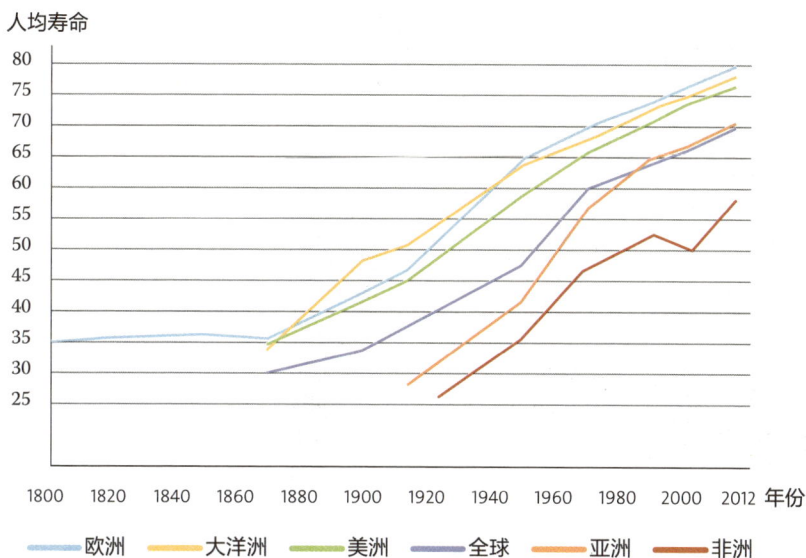

图 7.1　世界各大洲人口寿命预期的增长

在中国古代以及古罗马进行奴隶买卖的时代，都是根据动力水平来决定人或者牲畜的价格，比如马的价格大约是男性奴隶的三倍，因为它刚好提供三倍于男性奴隶的动力。这也从另一个侧面反映了动力对生产力发展的重要性。因此，工业革命首先是动力的革命，也就毫不奇怪了。

在整个工业革命的发展过程中，最早是发展风力和水力，后来是发展机械产生的动力，最后是发展电带来的动力，以此取代原本的畜力和人力。在为工业革命提供动力的过程中，瓦特（和他的合伙人博尔顿）则是划时代的人物。虽然在瓦特之前已经有了很简陋的蒸汽机，而且在他之后西门子等人利用电力能够提供更方便的动力，但是瓦特所发明的万用蒸汽机则使得人类第一次让一种工业品（瓷器）出现了供大于求的现象[6]。博尔顿曾经这样向英王介绍他们的发明："我们正在制造力量。"正是这种来自蒸汽机的力量成为了人类文明史上的分水岭。

6
关于这段历史请参看拙作《文明之光》。

图 7.2　伯明翰市的瓦特、博尔顿和默多克（瓦特的助手）镀金像

万能蒸汽机能够在那个时代在英国由瓦特发明，是很多机缘巧合的必然结果，比如在当时只有英国具备比较完善的专利制度，且对发明给予尊重，瓦特所在的月光社[7]恰巧有博尔顿这样一个工厂主成为他的合作伙伴，等等。但最重要的是，瓦特采用了一种与前人完全不同的方法进行发明创造。在瓦特之前人类几千年的文明史中，科技的进步大抵遵循这样一个过程：人们从劳动中获得经验，根据经验改进工具，进行发明创造，再根据发明创造提炼出技术，最后从技术里总结出科学的原理，这个过程非常漫长，通常要走很多弯路，才能找到真正解决问题的方法。因此，过去的很多发明都是试错的结果，这个过程可能要经过几代人才能完成。比如在瓦特之前，笨重而效率低的纽科门蒸汽机已经使用了50年，只能在特定场景下使用，在这50年里，很多能工巧匠都试图改进它，但都没有成功。而瓦特的做法正好相反，为了对旧时的蒸汽机进行脱胎换骨的改造，他系统地学习了数学、力学、化学和热力学，做了很多实验，并且仔细计算过热能转化成机械能效率的问题，然后才着手改进蒸汽机。

瓦特虽然是工匠出身，但是1757年，格拉斯哥大学提供给瓦特一份工作——修理学校仪器设备，因此，瓦特得以有机会旁听各种关于科学的课程。对瓦特一生影响最大的一本书是牛顿的《自然哲学的数学原理》（简称《原理》），这本书不仅教给了瓦特关于力学的理论，而且让他学会了一种方法论，这就是风靡整个 19 世纪的机械论。

今天，我们总是在讲"互联网思维"这几个字，因为它似乎等同于"先进"二字，而当我们在谈到"机械"二字时，

图 7.3 牛顿自己的那本《原理》第一版一书，上面的笔记是在第十二版修订时做的（收藏于剑桥大学三一学院）

多少带点贬义的意味。但是在 18 到 19 世纪，机械思维、机械论这些词在当时可是最时髦的，等同于"先进"二字。要讲清楚机械论及其影响力，就必须讲讲牛顿的贡献。

一些历史学家认为，牛顿是人类历史上影响力排第二的人物，不仅排在爱因斯坦等科学家之前，甚至被认为影响力超过了耶稣和孔子。为什么世界会给予牛顿如此之高的评价，这是因为牛顿不仅是一位伟大的科学家，而且是一位思想家，他用一种全新的方法论，开创了科学的时代、理性的时代。

牛顿最直接的贡献，在于他用简单而优美的数学公式破解了自然之谜。牛顿在他的巨著《原理》一书中，用几个简明的公式（力学三定律和万有引力定律）破解了宇宙中万物运动的规律，用微积分的概念把数学从静止的变量拓展为连续变化的函数。在《光学》一书中，他把看似虚幻的光分解为单个原色。只要运用牛顿的这些定律，就能设计出想要的机械。在牛顿之后，人们利用牛顿的力学原理，发明和改造了各种机械，瓦特的蒸汽机不过是其中最重要的一种。后人这样评价这两位英国的杰出人物：牛顿找到了开启工业革命大门的钥匙，而瓦特拿着这把钥匙，开启了工业革命的大门。

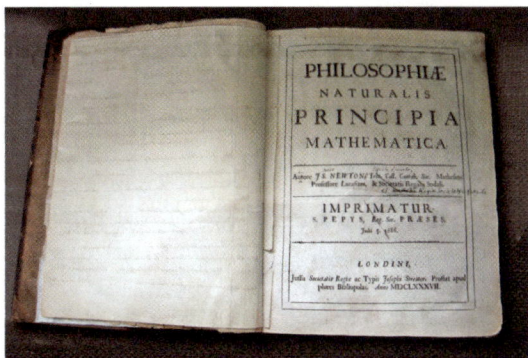

牛顿间接的贡献，则在于他通过自己的伟大成就宣告了科学时代的来临。他告诉人们：世界万物是运动的，而且这些运动遵循着特定的规律，这些规律又是可以被认识的。牛顿的这些发现，给人类带来了从未有过的自信。在牛顿之前，人类对自然的认识还充斥着迷信和恐惧，苹果为什么会落地，日月星辰为什么升起又落下，这些我们今天看似无需解释的现象，在当时却是无法被人们认识的。直到牛顿出现，人们才开始摆脱了这种在大自然面前被动的状态。与牛顿同时代的大科学家哈雷利用牛顿提出的原理，计算出了一颗彗星围绕太阳运转的周期，以及彗星每一次造访地球的时间，这颗彗星后来就用他的名字命名了。后人利用牛顿的理论，能够精确地预测出 1000 年后出现日蚀和月蚀的时间，这在过去是无法想象的。可以说，在牛顿之后，人类开始学会用理性的眼光对待一切的已知和未知。人们想象着自己能够预测和把握未来。因此，也就不奇怪为什么在接下来的近三个世纪里，人类一直习惯于用机械的方式描述一切。

在整个工业革命时期，一直到 20 世纪初，人们都习惯于用机械的方法来实现所需要的一切产品，工程师和能工巧匠们将机械的威力发挥到了极限。在瓦特之后，英国技师史蒂芬森利用机械发明了火车，并且在 1821 年实现了英国斯托克顿和达灵顿之间的火车交通，从此人类的距离开始大大地缩短。1843 年，英国发明家瑟伯（Charles

图 7.4　能够奏出音乐的雅典表（Ulysse Nardin）

Thurber，1803—1886）第一次用机械的方式实现了替代手写字的转轮打字机，从此几千年来人类通过书写来记录文明的方式，被一种机械运动取代了。从 18 世纪到 19 世纪，乐师和机械师们将物体的振

图 7.5 巴贝奇的差分计算机复原品（硅谷计算机博物馆）

动和声音联系起来，由此，各种现代的乐器在那个时代不断涌现出来。而瑞士的钟表匠们，甚至开始使用非常精密的机械在钟表中实现音乐的演奏。甚至连巴贝奇发明的能够进行复杂差分计算的计算机，也是通过机械实现的。

虽然到了第二次工业革命之后，电取代蒸汽机成为了动力的主要来源，但是基于机械运动的方法论依然被运用到各种发明中。比如洗衣机和留声机的发明，就是以电为动力，通过机械运动来完成各项工作。到了 20 世纪初，飞艇和飞机的发明，甚至到后来导弹和火箭的发明，都离不开牛顿力学。正是因为这些力学原理和这种机械思维下的方法论在技术进步中依然适用，因此在整个工业化时代，其一切科学基础最终都可以归结为牛顿力学。

由此可见，机械思维在历史上对人类文明的促进作用非常大，具体体现在这样四个方面。

首先，人类第一次有了足够的自信，相信自己能够用一种机械的思维方式解决所有的问题，并且把各种问题都归结为机械的问题。

其次，由于牛顿及随后科学家们的理论都可以用明确的公式表达出来，因此，人们相信通过科学研究可以发展出对这些规律的确定性描述，并运用这些规律预测未来。20 世纪的科学集大成者爱因斯坦虽然在物理学上超越了牛顿，但是他从本质上认可牛顿的方法论，用他的话讲就是"上帝不掷骰子"[8]，即任何宇宙的规律都应当是确定性的。

再次，在机械思维指导下，人们认为任何一个复杂的问题都可以分解成若干个简单的问题，解决了这些简单的问题之后，原先的复杂问题就必定有解。通过这种方法，人类不仅解决了一个又一个科学难题，而且制造出一个又一个复杂的产品。

最后，人类开始把自己动手做事变成利用大部分时间制造出机器，然后让机器帮人做事，这样一来，产量自然大增。在这种方法论的指导下，人们发明了各种替代人工的机器。使用机器取代人从事劳动生产之后，产品的标准化替代了个性化，而追求效率也成为工业企业提高竞争力几乎唯一的手段。

为了追求效率，管理者和学者们不断优化企业的管理，而这种管理方法与机械思维也是相一致的。在诸多现代企业管理理论中，最有代表性的是弗雷德里克·泰勒的理论。

图 7.6　科学管理的奠基人泰勒

第二节　泰勒管理理论

弗雷德里克·泰勒（Frederick Taylor，1856—1915）是美国科学管理的创始人，被誉为科学管理之父。泰勒并不是一个学院派的学者，而是在工厂里从学徒做起，一步步地被提拔为技师、工长，最后一直做到总工程师，他的管理经验完全是从实践中一点一滴悟出来的，而这种经验主要来自于直接针对工业时代企业管理的特点，不断优化流程和生产关系，以提高效率。泰勒后来将他一生的体会写成了《科学管理原理》一书，这本书成为工业时代企业科学管理的经典之作，也成为后来商学院学生的必读书。虽然今天的现代企业管理方法与泰勒时期有了较大的差别，但是依然能够随处看到泰勒学说留下的很多痕迹。

泰勒的管理学理论包括下述四个方面。

1　效率优先

提高效率，是泰勒管理学理论的核心。在泰勒看来，劳动生产率是区分文明国家和未进入文明社会国家的标准，因为生产效率的提升会将奢侈品变成必需品，让全社会都能享受文明的成功。工业革命之后，世界上一个个国家脱贫致富，靠的都是提高生产效率。在 20 世纪七八十年代中国老百姓们想都不敢想的私家车，居然在短短的 20 年后就在社会上普及了。过去，像 iPhone 这样的通信设备只能是被少数人拥有的奢侈品，而今却已在中国各地流行。在过去被看成是专业摄影师标配的尼康单反相机，也早已进入寻常百姓家。这一切改变，都拜生产效率提高之赐。

那么怎样才能够提高生产效率呢？泰勒最看重的是优化流程和标准化管理。

泰勒是从底层工人做起的，最能体会到每个工人的操作中有多少流程是可以优化的。在他的管理生涯中，对生产的每一个步骤，泰勒不断地做试验，找出每个工序的最优操作方式，并且教给工人们。这样一来，整个工厂的生产效率就可以大大提高了。泰勒提高生产效率的第二个法宝是将一切都标准化，既包括部件的标准化，也包括管理流程的标准化，后者其实就是今天所说的 ISO 标准的理论基础。优化流程和将一切标准化，使得大规模流水生产线成为可能。

虽然在泰勒之前，英国等早期实现工业化的国家在生产中早已采用了分工协作的生产方式，亚当·斯密在他的巨著《国富论》一书中还详细论述了这种做法的好处，但是，因为不同技能、不同习惯的工人做事情的速度不一样，质量也不同，因此无法使用统一节奏的流水生产线。在泰勒之后，1901 年，美国诞生了第一条流水装配线，奥茨摩比（Oldsmobile）公司用它来生产汽车，很快亨利·福特也独立发展出效率更高的流水生产线，并使得汽车的成本和售价迅速下降。到了 1920 年，福特的 T 型车开始在美国普及，而流水生产线则成为现代大工业的标准。

流水生产线是机械思维在生产和管理上最具代表性的产物，带来了人类历史上从来没有过的高效率。流水生产线背后有它的科学基础。首先，复杂的产品可以分解为简单的部分；其次，一个过程的结果是可以准确预测的——在生产线的起点放入相应的零件，经过这个流水线，一定会得到所想要的产品，生产汽车的流水线一定能生产出汽车，而变不出飞机；最后，原本由人完成的工作，可以被机器取代（流水线也是一种机器）。这就如同将木星的参数代入行星运动的方程，一定能得到木星在任何时刻运动的位置；代入土星的参数，算出来的一定是土星的运动轨迹，一切都是确定的。从这个意义上讲，流水生产线的科学基础，就是牛顿力学。

生产流水线的出现，也让工厂变成了一个大机器，而工人则变成了大机器上的一个零件。喜剧表演大师卓别林的电影《摩登时代》就

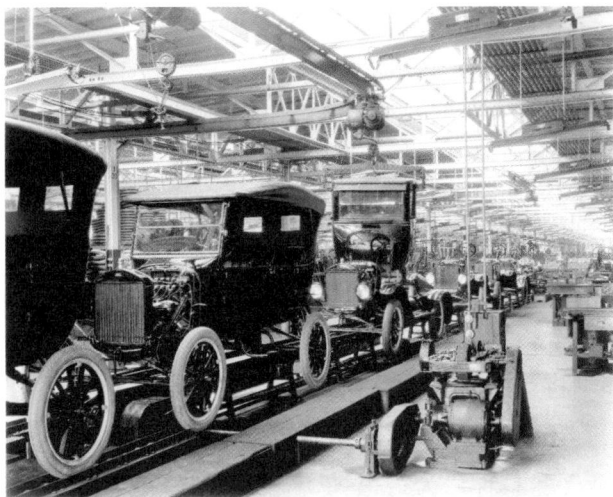

图 7.7 福特 T 型车的生产流水线

生动地反映了在这个时代里"社会人"变成"机器人"的事实。在整个工厂里，除了工厂主和主要的工程师知道产品的全貌，生产线上的工人都只知道自己所做的那一点东西，对整个产品一无所知，他们和工业革命早期的工匠已经完全不同。当标准化取代了个性化之后，效率提升了，生产出来的东西则是千篇一律。

在充分运用机械思维方面最有代表性的企业家当属亨利·福特，他把汽车生产分解成几乎不需要技能的简单操作，而关于产品，他甚至认为只需要一种汽车就能满足全世界的需求。

讲到这里，或许有些读者朋友会觉得这些历史与今天的科技产业已经没有多少共性了，其实不然。今天很多 IT 企业中依然有泰勒管理的影子。比如在软件工程中，传统的方法是由个别架构师先做设计，然后一级级向下做详细设计，最后由程序员编写程序，还有专门的测试人员进行测试。除了那些做上层整体设计的（相当于过去生产线上的工程师）对产品整体有一定的了解外，其他人只负责写功能定义得非常清晰的程序模块。因此，IT 行业把写这种程序模块的工程师称为"码农"，虽不大好听，却也是很形象的比喻。

完善泰勒现代管理理论的另一位大师是甘特（Henry Laurence Gantt,1861—1919），他发明的甘特图原本是管理工厂生产进度的，经过调整和优化后，现在这个工具经常被用在软件工程中管理软件项目开发进度。

2　同构的树状组织架构

泰勒管理方式的第二个特点，就是企业组织结构的设计，完全是为了适应这种自上而下将产品分解为大小任务的做法。具体来讲，就是企业组织采用十分严格的树状结构，且大小组织同构。我们不妨以一家大型 IT 企业（暂且称之为 A 公司）举例说明。有些读者朋友也许会问，既然是 IT 公司，难道还是按照传统的管理方式经营管理？的确如此，A 公司的经营管理有着典型的泰勒管理方式的特征。而随着企业的进一步发展，A 公司的 CEO 发现这种根据产品线发展起来的树状管理结构导致部门之间难以开展合作，而且在不同的部门里重复出现功能相同的组织结构，造成了浪费。为了解决遇到的管理难题，这家企业重金聘请了在通用电气公司（GE）帮助杰克·韦尔奇培训领导干部后来又担任高盛首席培训官的史蒂芬·科尔（Steve Kerr），帮助公司把脉解决问题。

科尔来了以后，先以培训的方式给 A 公司的中高层管理人员上课，很快就搞清楚了 A 公司的组织结构。A 公司根据产品线组建了若干个独立核算的事业部，每个事业部由一位执行副总裁负责，事业部内又根据产品模块分出下一级组织，每个组织由一位副总裁或总经理负责，然后再根据细化的产品功能，相应地继续往下分。不同产品之间，即使有公共的技术模块，也是各做各的。每个产品都有单独的用户界面，各产品团队配备有单独的美工设计人员和运维人员，因为树状的管理结构是没有交叉的。科尔发现，这样的组织结构不仅造成了很大的浪费，而且各个部门之间交流少，专业人员（如产品设计人员、系统运维人员）平时只能和自己部门里的一两个同行沟通，专业水平提高缓慢。于是，在 A 公司 CEO 的授意下，他根据精简组织结构、提高效率和增强合作的要求，给 A 公司做了一个组织架构改进方案，重点在于打破部门之间的壁垒。该方案得到 A 公司 CEO 的认可后，科尔再次召集中高层管理人员，进行第二次培训，目的是推行他打破树状结构的管理方案。但是，这一次几乎没有哪一位管理者认可科尔的方案 —— 他们都在强调自己部门产品的完整性，而且表示自己对部门的控制是提高管理效率的关键。最终，科尔也没能实现自己的设想，帮助 A 公司改进组织架构。

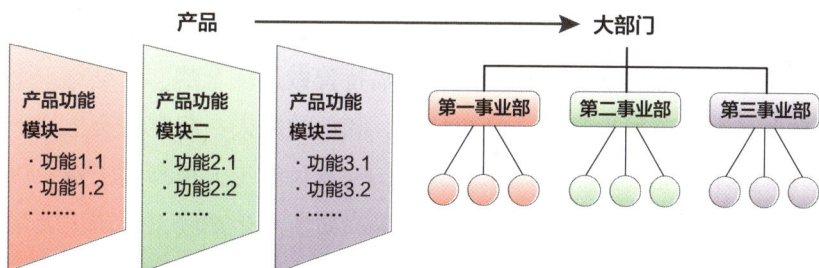

图 7.8　无交叉的组织架构与产品功能模块完全吻合

从短期和局部来看，这样的组织架构也许会让某个产品的研发和生产效率较高，然而弊端也很明显。在这种组织架构下，高层管理者和少数架构师先进行产品的顶层设计，即明确公司需要做什么，然后将任务自上向下进行传达。接收到具体任务的基层员工，与生产线上的工人相似，没有参与或了解前期的产品总体设计，无法站在全局的角度洞察产品，也就没有办法及时发现产品的全局性问题。这种做事方式合乎机械思维中那种能够对未来做出确定性预测的假设 —— 上层在设计产品时，相信能够按照预想的那样做出产品。如果最初的设计行不通，一切就都得回到原点重新来过。这种源于汽车工业的泰勒管理模式下的组织架构将无法适应用户需求经常发生快速变化、产品生命周期很短的 IT 行业。

3　人性化管理

虽然很多人都诟病泰勒将社会的人变成了机器的人，其实这并不是他的本意。出身于底层的泰勒深知工人们怠工的普遍原因，他知道只有劳资双方同时进行精神革命——资方善待工人，工人最大限度地发挥积极性，才能进一步提高效率；作为回报，雇主则必须对工人给予物质刺激，包括发放奖金和福利。因此，这种管理模式也被称为"积极性加刺激性"式的管理。

对于这种人性化管理方式，福特身体力行，尽管他并不承认自己是在实践泰勒的理论，但是在管理学上大家总是会在说到泰勒科学化管理时，就想到亨利·福特。据说福特曾做过一个梦，梦见每一个自食其力的美国人都有一辆福特车，和他的家人一起在广袤土地上共享快乐时光。为了实现这个梦想，他支付给工人很高的工资，以便让他们买得起汽车。福特还创立了高效流水生产线，生产出大量的汽车，源源不断地供应给全世界的顾客。

二战结束后，日本人把泰勒的这种人性化管理方式发挥到了极致。在很多日本企业里，员工一旦进入一家公司，基本上就是一直干到退休，公司会包管员工生活的方方面面。当然，作为对公司的回报，员工要努力工作，对公司保持忠诚。

泰勒的这种管理理念在 20 世纪初缓和劳资矛盾上起到了非常积极的作用。但是，泰勒并没有解决一个问题，那就是经营的利润本身是一个总量有限的大饼，资方拿的多了，劳方就拿的少，反之亦然，这就如同经典物理学中的能量守恒原理。经济形势好的时候，这个矛盾并不突出。美国应用泰勒管理最成功的年代是 20 世纪初，接下来是 20 年代的"柯立芝繁荣"，日本采用这种管理方式最成功的是 90 年代之前的经济高峰期。在那些时代，泰勒的这种建立在"积极性加刺激性"基础上的人性化管理方式显得特别完美。但是，到了 30 年代美国经济大萧条时，劳资双方的零和游戏就变得火药味

十足，就连一向善待劳工的福特都开始非常残酷地压榨劳工。到了
60 年代末，美国传统行业里的劳资双方力量发生了根本的转变，这
一次是劳方掌握了主动权，资方因为利润难以得到保障，导致企业
也在"破产保护—违约—清除不良资产和员工福利—重新盈利—过
度福利—破产保护"的怪圈中反复循环。在美国的传统企业和欧洲
大部分企业中，这个问题至今都没有得到解决。日本企业没有那么
大的劳资矛盾，但是企业和员工之间在利润分配上跳不出零和游戏
的圈子，因此员工缺乏积极性和主动性，而企业也缺乏活力。在以
互联网技术为代表的后信息时代，日本再也没有出现像丰田和索尼
那种代表工业时代的伟大的公司了。

4　可预测性

机械思维的一个重要特点，是在发现了普遍规律后只要将其应用到
具体场景便一定能够预知结果。比如，蒸汽机车烧掉若干吨煤，一
定能够跑出 100 公里；把汽车零部件放到生产线的各个起始点，几
天后一定能够在生产线的终点造出一辆汽车，这些事实与运用牛顿
力学原理预测一千年后的日月星辰运动没有本质的差别。正是因为
充分利用了这种可预知性，丰田公司甚至做到了当生产线上的零部

图 7.9　丰田公司的 Yaris 汽车正在下生产线

件快用完时，才将下一批零部件运到装配厂，这样便大大降低了库存成本，也大大减少了汽车进出库的时间。

前苏联政府则把这种可预测性发展到了极致，他们不仅让工厂内的所有生产计划都是可预知的，甚至试图预测市场。前苏联政府拥有规模庞大的各级计划部门来做预测，但是效果如何，不同的学者有着不同的看法。

对这种可预测性的依赖，也体现到了资本市场的规范上。在 19 世纪后期之前，各个上市公司是不给投资人做未来营收预测的，一来是监管部门没有这种要求，二来是在采用这种非常精确的协调生产方式之前，预测未来营收是做不到的。但是到了 19 世纪末 20 世纪初，随着美国政府对资本市场的监管越来越严格，上市公司在投资人和监管部门的双重压力下，不得不披露越来越多的经营和商业信息，包括对未来营收的预测。令人吃惊的是，一半的上市公司居然能够准确预测下一年的经营情况，而另一半上市公司虽然预测出了偏差，有时高些，有时低些，但是从较长时间来看，它们的经营情况与预测的结果相差不大。

上述四个特点是机械思维的典型产物，虽然我们今天一说起机械思维，便会联想到死板的做事方法，但是我们的行为依然摆脱不了它的巨大影响，只要对照我们平日里思考问题和做事情的方式，就不难发现上述特点的影子。客观地讲，泰勒的管理理论是工业革命之后最有影响力，同时也是极大地提升了全球工业生产率的现代管理学理论，它的积极意义不容置疑，包括 IT 行业在内的很多公司至今仍将它应用于企业管理和产品开发。泰勒怀着对人类的普遍仁爱之心，试图兼顾劳资双方的利益，改良社会，这一点值得敬佩，也值得当下的企业家们学习。但是，由于这种理论源于第二次工业革命时期，到了信息社会，它在企业管理和协调劳资关系上的局限性就越来越突出。

第三节　现代工业企业管理制度剖析

前面介绍了源于牛顿力学原理的机械思维方式和相应的泰勒管理思想，我们不妨运用它们分析一下现代工业企业管理制度的基础。这些制度包括一些纳入法律范畴的制度，比如专利制度和劳工法；有些则是各方之间的默契的具体化，比如公司的组织结构和管理风格，等等。这些企业管理制度经过上百年的优化，已经非常适应现代大工业的发展，并且被奉为经典的企业管理原则。我们不妨先从七个方面来分析工业时代的企业制度特点，然后对比硅谷的做法，思考其中的区别，如此，也就更能理解硅谷成功的奥秘了。

1　资本的作用

资本是现代工业时代最重要的因素，是社会运转的血液，没有资本的存在，现代工业生产就组织不起来。一个公司缺少资金就会严重影响生产和经营，一个社会如果缺乏资本的流动性就会爆发金融危机。因此，我们在谈到科技产业，在谈到创新时，首先要肯定资本的作用。

从欧洲资本主义萌芽到工业时代，资本主导了它与企业的关系，以及它与人的关系，简言之就是谁有钱谁就控制了经济。以往在人们的印象中，工厂主就是企业的老板，但其实很多时候工厂主背后的金融家才是企业真正的老板，因为工厂主办工厂的钱是找后者借的。19 世纪末，爱迪生创办的通用电气公司，背后真正的老板是 JP 摩根。甚至连 19 世纪末美国最富有的工厂主、钢铁大王卡内基，也稀里糊涂地让自己的公司被 JP 摩根控股，并且和其他公司合并成为一个具有垄断性的公司——美国钢铁公司 [9]。19 世纪美国最著名的铁路大王并非修建太平洋铁路的斯坦福，或是修建巴尔的摩 - 俄亥俄铁路系统 [10] 的霍普金斯，而是没有修建一条铁路的范德比尔特，他从事铁路业的着眼点不在于修铁路，而在于购买已经修好

9

成立于 1901 年，由卡内基钢铁公司和联合钢铁公司等十几家企业合并而成。曾控制美国钢产量的 65%。它先后吞并了 50 多家企业，依靠其雄厚的经济实力垄断了美国的钢铁市场和原料来源。总部设在匹兹堡。

10

该铁路系统连通了美国东部从五大湖到中北大西洋之间主要的工业区。

11
曾经是世界最大的铝业公司。

12
美国金融家、慈善家。连任哈丁、柯立芝、胡佛三届政府的财政部长,以梅隆银行为金融中心,控制美国铝业公司、海湾石油公司和另外五家钢铁公司,成为当时最大的财阀。他也是一名艺术品收藏家。所捐献的收藏品和 1500 万美元用于建国立美术馆。

的铁路,改善其经营管理。他不断利用资本控股各个铁路系统,是美国铁路的王中王。而今天成为世界第三大铝材生产商的美国铝业公司[11],早期也有一位著名的银行家站在背后——安德鲁·梅隆[12]。

图 7.10 在大工业时代,金融资本对社会的控制力达到了顶峰,图中强大的划船手是金融巨头 JP 摩根,而那个小丑般的人物则代表美国政府

因此,在那个年代,很多工厂主挣了钱之后,也想成为金融家,比如石油大王洛克菲勒后来就控股了花旗银行。

金融资本对企业的控制直到硅谷创立之初依然非常明显,前面提到的菲尔柴尔德家族对仙童公司的控制就是一个典型的案例。菲尔柴尔德家族有权在仙童公司成功上市之后,以事先设定的股价随时回购仙童全部的股份,这将让仙童的所有创始人都变得不名一股。我在拙著《浪潮之巅》中专门花了两章的篇幅介绍华尔街和风险投资对科技公司的影响,因为这种影响至今依然存在,不过比 20 世纪 50 年代减弱了许多。

既然资本如此重要,那么一个地区的发展怎样才能够获得资本呢?首先要强调的是,掠夺殖民地是没有用处的,因为殖民地本身没有多少财富可以被掠夺。关于这一点,我在拙著《文明之光》中已经用大量数据予以说明。其实,资本的积累无非有两个途径。当全球竞争尚不激烈时,可以通过贸易和工商业的发展产生滚雪球效应,经过上百年的努力积累而获得资本。荷兰和英国走的就是这条路。然而,后发的工业化国家再走这条路就行不通了,因为世界的市场已经被人给占了。因此,第二个途径在于引进外资,美国和中国走的都是这条路。直到 20 世纪初，美国都一直是一个债务国，虽然到一战前它的 GDP 早已成为世界第一，但是它依然欠着欧洲的投资。不过，一战让美国从债务国转变成了债权国。中国在改革开放之后走上了与美国类似的路，通过出让市场，换得投资和技术，然后通过快速发展实现了从债务国到债权国的转身。

正因为在全世界各个国家工业化的过程中资本起到了巨大的作用，所以很多创业园区依然习惯于拿资金作为吸引人才的手段，当然效果如何，我们在下一章再作分析。

2 生产资料

在工业时代，人们从事生产需要有生产资料，包括原材料、生产工具和场地等。在工业革命之前，这些生产资料相对便宜，因此同一个行业会出现很多工匠。由于生产效率低下，所以工匠们都能有饭吃。但是到了工业革命以后，大工厂制造的产品在成本上比小作坊低得多，小作坊大部分都消失了。而大工厂的生产资料则非常昂贵，不可能人人都来办工厂。于是，在各个行业制造产品的模式都变成为工厂主提供生产资料，让工人们来工作。这样，企业的主人在经营活动中就占据了主导地位。

随着商品经济的进一步发达，几乎所有产品都出现了供大于求的情况，因此光有能力制造产品还不够，还要拥有市场。生产资料加上市场，有些时候也被统称为"平台"。一个人要想让自己的劳动被社会认可，就需要一个合适的平台去施展。比如在互联网 2.0 之前，再有名的记者都必须隶属于一个报社或者电视台，因为这些媒体公司不仅拥有生产资料（比如办公室和专业器材），而且拥有读者群，这就构成了一个平台，记者必须隶属于一个媒体平台才能发挥自己的价值。在互联网出现之前，谁拥有了平台，谁就可以聚集各种人才来为自己做事情。那时的企业家非常看重对生产资料和市场渠道的拥有权。

思维的形成需要时间，摆脱对一种思维的依赖同样需要时间。如今已是信息时代，很多人也言必称信息时代，但思维和行为方式依然难以摆脱工业时代形成的拥有生产资料的那种优越感。比如很多地方政府在创办科技园时以提供免费场地作为吸引人才的诱饵，骨子里便还是认定场地这种生产资料在经营活动中会起决定性作用。

3　人和企业的关系

在大工业时代，可以用"铁打的营盘流水的兵"来形容人和企业的关系。企业在这一点上是主体，是主动的，个人隶属于企业，则是被动的。整个企业就如同一个大的机器，每一个人都是里面的一个零部件。换掉一个人，就如同换掉机器的一个部件一样。

在大工业时代，很多企业家会用各种方式（教育也好，激励也好）要求员工对公司保持忠诚，这在本质上反映出企业对员工的所有权。企业会对那些不忠诚的员工予以惩罚，比如我在前面提到的给换组员工以最差评议。又比如通过同业竞争禁止的规定，阻碍员工跳槽换工作。

4　企业中人和人的关系

工业时代下企业的管理结构是严格树状的，上下级之间是一种明确的管理和被管理的关系。上级给下级分配任务，下级完成任务以获得上级的奖励。这样的树状结构符合机械论里那种凡事可预知的思维方式。很多公司还会据此制定出很多规章制度，并且营造一种企业文化，以维护这种结构的稳定性。比如，传统的大部分公司均严禁越级汇报行为，即使汇报人讲的事情对公司有利。相应地，公司同时也禁止上级越级来管理下属。

在工业时代的后期，美籍奥地利裔管理学大师彼得·德鲁克（Peter Drucker，1909—2005）提出了知识型员工的概念，在多本著作中阐述了关于后工业时代科技企业的新型管理思想。GE 前总裁、企业管理大师韦尔奇（Jack Welch）、比尔·盖茨和英特尔的格鲁夫都对德鲁克十分推崇，并且在工作中运用他的管理思想指导实践，比如对工程师们采用定量不定时的弹性管理方式。韦尔奇甚至认为层级分明的管理方式是大公司病的根源，他在管理 GE 期间，经常越过好几级找下属吃饭了解情况。在韦尔奇的管理下，有着大象体量的 GE 持续高速发展了十几年。关于德鲁克的理论，我们在第八章还会更详细地介绍。

但是，在很多带有工业时代特点的 IT 公司里，韦尔奇私下里鼓励的这种越级汇报、越级管理被看成是大逆不道的行为。因此，纵向的层级界限和横向的部门分割依然是很多大公司共同的特点，而且这种树状管理结构被公司的官僚集团所拥护。一位从硅谷回到国内某个大公司担任高管的人士，喜欢时不时地找下面的各级员工了解情况，而他的做法在那个公司里被认为是不符合企业文化的行为，虽然他业绩卓著，但还是很快就被排挤走了。

在工业时代的公司里，每个员工和中层管理者能够发挥多大作用，很大程度上取决于他的上级给予他多少资源，而非他能够直接为公司的发展做出多少贡献。各级员工职位的升迁，在很大程度上取决于上级的意见，下属不可避免地对上级唯命是从，甚至讨好上级。同样，上级要想有进一步升迁，除了要管理好自己的上级（Manage your boss）外，还要把自己下面的这个树状结构做大。比如一个人如果把自己部门的规模从 100 人扩大到了 1000 人，就可以从总监提升为副总裁。因此，层层管理者慢慢就会变成首先关心的不是做事情，而是在公司里划地盘，或者将自己原本规模不大的业务吹嘘成十分重要，以获得更多的资源。在工业时代的企业，升迁最快的人，未必是最会做事情的人，而往往是最会"做人"的人，也就是那些善于把自己优化成最适宜公司现有组织结构的人。

工业时代的企业发展到一定阶段，在管理效率上就会遇到天花板，因为它的中层管理者，甚至是高层管理者和企业之间存在利益冲突。当公司遇到一个精明而强有力的领导者如韦尔奇时，这种矛盾可以得到暂时的缓解，但是如果不去改变这种由机械而僵硬的思维导致的人与人之间的关系，则不可能从根本上解决这一矛盾。

5 分配制度

传统的经济学家大多认为在工业社会里，劳资双方的利益很难调和，因为在根本上他们是在玩一个零和游戏。

大工业时代企业的经营可以分为平稳发展的常态和变革的非常态，前者是主，后者是次。在平稳发展的常态里，企业在一定的时间内会获得稳定的利润，在扣除付给资本的利息后，要在企业主和员工之间进行分配，任何一方多拿了一点，另一方肯定就少得一点，反之亦然。哪方能分得多，就得看哪一方力量强。在工业革命开始直到 20 世纪初，企业主都相对强势，他们发现挤压员工的收入，有时会比在市场上通过竞争获利更容易，于是几乎毫无例外地都会选择挤压员工利益。甚至很多企业宁可通过劝退的方式解雇老员工，然后雇佣新员工，以降低劳动力成本，也不愿意把留给自己的蛋糕变小。这种思维方式直到 21 世纪依然存在，有好些企业试图通过少付一点薪酬（甚至拖欠薪酬），降低人力成本，然后到市场上开展低水平的竞争，也不愿意投资进行技术改造和提高劳工待遇。

但是劳工一方很快也懂得了这种机械论中的能量守恒原理，二战后，团结并组成工会的劳方在传统行业里渐渐成为强势的一方。在有工会或者其他劳方势力十分强大的行业里，劳工的薪酬和福利基本上吃掉了企业全部的利润，有时甚至会吃掉更多（当然这时企业就会开始亏损）。比如，美国汽车行业现在基本上已经被工会搞垮，在美国三大汽车公司（通用汽车、福特和克莱斯勒）有 90 万汽车工

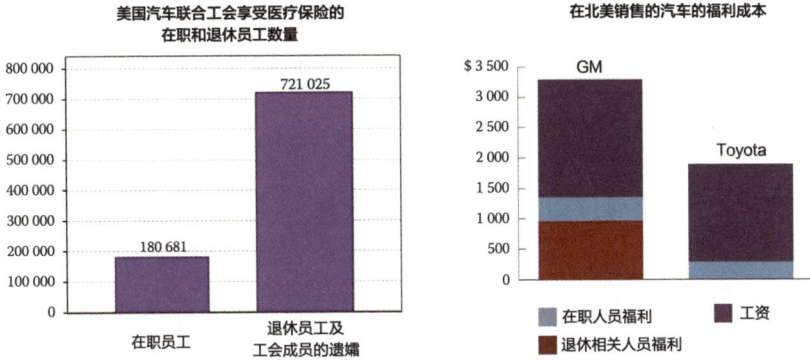

图 7.11　（左）2007 年美国汽车工会在职会员和非在职会员的人数（数据来源：密西根大学教授佩里，Mark Perry），（右）GM 和丰田在北美销售的汽车成本中的福利对比（数据来源：汽车研究中心，Center of Automobile Research）

会会员，只有 1/5 是在职上班，其余都是退休的工会会员以及退休会员的遗孀。即使在金融危机后 GM 减少了一些工会成员的福利，今天在美国销售的汽车中，每辆 GM 制造的汽车福利成本依然比丰田同类产品高出 1000 多美元，大约相当于汽车平均零售价的 5% 左右。美国汽车联合工会日益增长的福利开销已经让美国整个汽车行业都无法正常运营，以致在全球市场上不断萎缩。

当然，通常劳方也没有傻到让企业关门，这样他们也就没有了生计，除了定期和资方谈判外，他们还要做两件事情。首先是不允许新的竞争者进入这个行业，不论是本国的还是外国的。在美国真正反对和中国开展自由贸易，并在背后支持议员们找中国麻烦的就是这些劳工组织。第二，他们不允许进入这个行业的劳工游离于工会等组织之外。如果大家去硅谷地区的特斯拉工厂参观，可能就会看到几个手举骷髅的示威者，一般都来自汽车工会。美国大部分汽车厂的工人都是工会成员，而特斯拉不招收这些工会成员，于是他们隔三差五就到特斯拉门口捣乱。

这种劳资之间的拉锯使得很多行业在微利和破产保护之间来回震荡，它们的创造力也因此消失殆尽。

工业时代企业的一种非常态是变革时期。通过采用新技术或者新的商业模式和营销手段，企业主们虽然有可能获得更多的利润，但是这种做法风险很大，毕竟大部分时候第一个吃螃蟹的人都是会死掉的。如果企业主侥幸通过某种变革获得了更多的利润，他会认为这是对他敢于冒险的回报，所以并不会与员工分享利润，甚至会因此而裁撤不再需要的员工。基于此，公司员工乃至中层管理者都并不喜欢这种看似对企业有利的变革，他们会成为变革的阻力，妨碍企业的创新进取。

无论是在常态下还是在非常态下，工业时代的劳资双方在零和基础上经过长期博弈，达到一种分配上的平衡，即劳方获得平稳而较低的收入但不承担太多企业经营盈亏的风险，资方和企业主承担这种风险，但是作为交换条件获得较多的利润。

6 专利制度

专利制度是工业时代，尤其是商业全球化之后保护发明创造最有效的手段。在农耕时代，工商业并不发达，大部分产品的原材料来自于手工作坊附近的地区，而市场也在生产产地的周边地区，需要保护的发明创造并不多。对于个别远销全球的商品，比如瓷器和丝绸，可以通过控制原材料和工艺保密来实现有效的保护。

但是到了工业时代，产品均要远销世界各地，原材料也可以从很多渠道获得，加上逆向工程水平的提高，一种产品很容易被仿制。为了刺激发明创造，鼓励金融家和工厂主投资进行技术革新，从法律上保证发明人的经济利益就成了社会发展的必然要求。各国的专利制度都是伴随着它的工业化而确立的。在整个工业时代直到今天，可以说专利制度极大地促进了创新。

说到专利，这里必须要简要说明一下专利到底保护什么。很多人会说专利当然是保护发明（或者外观设计等），这种回答太笼统。有人会说保护一个"点子"或者"主意"、"想法"，这种说法并不准确，因为很多发明创造是无法申请专利的，比如一个定律（属于自然存在），或者几个算法。事实上，专利真正保护的是一个过程（包括一种实现方法）和一个结果。比如说牛顿的力学三定律是不能申请专利的，但是利用这些原理，发明了某一种工作方式下的蒸汽机，这是可以申请专利的，而这个专利其实保护的是一个按照特定工作流程工作的蒸汽机。在计算机领域，维特比的解码算法本身是没有专利的，谁都可以用，维特比当然也无法从中挣钱，故而他只好创办一个公司，把这个算法做成产品——一颗半导体芯片，这颗芯片实现该算法的过程因此而被专利保护了。对于专利保护一个结果，人们相对容易理解，比如某一种药在申请了专利后，它的成分是受到专利保护的。很多创业者向我抱怨，他们的点子被人抄袭了，我只好告诉他们，专利只能保护点子的实现方法，而不能保护点子本身。

为什么专利制度具有这样的特点呢？很简单，因为它是机械思维的产物。在工业时代，任何想法（点子）要变成可以盈利的产品，必须通过某种（机械的）过程，保护好了这个过程就是保护好了发明。比如历史上著名的造碱方法——氨碱法，只要把这个制造流程保护好，别人是无法绕过这个流程造出碱的。在那个年代可以说"一招鲜，吃遍天"，当时靠着一项发明可以舒舒服服地在专利到期之前赚很多钱。但是到了信息时代，专利技术就遇到了两个挑战。

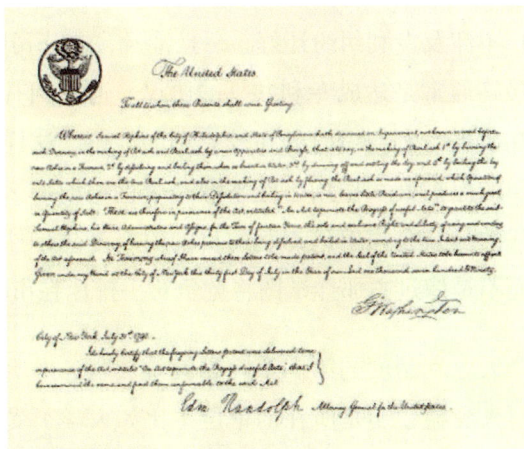

图 7.12　1790 年美国批准的第一个专利

首先，通过专利保护一种发明就没那么容易了，因为做一件事情可以有多个实现的手段。为了让专利真正保护发明，就必须把所有可能的路都堵死。在这方面做得最好的例子就是维特比和雅克布斯创办的高通公司，它发明了采用码分多址（CDMA）的 3G 通信标准，并且通过申请专利几乎垄断了 3G 时代的利润。CDMA 本身并非高通公司的发明，也早就用于通信了，但是高通发明了在移动通信上使用 CDMA 的一整套解决方案。这种解决方案是一个过程，当然可以申请专利，但是其他人照理也可以提出其他的解决方案，如果是这样，高通就挣不到钱了，而维特比和雅克布斯聪明的地方在于，他们把所有容易实现的解决方案（过程）全部申请了专利。后来的人再想用 CDMA 做移动通信，就必须绕很长的路。中国提出的 TD-CDMA 其实就是一个非常绕路的方法，以至于全世界都开始普及 4G 移动通信了，中国的 TD-CDMA 还无法普及。

在信息时代，要像高通那样真正靠专利保证独家利润，首先就要申请并获得大量专利，这样才能覆盖完全，这当然就不是一般小的初创公司能够做到的。其次，今天的大部分发明都是站在前人肩膀上的，很多是对已有产品的改进，这样就很难只用自己的专利而不触及已有产品的专利去做出更好的产品。因此，做新老产品的两个公司不涉及专利纠纷还好，一旦涉及，老公司则很难追究新公司侵权，最终通常是达成专利共享的协议。通常拥有大量专利的老公司常常在出现专利纠纷时处在较有利的地位。这样看来，专利制度对新发明的保护其实作用已经不像一个世纪前那么强大了。事实上，新一代的科技公司申请专利的目的主要是防御性的，即防止别人告它，而不是像过去那样试图将竞争对手排斥在市场之外。

今天专利制度的第二个问题就是（职务发明的）专利到底应该是发明人受益，还是所在的单位（比如大学）受益。在工业时代这根本不是问题，因为人是企业这个大机器中的一个零件，职务发明的专利受益者当然是单位。但是到了信息时代，这就是一个问题了，因为人和企业的关系不再是那种机械的关系了，这种新的关系我们会在下一章详述。实际上，从信息时代的第一个重要发明——电子计算机的发明开始，发明权属于个人还是企业这一矛盾就浮出水面。电子计算机的主要发明人莫奇莱和埃克特认为这项发明的主要受益者应该是他们二人，而他们所在的宾夕法尼亚大学则认为这项发明应该属于学校，后来双方闹得不欢而散，最后是两败俱伤，埃克特和莫奇莱的公司没有办好，宾夕法尼亚大学的计算机系今天在美国还是二流。这场纠纷的根本原因在于那还是受机械思维控制的时代。发明人和企业的另一场著名纠纷发生在蓝色激光器（包括蓝光LED）发明人中村修二和他所在的日亚化工公司之间，两者为了蓝光LED专利（即通称的404专利）争辩不休。这一场纠纷甚至促使日本政府要修改专利法。

专利制度作为工业时代的产物，至今依然在保护发明创造中起着关键作用，但是各国专利制度本身的发展，已经有点跟不上今天信息时代快速发展的节奏了。像过去那样用一种机械的思维来理解专利的作用，显然是不合时宜的。下表给出了在2011—2013三年里获得美国专利最多的10家公司，除了Google公司在2013年挤进了前十名（正好排第十），剩下的都和硅谷无关，都是大工业时代的电子产品公司或者早期的IT企业。这正好印证了我们的观点——专利制度是大工业时代的特征。

表 7.1　2011—2013 获得美国专利最多的公司（数据来源：美国专利与商标局）

名次	2011	2012	2013
1	IBM	IBM	IBM
2	三星	三星	三星
3	佳能	佳能	佳能
4	松下	索尼	索尼
5	东芝	松下	微软
6	微软	微软	松下

续表

名次	2011	2012	2013
7	索尼	东芝	东芝
8	精工	GE	高通
9	日立	LG	LG
10	GE	富士通	Google

结束语

通过剖析现代工业企业制度的各种特征，能够追溯到它们的方法论基础，乃至科学的基础，也就容易理解今天很多企业做事的风格及其根源。技术的发展和产业的变革具有继承性，至今我们仍无法完全摒弃机械思维和相应的方法论，甚至不需要摒弃。但是，现在毕竟和70年前不同了，我们需要对现代工业制度加以改造，甚至颠覆，才能在后工业时代，乃至后信息时代培养出伟大的公司。

硅谷是在一个特殊历史阶段之后诞生的，受机械思维的影响相对较小，同时又自有一套科学基础和方法论，最终演变出一种全新企业制度和商业模式。下一章，我们就对硅谷的科学基础和方法论做一番分析。

参考文献

1. 牛顿.自然哲学之数学原理.王克迪，译.北京大学出版社，2006.
2. 吴军.文明之光（第二册）.人民邮电出版社，2014.
3. 弗雷德里克·泰勒.科学管理原理.马风才，译.机械工业出版社，2013.
4. 亨利·福特.我的生活与工作.梓浪，莫丽芸，译.北京邮电大学出版社，2005

第八章　信息时代的科学基础

如果说从工业革命开始到二战前大工业时代的科学基础是牛顿力学，那么以硅谷为代表的信息时代则具有不同的科学基础。在硅谷诞生之前不久发生的几件不太为人们所注意却相关联的事件，为硅谷的管理方式和文化的形成奠定了科学的基础。

1948 年对于世界来说，是一个寻常的年份。1945 年，二战已经结束，一些科学家开始陆续把他们在二战期间的科研成果发布出来；而在中国，国共内战已接近尾声，决定中国未来命运的三大战役正打得如火如荼，清华大学的师生们都在思考着国家和自己的命运，没有谁有心思关注到他们远在大洋彼岸的一位老朋友刚刚出版的一本书。这位被称为 20 世纪最多才多艺、学识渊博的天才，于中国抗日战争之前曾经在清华大学做过一年的访问教授。他在

图 8.1　控制论的创始人诺伯特·维纳

1
书的全名为《控制论——关于在动物和机器中控制和通讯的科学》（*Cybernetics: Or the Control and Communication in the Animal and the Machine*）。

清华的工作十分轻松，对中国文化也没什么兴趣，因此难得有大量闲暇时间思考数学问题。就在那时，一个全新的理论正在他头脑里酝酿着。后来，他把这段时光称为自己学术生涯里一个特定的里程碑，因为那是他从一位学富五车的科学天才，变成一位开创全新领域的大师的转折点。他就是诺伯特·维纳（Norbert Wiener，1894—1964），他出版的这本书就是《控制论》**1**。

就在同一年，美国的另一位科学天才出版了《通信的数学原理》（*The mathematical theory of communication*）一书，从此通信进入了具有理论指导的时代。1937 年，他完成了被誉为 20 世纪最重要的硕士学位论文——《继电器和开关电路的信号分析》（*A Symbolic Analysis of Relay and Switching Circuits*），奠定了今日数字电路的基础，他就是克劳德·香农（Claude Elwood Shannon，1916—2001），他提出的理论被称为"信息论"（Information Theory）。香农的信息论工作，早在二战期间就完成了，但是直到这一年他才发表了自己的研究成果。

维纳和香农当时可能并没有意识到，他们的理论后来不仅让人类完成了登月壮举，让全世界通过互联网的连接变成了地球村，而且缔造出了一种全新的世界观和经济发展模式，从此人类进入了一个新的时代——信息时代。硅谷恰恰诞生在控制论和信息论提出之后，即诞生在信息时代。而在此之前，硅谷鲜有现代工业，几乎没有受到机械

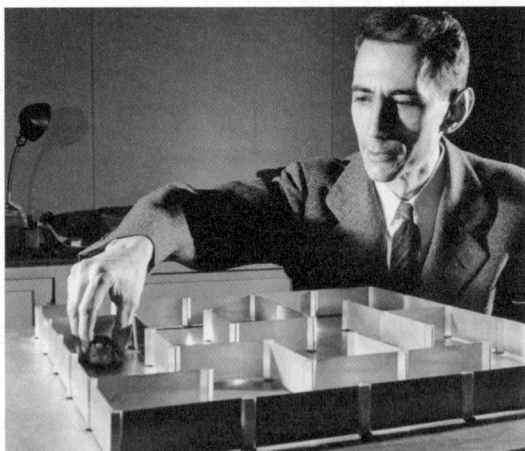

图 8.2 信息论的创始人克劳德·香农

思维的影响，直接接受了一种全新的方法论——信息论和控制论。这两个理论对信息时代的重要性，就如同牛顿力学对工业时代的重要性一样。

与控制论和信息论同期诞生的还有贝塔朗菲（Karl von Bertalanffy，1901—1972）等人提出的系统论，对后工业时代也产生了巨大的影响。有时候，人们将系统论和控制论、信息论一道称为"三论"。硅谷的各种现象，用牛顿力学和泰勒的现代科学管理思想是完全解释不通的，甚至是相违背的，但是若用三论的观点去分析就一目了然了。三论是破解硅谷之谜的钥匙，要理解硅谷做事的方法论，就需要先了解三论，尤其是信息论。

第一节　三论与管理

为了方便大家了解控制论、信息论和系统论的概念，以及维纳和香农，本章末尾给出了一个附录，大致介绍了它们的核心内容。对三论不熟悉的读者可以先阅读本章的附录。

三论（控制论、信息论和系统论）与以往那些单一的学科不同。首先，三论既是交叉学科也是边缘学科——一方面用到了数学、物理学和生物学等诸学科的成就，另一方面又不隶属于这些学科。其次，它们不仅被用于解决自身学科内的各种问题，比如控制、通信的问题，而且它们代表着一种新的思维方式和做事方法，广泛应用于那些与人有关的学科，比如管理学、社会学和商学等诸多领域。因此它们也就成为了一种全新的世界观和方法论。三论对世界的看法与机械思维并不对立，但用来解释信息时代的很多复杂现象要比机械思维更有效。在这一章里，我们主要运用控制论和信息论的观点来解释硅谷成功奥秘背后的原理。系统论当然也很重要，但是与硅谷的做事方法关系稍远，我们于此所费的笔墨会少些。

1　控制论的思维方式

我们不妨用两个具体的例子来说明控制论和机械思维在方法论上的差异。

第一个例子取材于《文明之光》第二册的第十六章"两个人的竞赛——苏美航天发展的历程"。1944 年，德国人将导弹之父冯·布劳恩（Von Braun, 1912—1977）研制的 V-2 导弹发射到了伦敦的郊区，炸死炸伤了 20 多人。这种采用陀螺仪作为稳定系统的导弹，在发射前要根据设定的目标，以及当时的风速等已知参数，算出发射的方位和角度。根据牛顿力学的原理，如能准确考虑所有的因素（包括天气），导弹的落点应该是在目标附近，这种思路就是典型的机械思维方式。实际上，从 1944 年 9 月到战败，德国向英国发射了超过 3000 枚 V-2 导弹，虽然大致方位都射向了英国，可导弹最终的落点误差非常大，而且基本呈随机分布。这其实也很容易理解，毕竟有太多因素在一开始根本没办法考虑到。如果按照机械思维的方式继续改进导弹（或者火箭），一开始就不得不考虑越来越多的因素，导弹设计上也得更加精确。但是，若按照这种方式去做，人类是不可能实现登月这样的目标的，因为哪怕事先考虑得再周全，

图 8.3　原本要发射到伦敦，结果落到海里

图 8.4　阿波罗飞船的准确性来自于过程中的不断调整

计算得再精确，也会存在大量意想不到的因素，最终向月球发射的火箭恐怕会与预期落点偏差出十万八千里。

就在 V-2 导弹首发的 25 年后，冯·布劳恩设计的土星五号火箭将阿波罗 11 号准确地送上了月球表面预定的登陆地点。土星五号的飞行距离是 V-2 的一千多倍，准确性却完全不是一个量级。这一前一后的差别在于，冯·布劳恩等人改变了思维方式。在阿波罗计划中，控制论，或更具体地讲是基于维纳控制理论的卡尔曼滤波发挥了重大作用。阿波罗登月的过程控制是这样设计的：人们事先设定了一个阿波罗登月舱具体着陆的地点，并且火箭的轨迹也是朝着那个方向设定的，但是工程师们不再假定事先已经准确无误地考虑了全部的可能性，而是在火箭的实际飞行过程中，不断根据一组组允许有偏差的、火箭位置和速度的实际观察数值[2]，计算出飞行器当前应该有的速度和方向。也就是说，在整个登月的过程中，飞行器能够不断自行调整，这样才保证了它最终准确着陆。

对比 V-2 和土星五号，可以看出机械思维和控制论思维两种方法论的差异，前者是对未来做一种尽可能确定的预测，后者则是根据变化不断进行调整。

2
在控制中这些数值被看成是一种反馈。

第二个例子发生在我身边。我过去在 Google 的一位同事，加入 Google 之前先后在 IBM 的沃森实验室和一家著名的军工企业做研究，后来转到了雅虎和 Google。他在沃森实验室和那家军工企业搞研发时，是严格遵循软件工程的一整套流程一步步来，什么事情都要预先想到，争取一次做成功，如果一个环节没有想到，后果就是灾难性的。不仅如此，每完成一个步骤，在进入下一步之前，都要封存所有的工作（不再做任何修改）。他以这种方式工作了七八年，在他看来 IT 行当就应该如此。在 2000 年前后的互联网泡沫时期，他到了雅虎负责一个新产品的开发。他对互联网公司那种明天产品就要上线，今天还在修改设计的做法完全无法接受，因为在他看来，代码至少要在一个月前封存不动，最后一段时间只能做测试。但是，他在雅虎的同事都嘲笑他那种老古董式的开发方式，在他的同事看来，产品只有通过先上线，得到反馈，然后再修改，才能完善，那种一次性设计和开发一个完美的产品的做法，对于需要不断迭代以改进产品与服务从而赢得用户的互联网公司来说，根本行不通。久而久之，他也接受了这种思想。这其实也反映了强调因果确定性的机械论和强调不断调整的控制论在互联网产品开发上的差异。今天的互联网公司，包括像特斯拉那家采用互联网思维的汽车公司，做事情的思维方式都是基于控制论的。

控制论的初衷是用于系统控制，但是今天它在企业管理上的应用比在电子工程和自动化上的应用更多。到书店中企业管理和自动控制相关的书架前转转，你会发现企业管理书架中讨论控制论的书比后者要多得多。硅谷公司的经营管理特点，符合控制论中根据反馈不断调整的思维方式。

2 信息论的思维方式

信息论本质上是关于通信的理论。进入文明社会，除了吃饭和睡觉，人类大部分时间都用于与通信相关的事情。我们在工作中讨论问题、开会、写邮件，平时和家人聊天，闲暇之余看书、读报、看电视、看电影……这些都是某种形式的通信，而通信所传输的则是某种信息。在科学上，香农的突出贡献在于第一次采用量化的方式度量信息，并且用数学的方法将通信的原理解释得一清二楚。然而，香农的贡献远不止是在科学上，他的信息论实际上也是一种全新的方法论。

与机械思维是建立在一种确定性的基础上截然不同的是，信息论完全是建立在不确定性的基础上。事实上，在我们的生活中到处都会遇到不确定性。香农用了热力学中熵的概念来描述不确定性，在一个系统中，不确定性越多熵就越大，而要想消除这种不确定性，就要引入信息。至于要引入多少信息，则要看系统中的不确定性有多大。这种思路成为信息时代做事的基本方法。我们不妨用互联网广告的例子来说明上述原理。

当我们对用户一无所知时，在网页上投放展示广告，点击率会非常低，每 1000 次展示也只能挣不到 0.5 美元的广告费，因为这等于是随机猜测用户的意愿，很不准确。如果我们有 10 万种广告，但只有 10 种与用户相关，那么猜中的可能性就是万分之一。用信息论的方法来度量，它的不确定性为 14 比特左右[3]。搜索广告因为有用户输入的关键词，准确率就提升很多，至于提升了多少，则取决于关键词所提供的信息量。以汉字词为例，一次搜索输入了两个词，每个词平均两个汉字，大约能提供 10～12 比特的信息量，这样大部分不确定性就被消除了，假定还是从 10 万种广告中猜 10 个，此时猜中的可能性就是十几分之一到几分之一，而读者点击广告的可能性大增。在实际情况中，Google 搜索广告每千次展示所带来的收入大约是 50 美元，比单纯展示广告高出两个数量级，这就说明了信息的作用。类似地，以 Facebook 或 Google 为例，我们可以大致计算出，通过挖掘注册用户的使用习惯，可获得 1～2 个比特的信息量，从而将广告匹配的难度降低约一半。事实上，相比完全随机的展示广告，那些与用户相关的展示广告产生的广告收入正好高出一倍。

从上面这个特定的例子可以看出，在信息时代，谁掌握了信息，谁就能够发大财，这就如同在工业时代，谁掌握了资本谁就能发大财一样。

除了提出信息的量化度量，香农还提出了两个关于信息处理和通信最基本的定律，即香农第一定律和香农第二定律。这两个定律对于信息时代所起的作用堪比牛顿力学定律之于工业时代。

我们先讲讲香农第一定律，也称香农信源编码定律，大致含义是：有 N 种可能性的信息源，对它发出的信号进行（不损失）编码，编码的长度一定大于该信源的信息熵，而且一定存在一种编码方式，使得编码的平均长度无限接近于它的信息熵。对于没有学过信息论的读者来讲，这段话可能有点费解，我们不妨看一个具体的例子。比如要对汉字进行编码，有些字用得多，有些字用得少，常用字的编码就可以做得短些，生僻字的编码做得长些，但是不论怎么做，编码的平均长度一定会超过汉字的不确定性，即它们的信息熵，这是香农第一定律的第一层意思。同时，香农第一定律还有第二层意思，也就是说，一定存在一种（最优的）编码方法，使得每个汉字的平均编码长度可以非常接近它的不确定性（信息熵）。至于怎么才能做到，霍夫曼（Huffman）给出了一个非常简单的方法——只要把最短的编码分配给最常见的汉字即可。由于这种编码方法具有通用性，故又称为霍夫曼编码，它被认为是对香农第一定律的一个补充。

一些聪明人在做事时会自觉或不自觉地用到霍夫曼编码的思维方式。在硅谷有一个明确的做事原则，那就是要最大限度地采用便宜的资源，尽可能节省贵的资源，这种现象在经济学上被称为吉尔德定律（Gilder's Law）[4]。在信息时代，在摩尔定律的作用下，计算

4
吉尔德定律又称为胜利者浪费定律，由被誉为数字时代思想家之一的乔治·吉尔德提出。吉尔德认为，最为成功的商业运作模式是价格最低的资源将会被尽可能的消耗，以此来保存最昂贵的资源。

机是便宜的资源，而且越来越便宜，人力成本则会越来越高，因此
像 Google 或 Facebook 这样的公司，都尽可能将越来越多的事情交
给机器去做，而不是雇佣很多人。这种做法，有意无意地与信息论
的原理相符合。

至于香农第二定律，通俗地讲就是信息的传播速率不可能超过信道
的容量。回到我们今天的现实生活中来看，互联网不断发展的过程，
很大程度上就是不断拓宽带宽的过程。我们上网，从使用电话调制
解调器，到 DSL，再到宽带电缆，最后到光纤，都是围绕着不断增
加信道容量而进行的。只有信道容量增加了，传输率才能上去，我
们才能从浏览文字到查看图片，直至能够到观看视频，乃至欣赏高
清视频，整个互联网才得以高速发展。在香农提出他的第二定律之
后，人类就开始有意识地不断扩展带宽。

香农第二定律不仅描述了通信领域最基本的规律，而且描述的是自
然界本身所固有的规律性，它能解释很多商业行为。比如我们常说
做生意要靠人脉，其实这个人脉就是人与人交往的带宽。如果人脉
不够，发出的信息和获得的信息都有限，生意一定做不大。现代通
信手段的本质，就是以相对低廉的成本让人们获得人脉，而媒体行
业的不断进步，本质上是不断地在为企业拓宽对外连接的带宽，使
得它们做生意越来越方便。

3　系统论的思维方式

系统论本身和信息产业的关系不如控制论和信息论那么直接，不过
倒是能很好地解释为什么多元文化可以带来诸多好处，以及叛逆的
价值。

我们不妨通过一个产品设计的例子，来说明在信息时代做产品设计
和以往有什么不同。在工业时代，为了让产品性能达到最优，就得

把每一个部分都做到最优。如果做到每一个部分都最优，那么整体必然达到最佳状态。这也是如今很多公司在设计智能手机时依然遵循的方法论。大家不妨看看，是否很多厂商仍在不断宣传自家手机的配置（Specs）有多高，因为按照机械思维，高指标就意味着好手机。但是系统论的观点却认为，整体的性能未必能通过局部性能的优化而实现。我常说苹果 iPhone 之所以做得成功，是因为当初在将技术和艺术相结合上，没有人能在境界上超越乔布斯。这种所谓的境界其实就是对手机这样一个系统整体上的把控。大家留意一下 iPhone 的广告，就会发现它从不跟竞争对手比配置，也就是说它的理念不是单独优化每一个部分，而是组合起来达到整体优化的效果。事实上，苹果每一款手机的各种绝对指标并不比竞争对手高，甚至还低不少，但是整体上给用户提供了一个体验最优的手机 —— 这就是在工作中采用系统论的思维方式。其他品牌的手机做不过苹果，不是输在硬件性能和操作系统功能上，是因为境界不够高，而在这境界的背后体现着机械思维和系统论思维的差异。

在三论提出之前，也有少数人不自觉地使用了这种思维方式来做事，但那是出于自发状态，并非自觉的行为。硅谷的诞生于三论提出之后，硅谷的公司大多是 IT 公司，业务都是围绕着信息和通信，因此它们在做事方式上受机械思维影响较浅，直接采纳三论作为方法论。当然，运用这些新的思维方式做事，需要有能力处理大量的信息，而恰好在三论诞生的两年前人们发明了电子计算机，解决了信息处理的难题。

接下来，我们不妨看看三论的思想是如何体现在硅谷公司的日常工作中的。

第二节　从预测到反应，从局部到整体，从控制到通信

1　预测和反应

如果说在牛顿之前，人类因为尚未掌握自然规律，做事情很随意。那么，在牛顿之后的几百年里，人类掌握了越来越多的自然规律，可以在一定程度上预测世界的发展了，因此用公式或者规则来预测未来成为我们对世界的普遍态度。但是，当我们对世界了解得越来越多时，却发现我们的预测常常并不很准确，因为未知因素实在太多，它们以随机变量的方式表现出来，以致很难用一个公式或者一些明确的规则将我们的世界描述清楚。

最早因这种机械思维方式而吃亏的恰恰是牛顿本人，他在南海泡沫中损失了两万多英镑，这在当时可是一笔巨款，要知道十几年后耶鲁先生给一所大学捐了大约相当于 800 英镑的货物，那所大学就以他的名字命名为耶鲁大学了。牛顿将自己的损失归结为人性的不可预测，他的总结不无道理，的确，在这个世界上大部分事情都是不可预测的。但是直到今天很多人依然不懂得这个道理，仍按照机械思维的方法，试图画几根直线去预测股市。

实际上，进入 20 世纪，几乎所有好的投资人都不再对资本市场做预测，而是不断根据市场变化做出反应并进行调整。巴菲特如此，索罗斯也是如此。2007 年索罗斯在 Google 和施密特进行了一次对话。一位 Google 员工问他，我的父亲一直追随你炒股，却总是不断亏钱，这是为什么。索罗斯的回答是，"因为我不断地犯错误，当然我改正得很快。"这就是变预测为反应，由机械思维转变为控制论思维很好的例证。

回到企业管理的话题，在大工业时代，一个公司的战略，一个产品的开发都是自上而下制订和组织的。一般来说，公司的几个负责人先有一个想法，然后层层落实，这其实是一种预测的思路。企业界

的读者朋友不妨对照一下所在公司领导一年内的讲话，是否显示出这种"预测＋层层落实"的机械思维。但是，硅谷的公司，尤其是互联网公司不是这样做事的，而是依靠持续的反应，这就如同土星五号在飞行过程中要不断调整轨迹一样。

在 Google 和 Facebook 内，有大大小小无数的项目，在这些项目成功之前，各级主管很难预见什么项目能够成功，什么不能，相比没有经验的人，有经验的人无非是对周围环境的大趋势了解得多一些，仅此而已。那么该如何决策呢？这些公司的做法其实很简单，管理者根据自己的经验和项目进展的情况对这些项目不断作出反应。比方说市场往某个方向偏移了，那么项目也要跟着做相应的调整；某些项目进展得顺利，并且显示出较好的市场前景，那么就对这些项目增加资源投入。反之，对那些进展缓慢市场反应冷淡的项目，就及时砍掉，如此而已。在硅谷的公司里，很少出现电影里那种下级在上级面前立个军令状，遇到困难表个决心，再要一次机会，或者搞一个大会战追赶进度这类场景，因为这么做不符合"反应"的原则。在 Google 和 Facebook 等公司内部，大部分项目最终都被淘汰掉了，用户能够看到的产品其实是少数项目转化而来，这就是变预测为反应的结果。

硅谷的很多公司在招人时常常说这样一句话，就是"你来我们这里可以干你想干的事情"，很多人真的被这样的话打动了，加盟了那些公司。但是他们马上就会发现，这句话背后还隐藏着两个意思，第一，虽然一开始你可以干你想干的事，但是公司可以随时根据你的进展和市场变化停掉你正在做的事情；第二，公司会把你作为资源投入到那些在竞争中更成功的项目中去。一些人到了硅谷两三年后，从踌躇满志变为心灰意冷，多少是与此有关。但是站在公司的角度来讲，它则是既给了每个人发挥自己的机会，又根据公司的利益作出了及时的反应。

思科公司看待内部创业的态度也是基于类似的思维方式。公司高层
实际上很难预测出哪些地方可以作为未来的突破点，便任由基层员
工根据自己的理解尝试各种创业的主题。接下来公司根据每个项目
的表现作出反应，或继续支持，或收购回来，或让它们自生自灭。
于是，那些有执行力的团队、有竞争力的产品便能脱颖而出，成为
公司未来发展的支柱，而那些没有生命力的项目就消亡了。Google
X Lab 借鉴了思科的很多做法，有很多项目里的员工，基本上是两
到三年便更换一波，成功的项目很多都被转到了产品部门，比如
Google 大脑。失败的项目自行消失后，员工也就离开了。

我们在前面几章讲到了硅谷对那些表现不再卓越的公司和行业的态
度，其实这也是硅谷在整体上对市场和行业作出反应的结果，并且
通过这种方式实现资源的再分配，确保最好的公司和行业获得最多
的资源。

相反，世界上的很多开发区却不是这样看问题的。一旦某个公司入
驻，这些开发区就生怕它死掉，以至于证明当初决策的错误，于是
不断给那些半死不活的公司输血，以证明自己预测的正确性。这么
做，背后就是机械思维的惯性在作怪。结果，一些公司反而吃准了
这一点，一旦拿到当地政府扶植的基金，就靠在政府身上过日子。
因此，这种开发区缺乏竞争力也就丝毫不奇怪了。

风险投资的实质也是变预测为反应，而且风险投资的决策过程也完
全遵循信息论和控制论的指导思想。

在信息论里，有一个最大熵原则，具体有两层含义：首先，在没有
信息的情况下，不能对未来做任何主观的假设；其次，在获得了一
些知识或者信息的情况下，作出的判断首先要符合这种知识（当然
对其他事物的判断，依然不能做任何先验的假设）。这样才能做到
风险最小，回报最大。好的风险投资人不做事先的假定，不知道未
来的发展方向一定是什么样的，他们希望从创业者那里了解这种信

息。在得到一些信息后，他们作出适当的反应。而且为了降低投资风险，他们不会把鸡蛋放在一个篮子里。同时，一旦察觉到某种技术趋势，他们会让自己的一部分投资符合这种技术趋势。

风险投资的第二个原则，与香农第一定律和霍夫曼编码原则相一致，也即要把最多的资源投给最有可能成功的项目，当然这个"最有可能"通常不是预测出来的，而是根据实际运营的结果看出来的。比如风险投资人先对 100 个项目进行评估，删掉不靠谱的，然后选择 20 个各方面都比较好的项目进行投资。在投资之前他们并不在意这 20 个项目哪一个就比另一个好。过了一段时间（比如在这些项目需要下一轮融资时），投资人会重新评估这些项目，根据创始团队的表现和项目的进展，对发展超出预期的项目增加投资（专业术语叫做 Double Down），对表现一般的项目就顺其自然，对于表现差的项目甚至会设法退出一部分投资。这样，到了第二轮投资人可能又对其中的六到七个项目追加了投资。类似地，投资人会根据项目的表现不断作出及时反应。最终，他们会在成功的项目中占有尽可能多的股份，在失败的项目中则将损失控制到最小。

为了帮助大家理解风险投资方法和信息论的关系，我们来做一番量化的分析：

假定有 64 个初创公司，总共 1760 万美元的投资。我们还假定每个公司最后若能上市，将获得 50 倍的回报；如果能进入到上市的前一轮，即使上不了市，也能够被收购，将获得 5 倍的回报；其他情况则得不到任何回报。假定公司第一轮的估值都是 100 万美元，第二轮 250 万美元，第三轮 750 万美元，上市时 7500 万美元[5]，每一轮融资是股份被稀释 20%。根据硅谷地区小公司生存和上市的历史数据，获得天使投资后，能够上市的公司不到 3%，能够被收购的不到 10%，假定这 64 家公司有两家上市，6 家被收购。

5
均为融资后的估值。

我们不妨对比一下三种投资方法的效果。

第一种，赌两家，将资本平均地分给这两家。这种方法完全靠运气，两家都赌对了（两万分之一的概率），回报是 50 倍，赌对一家上市、一家被收购（概率是三百分之一左右），27.5 倍的回报，按照这个方法继续算下去，最后可以算出来，回报的期望值是投入的 1.9 倍。这个回报其实不算差，因为硅谷的风险投资平均回报率也就这么高，即投入一块钱，回报两块钱。

第二种，平均撒胡椒面给这 64 家，很容易算出来，最后回报和前一种方法一样，也是不到两倍。

第三种，第一轮每家公司投资 10 万美元，占 10%，这一轮共投入 640 万美元。假如有一半的公司生存下来进入到了第二轮，第二轮再给这些生存下来公司每家投资 20 万美元（即 Double Down），这一轮共投资 640 万美元，所占股份每家变成了 16%。第三轮有 8 家公司生存了下来，每家再投资 60 万美元，这一轮共投资 480 万美元，每家所占股份为 22.8%。等到这 8 家中，两家上市，另外的被收购，那么共获得的回报是：

$$（ 7500 万 \times 2 + 750 万 \times 6 ） \times 22.8\% / 1760 万 = 2.5$$

即回报的期望值是投入的 2.5 倍。也就是说，这种根据表现作出反应的投资方法最为靠谱，这也是硅谷风险投资采用这种方法的重要原因。

为什么在工业时代和信息时代需要采用两种截然不同的项目管理方法和人力资源管理方法呢？除了上面讲的为了适应不断变化的技术发展和市场变化，而不得不变预测为反应外，还在于技术员工的特点，使得公司最高管理层有条件不需要采用面面俱到的机械管理方式，而在大工业时代，这一点则做不到。1966 年，德鲁克出版了《卓有成效的管理者》（ *The Effective Executive* ）一书，他在书中指出，在知识社会中，每一个知识工作者本身就是一个自觉的自我管理者，

图 8.5 现代管理学大师德鲁克

因此对于他们不能采用，也不需要采用过去那种简单的自上而下的人事管理方式，而要改成任务导向的契约式管理方式。他的这种思想被信息时代的很多管理者，包括比尔·盖茨、格鲁夫和 Google 前 CEO 施密特所推崇。在硅谷的 IT 公司，每一个工程师不仅在作息时间上相当自由，也是公司基层决策的参与者。因此，这种自下而上的管理特色得以形成，这样就省去了公司最高管理层做顶层设计的必要性。

2 从拥有到入口

从农耕时代到工业时代，在人们的观念中，对实体财富的拥有，对生产资料的控制是继续创造财富最重要的手段。直到今天，很多人依然持有这种观点，并且喜欢"拥有"所带来的快感。我们不妨对比一下两种投资行为，就能看出很多差异。

20 世纪 80 年代，历经 50 年代到 70 年代经济腾飞的日本，财富剧增。日本的富豪们大手笔地在全世界采购，从曼哈顿的地产到印象派的绘画，着实享受了一下拥有的快感。不过，这些资产在创造财富上并不有效，以至于十几年后他们又不得不原价甚至低价将其卖出。在过去的十几年里，随着中国经济的迅速起飞，中国民众尤其是企业家的财富剧增，很多人都跑来美国投资，在我身边有非常多这样的人。他们投资的主要对象是房产、地产和各种看得见摸得着的实物。要让他们拿出几十万美元投资到看不见摸不着的美国股市上，或者风险投资基金中，则是一件非常难的事情。很多人愿意花几千万美元甚至更多来买下酒店、酒庄、高尔夫球场或者写字楼，这还不包括他们为自己购买但很少使用的豪宅。从投资的角度讲，这些投资能产生的回报少得可怜，有些则还在不断地烧钱亏损（比如大部分酒庄、一半的高尔夫球场）。因此，与其说这类人喜欢投资，不如说他们喜欢拥有的快感。

另一类投资则要理性得多，他们不以拥有地产或生产资料为目的，而是看哪一种投资商业回报比较高，便直接投入到其中。如果花钱拥有了一份资产，却产生不了回报，这些人就宁可放弃对这些资产的拥有权。硅谷的很多公司在快速发展期，都是采用租房的方式，而非买房和建房。如果哪个公司将大量资金投资固定资产，华尔街反而会怀疑这家公司成长的后劲。

当然，有人可能会说这是因为亚洲人喜欢不动产，但这只是表面现象。背后更深层的原因是一些人过分相信拥有生产资料对创造财富（和保有财富）的重要性，因此他们愿意买；而另一部分人已经看到这些资产在信息时代起的作用远不如在工业时代大，因此愿意卖，于是，生意就达成了。我的很多朋友回到中国创业发展，各个开发区领导最爱问的都是这三句话："需要多少平米的办公楼，需要多少亩地，能够雇多少人"，这其实都是工业时代必备的生产要素，但是对于信息产业，它们真的帮助不大。尽管今天全世界已经进入商业高度发达的信息时代，可很多来自中国的投资人的思维方式依然停留在几十年前，在硅谷地区购买大量商业楼宇，美其名曰孵化器，希望以低价格提供给创业公司。但是这些房东即使把房租降到每天每个工位 5 美元的价位，即两杯星巴克咖啡的价格，并提供免费的饮料和 IT 支持，这些楼宇大部分仍闲置着。无他，只因这种过分看重拥有的心态和硅谷的商业价值观是背道而驰的。

硅谷的公司不仅对这些不动产兴趣不大，对那些加工业的兴趣也很

6
以甲骨文、英特尔、思科、Google、美满电子和苹果在 2012—2014 财报中报告的资产和利润为准。

7
以通用汽车、埃克森美孚石油、联合技术、AT&T、富国银行和美洲银行同期数据为准。

8
一个提供、寻找和租赁房屋的网站，到 2015 年，它在全世界 190 个国家，34000 个城市有 150 万处房源，这个数量超过任何一家连锁酒店。该公司估值也因此高达 130 亿美元。

小。我们前面提到过，英特尔公司早就把半导体的制造外移了，而其他各大半导体公司，像博通（Broadcom）、国家半导体等，居然连个工厂都没有。硅谷的大部分公司，固定资产相比它们的市值少得可怜，而如果以单位固定资产每年产生的利润来衡量这些企业的经营效率，硅谷企业每一美元的固定资产每年能产生 0.4—0.5 美元的利润[6]，而美国传统企业，包括银行业，只有大约 0.1—0.2 美元[7]。

那么硅谷的企业看重什么呢？它们看重的是网络效应和入口效应。我们可以把硅谷的公司分为两类，一类是像苹果、思科和英特尔那样销售产品的企业。它们最看重的是整个生态链中最有价值的一个关键点，比如英特尔通过控制了处理器，而在个人电脑时代在半导体公司中独领风骚，并且和微软一起缔造了 WinTel 帝国。苹果则通过将几款产品变成上下游中的关键节点，使得与手机相关的软件、音视频内容和配件都围绕着它运转。思科曾经垄断着互联网中的重要设备路由器的市场。它们无一例外地把握住了商家的入口。但是近年来思科被华为挤压得生存空间越来越小，市值不断下降，这反过来说明如果丢掉了网络效应，后果将不堪设想。第二类公司是 Google、Facebook 这样的互联网公司，以及像 Uber 和 Airbnb[8] 这种以服务为主的公司，它们不生产东西，但是拥有互联网平台，并且把握住了用户的入口。Google 和 Facebook 没有任何内容，反而是世界上用户最多的互联网公司，尤其是 Google，它的利润相当于全球第二到第七名互联网公司利润的总和。Uber 没有一辆汽车，反而是世界上乘客最多的出租车公司，Airbnb 不拥有一间旅馆，反而为世界上最多的旅客提供差旅的住宿。这种商业模式，彻底颠覆了过去需要拥有生产资料才能从事商业的思维方式。在后互联网时代，获得用户的入口远比拥有资产重要，谁拥有了大家相互沟通的"带宽"，谁就拥有了生意。这和香农第二定律是相吻合的，即带宽决定信息的流通量，进而决定了生意的大小。

Airbnb房屋数量增长曲线

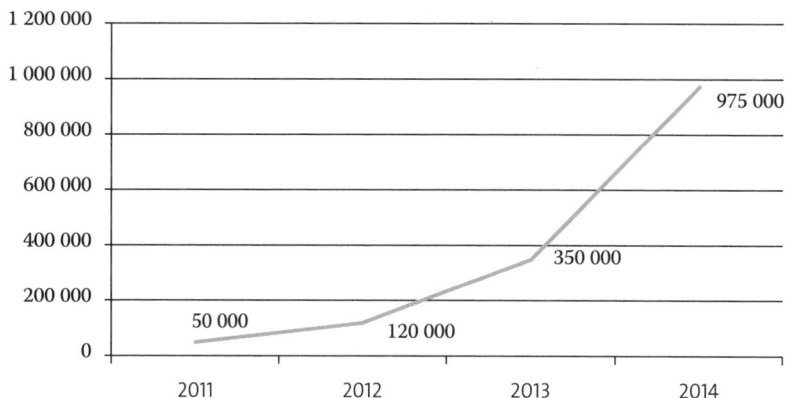

图 8.6　Airbnb 上提供的可选房屋数量（2011—2014）

3　从局部到整体

大工业时代的宿命，是一个地区的产业转型很难，以至于无法在历次大的科技进步中引领潮流。我们不妨从下面两个方向探究一下其中的原因。

首先是地区对大公司的依赖。

在大工业时代，一个地区的发展常常依赖一个核心的产业，甚至是这个产业里的一两家大公司，很多小公司都围绕着一两家大公司运转，当这一两家公司过了气，整个地区也就衰落了。这似乎是大工业时代的宿命。以美国为例，匹兹堡的发展靠的是钢铁业，具体来说靠的是卡内基钢铁公司这一家公司；底特律靠的是三大汽车公司；新泽西靠的是基于电话的电信产业，而且基本上靠的是 AT&T 这一家公司（当然今天它派生出了很多公司）；而在纽约的北部（即上纽约地区），从 19 世纪末开始，当地经济基本上就靠 IBM 和 GE 这两家公司支撑。这些公司一方面像一把大伞保护着当地，并且为当地带来了迅速的繁荣，比如像地处美国内地的匹兹堡和底特律，当年之所以能够崛起，不能不感谢卡内基钢铁公司和三大汽车公司。

再比如像通过微软一家公司带来繁荣的西雅图周边地区，但是这些公司规模都太大了，以至于在它们的阴影下，不可能再成长出大树了。一旦大树倒掉，当地的经济便将受到重创。正因如此，当地各种利益集团都不敢让大树倒掉，只要能多支撑一天就要让它们继续维持着。但是，如果跳出这些地区，或者过了很多年回过头来看，就会发现这其实是优化了局部利益，而牺牲了一个地区整体和长远的利益。

其次，一个产业里最好的公司难以走出这个产业。

如果说大公司决定了一个地区的行业导向，以及政策向现有产业倾斜，导致一个地区无法转型，那么为什么这些大公司内部转型也非常困难呢？大部分时候不是这些公司不想转型——他们的高级管理层通常都很优秀，而是根本转不了。我在《浪潮之巅》中分析了很多的原因，其中最重要的是企业固有的基因难以改变。而在这种基因的背后，是公司成立之初产业环境的制约。当一个公司从小到大成长起来时，只有适应那个产业特点的（创始）人和公司才最终生存了下来，可以说那些公司的基因和企业文化的形成必然有其合理性。比如 IBM 早期向客户收取高额服务费的做法，我们今天看起来实在是太"心黑"，但是在 60 年代，只有专家才会使用计算机，IBM 派人进驻客户，帮助客户使用计算机是有利于计算机普及的。但是，当大公司的组织架构和管理风格不断优化到最适合现有的业务时，它其实就很难再适应新的业务，这就是惯性原理在起作用。还是以微软为例，它的组织架构和 Office 软件的层次结构几乎完全吻合，以这种组织架构来开发互联网产品自然会力不从心。

一个传统工业区，一个大公司，越是对现有企业、对现有业务进行局部优化，就越难以在较长的时间和空间内做全局的优化。从控制论的角度看，在当前利益基础上优化得越多，就越容易陷入"局部最大值"，也就是走入了一个进化的死胡同。

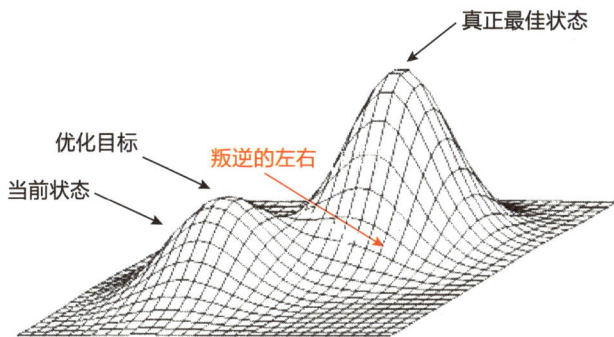

图 8.7　公司和地区自身的优化总是朝着局部最大值方向进行的

基于上述两个原因，很多地区在高速发展了一段时间后，便走到了尽头。

反观硅谷地区，虽然靠半导体起家，但是从来没有出现过一家公司独大的情况。如果仙童公司诞生在 20 世纪初的纽约地区，它很可能是另一个 AT&T 或者 IBM。但是在硅谷地区，它没有形成垄断，并且很快自己就消亡了，却带来了整个地区的繁荣。这样的结果，并不是仙童的投资人和创始人预先设定的，而是在控制论和系统论这种新的世界观影响下，硅谷人有意无意地运用了两种力量，打破了大工业时代公司和工业区的宿命，这两种力量就是内部破坏的力量和外部的力量。

我们在前面几章里反复强调，叛逆和对叛逆的宽容是硅谷成功的奥秘之一。那么怎么从科学的角度来理解叛逆的行为呢？我们不妨还是用图 8.7 来加以说明。公司内部严重机械的惯性 —— 比如要推着公司往上走，哪个公司也不想往下走，这样最终会走进局部极大值的死胡同。叛逆的力量则会强行地把公司向下推，推到谷底才能让公司有机会走向一个更大的极大值。当然，很多公司会拒绝这么做，最终就可能被新的公司取代，新的公司常常会比旧的公司走得更远，这样才能让一个地区长期繁荣。我们不妨再用这种思路破解半导体行业从肖克利半导体公司到仙童公司，再到英特尔公司的历程。

肖克利半导体公司创始人肖克利当时办公司的想法，是把晶体管的价格降到每个一美分，这种思路很好理解，因为晶体管不仅是该公司的拳头产品，而且当时全世界也没几家公司能做，它可以保证肖克利的竞争优势。这就是沿着机械思维的惯性在往局部最高点爬山。如果整个肖克利公司齐心协力想办法让晶体管降价，或许从 1956 年该公司成立算起，有个七八年的时间就能够完成这个目标。但是即便实现了这个目标又能怎么样呢，无非是爬山爬到一个局部最高点停下来。今天每个计算机的处理器中有数十亿个晶体管，即使一个晶体管售价一美分，一台 PC 或手机也要几千万美元，显然这么做计算机产业就无法发展了。好在肖克利公司出了八个叛徒，成立了仙童公司，这就把晶体管的产业往下推，当然在颠覆肖克利晶体管的生意的同时，他们也发明了集成电路。集成电路相当于比晶体管更高的山头。

在 60 年代，如果任由仙童公司发展并且不再出现叛徒，那么它可能会和德州仪器公司一起垄断半导体行业，就如同 50 年代发展起来的 IBM 长时间垄断了计算机行业一样，这样硅谷就有了一个 IBM 那样的大公司，但是恐怕就不会出现遍地开花的硅谷半导体公司。最后，从仙童公司派生出来的英特尔公司，再次带领这个产业更上了一层楼。

系统论的另一个重要原理就是：封闭的系统永远朝着熵增加（也就是越来越无序）的方向发展，一定会越变越糟糕，而一个开放的系统会引入负熵，才有可能让系统通过与外界的交换变得更加有序，也就是朝着越来越好的方向发展。硅谷地区就是这样一个开放的系统，它不断地从世界各地引入新的人才，不断地丰富本已很多元的文化，才能在整体上蒸蒸日上。相反，一个封闭的社会，不论一开始起点多么高，要是关起门来发展，最终那里的人会变得同质化，整个社会就会变得死气沉沉。

从工业时代到信息时代，社会需要的不再是按照一个固有的思路把现有的产业做得越来越优化，而是需要在时空上追求全局最优化，为此就要强制破坏现有的稳定结构，以寻找新的机会，同时不断与外界进行人员和文化的交换，让一个地区最终因为坚持开放和创新而走向卓越。

第三节　信息时代的企业制度剖析

1　对失败的宽容

为什么世界很多地区很难像美国那样宽容失败呢？这里面固然有文化的因素，因为很少有国家是像美国那样由爱冒险的移民构成。但这似乎又不完全是由文化决定的。在很多人的想象中，欧洲历史更悠久，应该比美国保守，但是在欧洲和美国生活过一段时间后就会发现总体来讲更保守的是美国人。也就是说，文化的开放和保守与是否宽容失败无关。也有人从海洋文明和大陆文明的角度来剖析其中的原因，认为美国（和英国）是属于海洋文明，喜欢冒险，而其他地区属于内陆文明，喜欢守着故土，不愿意外出探险。这个解释也有一定的道理，因为喜欢冒险就会失败，自己失败后就容易理解和宽容别人的失败。但是这个解释似乎也有点牵强，比如日本是典型的海洋型国家，在近代历史上很喜欢对外扩张，它的工商业也是完全外向型的。日本国民也并非不愿意冒险，日本人在 20 世纪初到二战失败之前，一直不断地背井离乡向外移民，除了举家移民到中国的东北，还有很多人移民到东南亚甚至在地球上距离日本最远的南美地区。但是日本恰恰是一个最不能宽容失败的民族。在日本的文化中，他们做事情之前都要力争把方方面面考虑周全，这因此保证了日本产品的品质是世界一流的。但是，另一方面日本人也会认为谁把产品做失败了，就说明他事先不认真，因此对失败者并不宽容，而是贴上了不认真的标签 [9]。和日本相反的是，以色列在总体上是一个内陆国家，但是对失败的宽容要好于世界上大部分地区。那么为什么像硅谷这样的地区对失败尤其宽容呢，这背后到底有什么特别的原因？我们不妨从方法论上来找一找。

在机械思维的指导下，一切都应该是向着预定设想的方向发展。在做事之前，需要把所有情况考虑清楚，就像古人所说的，叫做算无遗策。比如传统的银行投资人做抵押贷款的决策方式就是这样的。银行要设计一个固定的完美的评估办法，争取让每一笔贷款都不会有坏账发生。这个事先设定的规则，就如同牛顿力学里的公式一样。每一次贷款过程，就是把各种参数带入这个公式再计算一次的过程。如果贷款经理按照某个设定贷款成功，他们会相信再重复一遍还是成功，于是就按照这个评估方法一成不变地做下去；如果失败了，他们会认为再重复一遍还是会失败，就如同我们在解题时如果公式选择错误，再计算多少遍都不会得到正确的结果一样。按照这种机械的思维看待失败，就会认为如果一个人失败了一次，那么他身上一定是有什么缺陷，就如同一个有缺陷的公司一样，再试验多少次也毫无意义。在这样的思维方式指导下，银行就把给人或公司贴上成功者和失败者的标签。

应该说上述思维方式至今仍十分普遍，一来是因为它在简单的情况下确实有效，二来世界上大部分工业地区，即使是在二战后发展起来的地区，都是先有现代的大工业，然后才向信息时代过渡，或多或少会继承机械思维下的行为方式。硅谷地区则相反，它在1948年之前没有什么工业，也就没有传统的包袱，而当硅谷的经济开始起步时，第一个重要的产业就是信息产业，很自然地采用了三论的世界观和方法论。如此一来，硅谷地区对失败的认识和对失败者的态度就和其他地区完全不同了。

硅谷首先在宏观上认可失败是不可避免的，并且会把失败计入成本预算。硅谷从来没有出现过一个伟大的预言家告诉大家该怎么做事情，大家都是在摸着石头过河，也就是说都是依靠反应而不是预测去做事。我们不妨再回顾一下霍夫曼编码原理的本质，即把最好的资源分配给了最有可能成功的事情，把比较少的资源分配给到不太可能做成的事情上，但是必须给后者分配资源，而不是完全剥夺其资源，因为没有人事先知道结果。在投资时，虽然知道最后成功的可能只有一种方法，一条道路，但是对于那些看似不太会成功的事情，也需要去支持。

既然个别的成功都是以大量失败为条件的，失败的成本在开始行动之前就考虑进去了。很多人向我抱怨苹果的手机卖得太贵，或者思科的路由器利润率定得太高。其实原因很简单，作为行业里最早吃螃蟹的人，它们不知道经历了多少次失败才获得成功，由此要将失败的成本都摊到每一个成功的产品里去。通常，硅谷的半导体公司都会追求 30% 以上的毛利率，而其他公司（比如系统设备和软件公司）则把毛利率的目标定在 50% 左右。那些模仿硅谷产品和服务的追随者是无法理解这种成本计算方法的，因为模仿者很少会碰到开拓者所经历的失败，它们在定价时只是考虑制造成本，有 10% 的毛利率就很满足了。据美满公司 CTO 吴子宁博士介绍，在硅谷的半导体行业，低于 20% 毛利的事情是肯定不会去做的，而台湾的半导体公司甚至会考虑去做毛利率只有 5% 的事情。因此，前者必须不断尝试开发新产品，当然也就得有足够的利润来承受失败，而后者只能选择跟随领先者。既然硅谷企业在做事情之前就已经考虑了失败的成本，那么一旦发生失败，投资人和主管就都不会觉得是什么天大的事情。如果一次就成功了，很多人反而会觉得这只是运气好。这就是信息论的思维方式。

在世界其他地区，人们对失败的宽容往往很有限。很多投资人，无论是公司内部的主管，还是公司外部管理资本的投资人，在做预算时都很少把失败的成本考虑进去，因此当真正遇到项目失败或投资失败时，心理上的坎儿就常常过不去。在今天，很多人依然觉得一个亿听起来像是天文数字，但是在商业上一亿人民币甚至一亿美元也算不上什么大钱，在北京或上海，这只是一个非常小的创业项目的估值而已。可是在中国，即使是那些年收入上百亿美元的公司老板，对于一亿人民币或者几亿人民币项目的失败还是难以接受，而在另一方面他们失去的机会成本则比这样的损失大十倍不止。我甚至还遇到过这样一件事情，在一次创业投资大会上，一个公司老板向我抱怨公司在一个合作项目上损失了区区 40 万人民币，从此患上了对外合作恐惧症。这种例子并不少见，这只能说明他们看问题时依然停留在机械思维上，做事前根本没有给失败留出预算。

既然硅谷认可了成功和失败有着非常大的偶然因素，不完全是能力的问题，那么这里对失败者的宽容就容易理解了。不但如此，硅谷还认为能够从失败中吸取教训的失败者，反而比没有尝试过的人更容易成功，这是为什么呢？如果按照机械论的思维方式，相同的输入，相同的过程，一定得到相同的结果，这就好比同样的零件放到生产线上，每一次在生产线的另一端得到的产品都是相同的，因为在生产线上确定性是占主导地位的，随机性是可以忽略的。因此，受机械思维影响的人会认为，同样的人失败一次，还可能失败第二次。但是，在控制论的思维方式里，随机性无所不在，一个人能否达成预定的目标，不取决于事先的设定，而取决于在过程中不断地自适应和调整。受控制论思维方式影响的人会认为，在同一条路上走过一遍的人会更了解周围的环境，遇到问题更善于随机应变。

在硅谷，风险投资人根据不完全统计发现，创业成功概率最高的是第三次创业者，因为这些人有足够多的随机应变经验，同时还没有染上习惯性失败的毛病。

2　期权背后的科学

硅谷企业的分配制度中很重要的一条，是给员工发放期权（Option）。注意，这个期权不是股票，它是一种特殊的金融合约，是合约的一方给另一方在一定期限里按照某个价钱购买（Call）或出售（Put）股票的权利。比如，阿里巴巴公司的股票（代号 BABA）在 2015 年 8 月 12 日的收盘价格是每股 75.12 美元，阿里巴巴或者某家证券公司（Underwriter）给予期权的所有者在 10 年内任何时候，以这个价格（称为 Strike Price）买进这家公司股票的权利，公司给员工的就是这种买入期权。如果在 10 年内股价从来没有超过 75.12 美元，期权的持有者不用做任何事情，既不赔钱也不赚钱。如果股价超过了 75.12 美元，那么不管股价涨到什么地步，期权的拥有者都能够以 75.12 美元的价格买入股票，从而赚取这个价格之上的溢价。可见，期权的持有者是稳赚不赔。

当被授予期权的员工行使（Exercise）期权后，这家公司就要增加流通股，因此一个公司不能随意发放期权，否则股价一旦超过可以行权的价格（Strike Price），就再也涨不上去了，这样就损害了投资人的利益。一家在美国上市的公司能发放多少期权，需要董事会通过，然后要向美国证监会报备批准，同时还要按照期权的市场价格计入公司运营成本。比如前面讲到的阿里巴巴行权价在 75.12 美元的 10 年买入期权，市场交易价为 30 美元，那么阿里巴巴每发行一股，就要计入 30 美元的成本。当资本市场得知一家公司有申报发行期权时，考虑到未来股权的稀释，如果认为它业绩上涨的速度不会超过股权稀释的速度，股票持有者就会抛掉手中的股票，以维护自身利益。当然，反之，如果公司业绩上涨得更快，市场则不会做出抛售股票的反应。

在工业时代，公司的股东或者老板往往会直接给一些高层人士一些股份，以资奖励，但这其实是在一个蛋糕大小不变的情况下，公司或者老板出让一些利益的零和游戏。在那个年代给所有员工发放股票是不现实的，因此一般员工并不很在意公司经营的好坏，而更关心能不能涨点工资。如果他们觉得罢工和谈判比努力工作更能够让自己涨工资，那么就会毫不犹豫地采用这种方法，这也是工会的武器。期权的发放则是另一回事，它不以减少当前企业大小股东的绝对财富为前提，因为无论是公司还是股东都不需要从兜里掏钱发放期权，只要证监会同意即可，这样一来，公司就可以像印钞票一样印出一部分期权，发给每一个员工。期权发放后，它可以是真金白银，也可以是废纸，这就完全要看公司的业绩了。

期权要想不变成废纸，唯一的出路就是通过利润的提升，让市场肯定公司的表现，进而导致股价上涨。拥有期权的员工有足够的动力和老板一起，把公司办得更好。在这种情况下，员工和公司之间分配的是未来业绩的增量，而不是财富存量，劳资之间、上下级之间的那种相互对立的矛盾关系就变成了相互合作的契约关系。至于增量如何分配，就得看当初每个人和公司签的合同是什么样的。公司作为在某个行业里已经打下一定基础的实体，为员工提供了一个发展的平台，这个平台相当于公司的投资资本，而员工以前的经验和他所拥有的资源（市场资源、技术专利等），相当于员工投资的资本。双方通过谈判，签订一份财富增量分配契约（劳动合同），从此就开始了合作，而不是先前那种雇佣的关系。我在各大商学院讲课时，很多企业家学员抱怨如今招人太难，留人更难。我认为在如今的后信息时代，一个企业"请"一个人来做事情，要本着企业与个人合作的心态，做不到这一点，要想留住人确实不容易。一些企业家，明明做的已经是新时代的生意，想法却还停留在旧时代，他们在给员工发放期权时，总认为这是企业对个人的恩赐。其实，期权只是一种财富增量分配的合约，本身不具有价值，它的价值是员工靠自己的努力实现的，并非企业从已有的蛋糕中分给员工的。图 8.8 显示了股价和期权利润之间的关系，当股价达不到期权授予的价格时，

期权的利润为零，
当然握有期权的员
工也不会损失什么。
当股价超过期权授
予的价格时，期权
的收益和股价呈线
性增长关系。

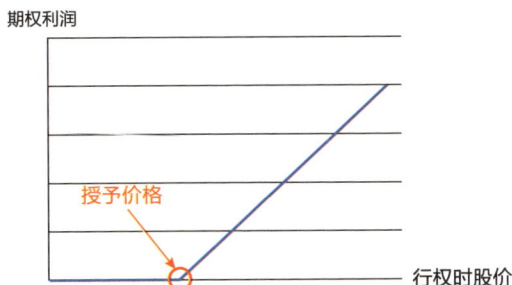

期权利润

授予价格

行权时股价

图 8.8　股权和期权利润的关系

依靠期权制度来进行的财富分配，财富来自投资人，而非公司本身
的利润，本质上是市场（投资人）对公司表现的一种反应，这和风
险投资"加倍投入"的道理其实是一样的。投资人在一开始对各种
技术和相应公司的前景所知甚少，因此他们并不需要做预测，时间
一长，公司的好坏就看得很清楚了。对表现好的公司予以肯定，投
资人会更多地买入这些公司的股票，这些公司的股价就会上涨，公
司所有者和员工都会有巨大的经济收益，公司因此而稳定，有可能
做得更好。而经营不善的公司，市场对它们的股票反应冷淡，员工
的期权就成了废纸，公司可能最终解体或被并购。于是，通过期权
制度，资本和资源就流向了表现好的公司。

期权是信息时代的分配制度，从公司内部看，是对增量的分成；从
公司外部看，是投资人通过资本对新技术和新技术公司的投票。这
种分配方式不仅将企业主、资本和劳动者的利益捆绑在一起形成了
合力，而且使得资源的使用效率得到了最大化。

3　扁平式管理

在一个公司里，要想合作顺畅，首先需要沟通顺畅，比如上级的指
令需要以最低成本下达，下面的反馈需要以最快速度上传，同事之
间坦诚而高效地沟通，分属于不同部门的合作者需要最快捷地交换
信息，这些都是保证合作持续稳步进行的基础。人与人之间的沟通，

从本质上讲是一种通信，是信息的传递。根据香农第二定律，信息传递的速率受制于带宽，一个公司有什么样的组织结构和管理方式，就决定了这个组织结构中沟通的带宽。

在传统的层级分明的树状管理结构中，信息是一层层下达的，如果汇报关系有六级，很多信息便要经过五次才能传递给基层员工，而且在传递的过程中，一些中层主管们还根据自己的理解或者从对自己有利的角度出发，曲解或者保留了公司最高层的本意。在硅谷的公司里，需要定期和不定期地召开全公司或整个部门的全员大会，这样就能以最低成本，快速且不失真地传递公司的精神。在硅谷以外的公司里，这种全员大会并不多，大部分时候都是公司的信息事先通知到管理层，再由管理层传达下去。

图 8.9　硅谷某公司的全员大会，形式相当随意

树状层级管理的另一个问题是，不同层级之间的员工在地位上有较大的差异，上级对下级有很强的支配权甚至是生杀予夺的权力，上下级之间很难做到无保留的坦诚沟通。下级习惯报喜不报忧，中层习惯欺上瞒下，最高层习惯保持神秘感。我们经常会看到公司里有这样的现象，下级怕挨上级"骂"，便隐瞒一些问题，结果原本不大的问题最后变成大麻烦。在通信上，这种有意无意藏匿或者歪曲一些事实的行为，相当于在要传输的信号中加入了人为的噪音，它们不仅使得信息失真，而且为了消除噪音，就需要反复沟通确认，导致信息的传输速率大打折扣。

层级分明的树状管理结构的另一大问题是部门之间沟通环节太多。每个部门都有着明确的边界，而且很多主管都把部门看作自己的私产，因此在两大部门内传递一个信息，有时需要层层上报，最后到两个部门的高层坐在一起商量出结果后，再层层下达。我在给国内一家大公司讲课时曾经讲过一个 IBM 的笑话——"把一个箱子从二楼搬到三楼需要多长时间？"答案是 4 个月。因为在管理规矩严格的 IBM，要搬这个箱子不能自己动手，必须由合同搬家公司来操作，而这件事又不能由员工直接找到搬家公司下任务单，因为搬家公司不会接受。总之，这个员工先要层层上报，得到有关部门批准后，再把指令下达给公司的物流管理部门，再由该部门通知搬家公司，最后搬家公司排出任务单，根据任务的优先级安排一个时间完成搬运工作。讲完这个笑话，听众都哈哈大笑，但是他们可能并没有意识到，这种现象在他们身边其实也比比皆是，只不过不是针对搬箱子的流程，而是部门间合作的流程。在那家公司里，一个部门想要采用另一个部门的研究成果，可是，提出需求的人无法直接找到对方具体做事情的人，因此他需要向自己的上级提出需求，他的上级，甚至是上级的上级，再找到对方平级的主管，表达来这个意愿后，如果对方不反对，才会通知下面具体做事情的人将成果分享出去。一来二去的，时间就耽搁了。

而我们所倡导的真正的扁平式管理是什么样的呢？除了层级总数减少以外，树状的结构还变成了格状甚至网状的结构。这种结构下，在公司的不同组织之间，存在很多虚拟的通道，使得信息能够直接传递，不必经过很多节点和关键路径。上下级之间能够坦诚交流，大大减少了通信过程中的噪音，信息传递快。当然，这种相互信任的前提是公司里不同层级的人之间没有太大地位上的差别。

有效的通信是需要有一个协议的，发送端和接收端在通信时都必须遵守协议，这样才能保证通信的正确性和系统之间的兼容性，否则就会出现错误。在公司内部进行沟通是需要协议的，这个协议就是一种契约精神，公司和员工之间是靠这种契约维系的，上下级之间、同事之间都是如此。

大工业时代和后信息时代下，公司内部沟通渠道之间的差异，有点像 20 世纪初的长途电话网络和今天的互联网之间的差别。前一种通信系统，由很多信道串行而成，当跨越北美大陆的第一个长途电话从纽约打到旧金山时，中间经过了 10 多次的转接才完成，在这个系列串行的路径上，每一段都是关键路径，中间任何一个环节出了问题，通信就中断了。而在后信息时代，扁平化管理的公司，其内部沟通渠道相当于互联网，一个信息从北京传到深圳，中间没有阻隔[10]，而且有多个渠道并行传递，不存在很多的关键节点和关键路径，沟通起来要顺畅得多。从本质上讲，扁平式管理的科学基础就是增加带宽，使沟通变得顺畅，合作变得容易（见图 8.10）。

10
中间虽然有路由器，但是在互联网的使用者看来它们是透明的。

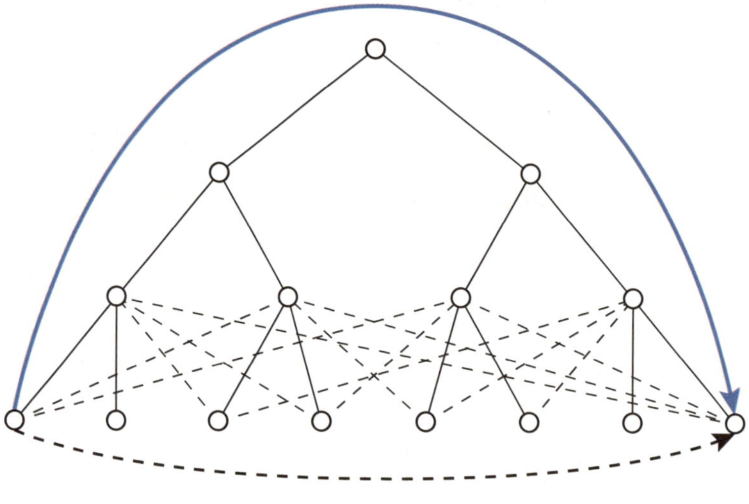

图 8.10　传统管理结构通常是严格树状的，不同部门之间的沟通渠道很长（实线）。硅谷 IT 公司在不同组织之间建立了网状联系，沟通要顺畅得多（虚线）

扁平式管理的另一个特点是分权，这一方面减少了不必要的通信，另一方面可以将最宝贵的资源（公司金字塔顶端管理者的时间）用于最重要的工作，将更容易获得的资源（中层主管的时间）用于相对次要一点的工作，这与霍夫曼编码原理相一致。

总之，扁平化管理拓展了公司内部的带宽，使得公司内部的合作更顺畅，才能做出最好的产品和服务。在大工业时代，效率来自于事先的规划和不断重复的操作；而在信息时代，效率来自于沟通的带宽，以及共同遵守的协议。

4　工程师文化

在风险投资界，瓦伦丁和多尔都是教父级人物，除了不断通过投资推出伟大的公司，他们还深刻地认识到工程师的价值，并且大力倡导工程师文化。在工程师和投资人之间，如果只是工程师不断强调自己的作用，未免有自吹自擂的嫌疑，而作为投资人，瓦伦丁和多尔等人对工程师的肯定，则让人感到更加客观公正，也更容易得到社会的认可。

在工程师文化的背后，有两个深层的含义。首先，资本变得相对次要，甚至生产资料也不像原来那么重要，而人的创造力则成为商业成功最重要的因素。在大工业时代，生产是确定的，有了生产资料和资金，加上可以用钱雇来的工人，在生产线的一头放上零件，另一头一定能得到产品。如果有两个人各自办公司做同一件事，一个人拥有更多的资本和生产资料，另一个人拥有的较少，不出意外，第一个人会在竞争中获胜。但是在信息时代，这种确定性却消失了，生产出什么东西，靠的是人的创造力，缺乏了这种创造力，资本和生产资料只会被浪费掉。那么再对比两个公司，如果一个公司有较多资本但是缺乏头脑，另一个公司资本只是够用但不缺头脑，那么肯定是后者赢。第二个深层的含义是，拥有专业知识的工程师本身被当作了基层管理者，公司这样看待他们，工程师们也是这样看待自己，这是后信息时代的特点。在工业时代，或者说在以资本为主导的时代，资本的拥有者在公司里是某种合伙人的关系。而到了信息时代，实际上掌握了知识和技能的人才是财富的拥有者。德鲁克认为，这些人其实相当于过去工业时代出资的那些合伙人，应该被看作管理者而非普通工人来对待。对于工程师的管理，一定不能用规定时间、规定具体工作的微观管理（Micro Management）方法，而要用任务导向，即把细节的决定权交给每一位工程师，只要他们按期交付任务即可。在硅谷，那些还采用传统微观管理方式做事的经理在 IT 公司里是做不长的，因为没有工程师会买他们的帐。而在我们这个时代以管理见长的优秀企业家，比如盖茨、格鲁夫和施密特，都是遵循德鲁克提倡的这种宽松的面对知识型员工的管理模式。在这样的环境中，工程师不仅得到了尊重，而且创造力也得到了最大程度的发挥。

在信息时代能够出现工程师文化，背后还有一个原因，那就是在信息社会人与人之间沟通带宽的增加，使得管理成本大大下降，销售成本也在不断下降，公司中层管理人员和销售人员的地位相对下降，间接地体现出工程师地位的上升。

5　不迷信权威

为什么人们会迷信权威，因为权威们掌握着别人不知道的、难以学习的而且具有通用性的理论或经验。比如在牛顿的年代，牛顿给出的公式可以预测日月星辰的位置，而没有掌握这项知识的人就没有这个能力。同样，利用牛顿力学原理制造出的瑞士机械表，可以使用上百年都不必调整日历。因此，人们迷信权威就很自然。

可是，到了今天很多时候所谓专家的话似乎就没那么灵验了。比如不少著名经济学家，包括诺贝尔奖得主，从十几年前就预测中国经济要崩盘，但至今仍未崩盘。当然有人会说或许以后将要发生，但这就像一座停着不走的钟，一天肯定有两次准确的报时。再来看看科技工业领域里专家的预言。2007 年，诺基亚时任 CEO 认为苹果的 iPhone 不会有多少人要，因为那些功能与电话无关，但是 iPhone 很快就开始风靡世界，而他却为自己的预言付出了惨痛的代价。2004 年，经济学家们预计驾驶汽车是计算机在短期内无法取代人的领域，按照当时的技术水平，确实很难想象这件事能在几十年内实现。然而，仅仅过了 6 年，2010 年《纽约时报》就报道 Google 的无人驾驶汽车已经在大街小巷和高速公路跑了十几万英里，而且没有出一次交通事故 [11]。

为什么专家的预期不再灵验呢？首先是因为在信息时代，信息量太大，不确定性太多。比如，要预测股市，可以参考的美国公布的主要经济学指标就有两万多个，任何专家都不可能为它们建立一个简单的模型，事实上大部分专家研究的指标不会超过 1%，即 200 个。因此，如果思维方式还是停留在机械时代，试图将一个简单的公式套用到不同的情况中得出结论，一定会碰壁。

其次是世界发展太快，以至于旧的知识很快就过时了，这是在过去工业时代所没有的现象。在瓦特之前的时代，效率非常低的纽卡门蒸汽机使用了半个多世纪都没有什么改进；在爱迪生发明了高效率的白炽灯后的一百多年里，发光效率和灯泡寿命一直没有明显的改进；录音磁带从发明到基本退出舞台，经历了 80 年左右的时间，原理基本上没有变化。因此，在那个时代，专家经验的积累很有用。甚至在信息时代早期，一个专家依然可以靠一项专业特长工作一辈子。比如，2000 年前后的数据库技术，和 80 年代初甲骨文以及 IBM 研发的关系型数据库没有本质上的差别。而 1993 年微软推出的 Windows NT，内核和 1969 年的 Unix 没有本质的差别。在 1998 年 Google 成立之前，文献搜索技术基本上还是基于 70 年代初斯巴克 - 琼斯（Karen Spärck Jones）的 TF IDF 技术。但是，今天这种现象就很难持续了。靠人为积累起来的经验对今后工作的指导意义，远不如掌握更新的信息收集和处理技术来得有效，与其让权威告诉你该怎么做，不如掌握最新技术后自己分析。

硅谷不迷信权威的第三个原因，是在信息时代，信息流通得非常快，加上 IT 精英普遍基本训练水平很高，那些头脑不受原有技术束缚的人，可以很快地获得和掌握最新技术。相反，很多过去技术领域中的专家，反而受固有思维影响，在接受新技术、新观念上没有年轻人快。这也是很多人认为硅谷地区是吃青春饭的原因。

不迷信权威的另一个原因与美国的教育有关。在美国的学校里，学生们从小被告知问题的答案可以有很多种，不一定存在一个标准的答案，也不是对或者错的答案，而是把答案分为一些好的和不好的。年轻人不会因为某个结论是专家告知的就盲从，而是有自己的判断和主见。

当然，硅谷不迷信权威的原因还有很多，但是归根结蒂，它是处在一个新的时代，一个需要新思维的时代。

6 拒绝平庸的背后

硅谷在蔑视权威时，并非是靠那些平庸的产品在低价格、低层次上竞争，而是必须拒绝平庸。这种做法的背后也有着和硅谷其他特征类似的科学道理，就是那个地区在无形中将最好的资源分配给了最好的个人和企业。

前面提到，硅谷地区的资源有限，生活成本和办公成本不断上升，图 8.10 反映了硅谷房价的变化，可以看出在过去 20 年里，硅谷中等价位的房价不断攀升，增长的幅度和持续的时间在美国都是绝无仅有的。而在背后支持这个房价持续上涨的原因，除了 2010 年后中国买家的介入外，主要是硅谷明星公司的财富以更快的速度积累所致。

在很多地区、很多行业，一些平庸的企业可以通过压低自己的利润去占领市场，或者在公司运营的效率上比同行做得稍微好一点就可

硅谷山景城房价中值和当地明星公司市值

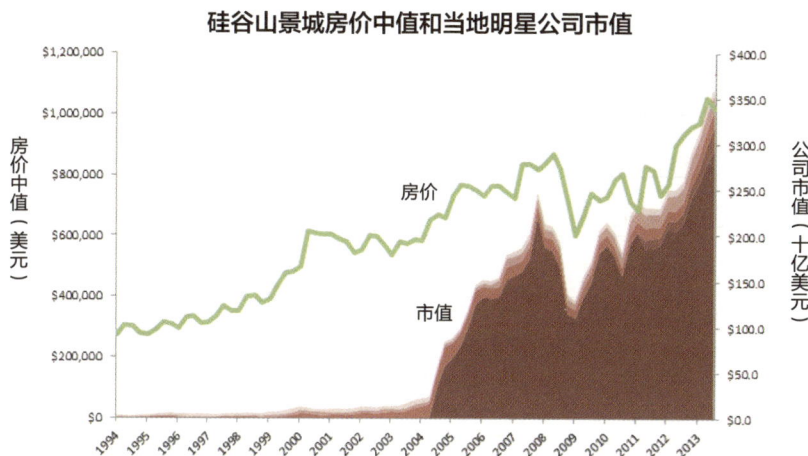

图 8.11　硅谷房价增长和明星公司（包括 Google、领英等）财富增长的对比（数据来源：RedFin）

以了，但是这一点在硅谷行不通。硅谷的企业不仅要和同行竞争，还要跟来自硅谷不同行业的其他公司竞争，仅比同行好一点远远不足以在硅谷立足。比如 Google 在搜索、浏览器和云计算上跟微软有明显的竞争，和 Facebook 其实在服务上重合度并不高，而和移动互联网的租车公司 Uber 在业务上更多的是互补不是竞争。但是，Google 如果仅仅是在竞争中胜出微软一筹是没有用的，因为它的人员会流失到 Facebook 和 Uber 去，因此 Google 的竞争对手反而是后面这两家。2008—2010 年间，Google 在盈利上一直稳步增长，在和雅虎、微软甚至苹果等大公司的竞争中也不落下风，但是核心员工不断流失到 Facebook 去，而且在股市上的表现也不佳。尽管 Facebook 并没有太影响到 Google 的营收，但这依然迫使 Google 做了公司成立以来最大的一次管理结构调整，将自己变成了若干个更小更有活力的产品领域（Product Areas）。调整之后，Google 在同 Facebook 的竞争中便不再落下风了，很多离开 Google 到 Facebook 的员工又回流到 Google 了。但是，在 2014 年底—2015 年初，Google 又面临着 Uber 和 Airbnb 这种未上市公司的挑战，不少高管离职加入那些业务和 Google 无关的尚未上市的公司，

这导致 Google 做出
了第二次重大调整，
它将搜索等老业务
与安卓、智能家居
Nest、创新实验室
X Lab 等新业务分
成两个独立的公司，
以保证新业务更具
竞争性。

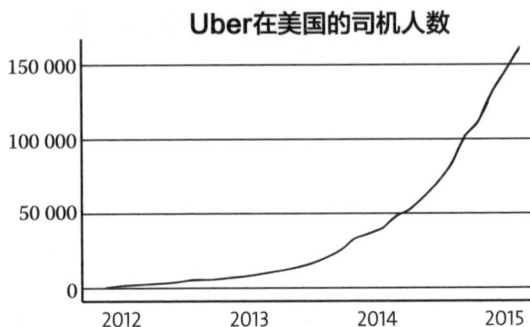

Uber在美国的司机人数

图 8.12　Uber 在美国成长的速度，呈指数增长态势

在硅谷地区生存，无论是企业还是个人都需要追求卓越，拒绝平庸，否则就会被淘汰。在这种情况下，它们能做的就是不断在技术和产品上更新换代。如果我们把硅谷本身比喻成一个最大的风险投资机构，那么它其实是在采用我们前面讲到的类似霍夫曼编码的方法，不断地将资源从表现不好的公司里拿走，再重新分配给那些最有发展潜力的新公司。

第四节　大数据思维和互联网思维的本质

不确定性在身边无处不在，不是利用公式就能预测的，消除对未来不确定性方法的唯一途径就是引入信息，这既是信息论的灵魂，也是今天所提倡的大数据思维的理论基础。关于大数据本身，并不是这里要讨论的内容，不过我们可以透过人类在探索机器智能的道路上如何从机械思维方式转到大数据思维方式，来说明后一种方法论对科技产业发展所起的决定性作用。

1　大数据思维的科学基础

自从 1946 年电子计算机诞生以来，人类一直在思考这样几个问题：机器是否能有类似于人一样的智能？ 1956 年，美国一些当时还很年轻后来都非常有名的科学家（包括香农、明斯基、西蒙等人）在达特茅斯学院提出了人工智能的概念和设想。但是到底应该怎么做？这些科学家当时并没有一个明确的思路。在接下来的 15 年里，人们实际上是按照机械思维的惯性在发展人工智能，也就是试图利用一些确定的规则把人的思维方式描述清楚。因此，那时的人工智能研究都是采用基于规则的方法。经过了十多年的努力，这种研究方法走入了死胡同。

在机器智能的发展史上，信息论专家贾里尼克（Frederick Jelinek，1932—2010）是一个划时代的人物，他的贡献在于从信息论出发，将很多人工智能问题变成了通信的问题，并且通过数据驱动的方法，解决了语音识别、机器翻译等很多问题，奠定了我们今天利用计算机理解自然语言的基础。

在贾里尼克之前，采用传统的基于规则的人工智能方法，计算机只能识别一两百个单词，错误率还高达 30%，这样的技术完全无法实用。1972 年贾里尼克在 IBM 做学术休假期间，采用数据驱动的方法，将语音识别的错误率从 30% 左右降到 10% 以下，而且能够识别两万多个英语单词。这样，语音识别才得以从实验室走向实际应用。

在个人电脑刚刚起步的 80 年代，即使是超级计算机，处理能力也很有限，这种依靠大量数据而非人为设定的规则来解决问题的思维方式，还不是每一个学者都能够认识清楚的。但是在 90 年代以后，数据的优势就凸显出来了。从 90 年代中期开始到之后的 10 年里，语音识别的错误率减少了一半，而机器翻译的准确性[12]提高了一倍，其中 20% 左右的贡献来自于方法的改进，而 80% 则来自于数据量的提升。从 2000 年到 2015 年，越来越多的所谓智能问题，比如医学影像的识别和理解、无人驾驶的汽车、计算机阅读法律文献、计算机自动回答问题，等等，相继被解决，主要依靠的是大量多维度甚至非常完备的数据的使用。大数据的概念就是在这样的基础上被提

12
根据一种被称为 BLEU Score 指标衡量。

出来的。

大数据的完备性可以实现过去只有人才能完成的复杂任务，比如 Google 的无人驾驶汽车便是一个很好的例子。无人驾驶汽车本质上是一个机器人，过去全世界学术界几十年都没有能做成这件事情。在 2004 年，经济学家们还认为司机是计算机难以取代人的几个行业之一。当然，他们不是凭空得出这个结论的，除了分析了技术上和心理上的难度外，还参考了当年 DARPA 组织的自动驾驶汽车拉力赛的结果——当时排名第一的自动驾驶汽车花了几小时才开出 8 英里，然后就抛锚了。但是，Google 仅仅花了 6 年时间就完成了自动驾驶汽车这件看似不可能的任务。为什么 Google 能在不长的时间里做到这一点呢？最根本的原因是采用了与以往的科学家们都不同的思维方式——将机器人的问题变成了一个大数据的问题。

首先，自动驾驶汽车项目是 Google 街景项目的延伸，Google 自动驾驶汽车只能去它"扫过街"的地方，而在行驶到这些地方时，它对周围的环境是非常了解的，这就是大数据完备性的威力。而过去那些研究所里研制的自动驾驶汽车，每到一处都要临时识别目标，这是人的思维方式。其次，Google 的自动驾驶汽车上面装了十几个传感器，每秒钟几十次的各种扫描，这不仅超过了人所谓的"眼观六路，耳听八方"，而且积攒了大量数据，对各地的路况，以及不同交通状况下车辆行驶的模式都有准确的了解，计算机学习这些"经验"的速度则比人快得多，这是大数据多维度的优势。这两点是过去学术界所不具备的，依靠它们，Google 才能在非常短的时间里实现汽车的自动驾驶。

大数据的重要性在于它不仅仅是一种技术手段，更是一种思维方式，这从 Big Data 这个词本身就能看出来。在英语里 Big 和 Large 都是大的意思，但是为什么大数据不叫 Large Data 呢？这里面 Big 和 Large 两个词有细微的差别，Large 相对具体，是体量大的意思，比如说一个大桌子（a large table），而 Big 是相对抽象的概念，是对应于小的大。Big Data 更多地是一种思维方式。它打破了我们过去做事情时一定要根据因果关系，先知道原因，后知道结果的惯例，而是直接通过大数据分析找到结果，反过来寻找原因。今天很多互联网公司的产品就是基于这个思路开发的，比如 Google 的搜索结果排序、广告推荐，亚马逊和淘宝的商品推荐，等等，都是基于对大量用户数据（尤其是点击数据）的分析直接得到结论，至于是什么原因，这些公司并不关心。

在过去的 50 年里摩尔定律（到 2015 年，正好是摩尔定律提出 50 年）是世界科技和经济发展的最强动力，因为整个信息时代都是用半导体芯片把每一个行业重新打造一遍，并且衍生出很多新行业的过程。在未来二十年，则将从摩尔时代转变到大数据时代，也就是说，谁拥有了数据谁就是王者。而在这背后，根本的动力就是利用信息消除各种不确定性。大数据的重要性在于它不仅仅是一种技术手段，更是一种方法论，也就是说，我们必须摒弃过去那种依靠规则，强调因果关系的机械做事方式，变成利用信息解决问题的方式。

综上，大数据的科学基础就是信息论。

2　互联网思维的科学基础

互联网思维的科学基础其实是香农第二定律，该定律指出，任何时候信息传播的速率都不可能超过通信信道的能力，即带宽。在世界范围内，传播的信息既包括新闻媒体信息，也包括影视文化信息，还包括商品广告信息。这导致了足不出户而知天下事，促成了全世界文化大融合以及跨国公司的崛起。

我们先来看看带宽对商业的影响。在农耕时代，做生意要靠口口相传，品牌的创造和生意的达成非常慢，因为商家和外面沟通的带宽太窄，而客户也只能了解周围的商业信息，大部分生意都是在本地做。因此，农耕时代是不可能出现一个全球性品牌的。工业革命之后，广告的出现可以让一些商家拓宽推广的渠道，其实相当于增加了对外沟通的带宽，而铁路网络和电话网络的出现则大大缩短了人与人的距离，也相当于进一步增加了商家对外做生意的带宽，一些厂商得以将自己的产品卖到全世界。

但是，在近代商业刚刚起步的时候，信息流通的带宽依然不足以畅通无阻地进行文化沟通，不同国家之间有着文化的隔阂，各国商品在海外的推广成本还是很高的。比如西方人要将咖啡卖到亚洲困难重重，这并不是因为成本、运费和价格等原因，而是因为亚洲人过去没有喝咖啡的习惯，很长时间里亚洲国家只有比较西化的上层人士才有喝咖啡的习惯。要想让亚洲人普遍接受咖啡，就需要输出文化，而当时通信的带宽不足以让文化在短时间内传播到世界各地。

到了第二次工业革命之后，即人类进入 20 世纪时，各种大众媒体的出现，使得企业对外宣传和与顾客沟通的带宽不断增加，各种文化信息开始得以在全球传播。带宽的增加也给音乐这个最古老的娱乐和艺术带来了革命性的变化。在收音机和唱片出现之前，人们只能到音乐厅（或者戏园子）观看表演者的现场表演，这样就只有少数人有机会享受世界上最高水平的表演。在欧洲听过肖邦钢琴演奏的恐怕只有数百人而已，听过李斯特钢琴演奏的也不过数万人。同样，在中国清代，看过最好的京剧演出的人也只能在万这个数量级。这样，一方面大众无法享受到一流的表演，另一方面却为二流甚至三流音乐从业人员提供了生存空间。但是，当留声机等产品，尤其是激光唱机和高保真音响出现后，普通百姓在家就能欣赏到 20 世纪最好的钢琴家鲁宾斯坦演奏的肖邦的《波罗乃兹舞曲》和《练习曲》，或者京剧大师梅兰芳演唱的《贵妃醉酒》。一方面，优秀的文化得以快速传播，从此有了一个新的行业——娱乐传媒业，另一方面使得二流和三流的艺术家生计成了问题。和很多产业一样，电的出现引发了赢者通吃的马太效应。带宽的增加还大大加速了各国文化的碰撞与融合，比较典型的例子就是影视音像业的迅速发展。在 20 世纪 40 年代的中国，好莱坞的电影已经在大城市里非常流行，通过这些电影，中国的城市居民能了解到远在欧美的世界是什么样的。这时全球的通信带宽，已经可以满足文化交流了。

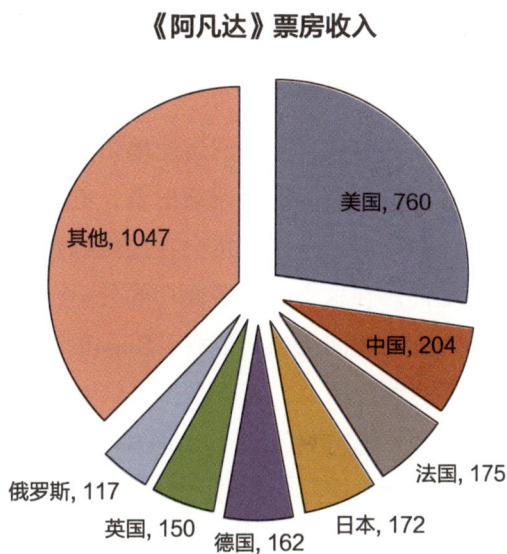

《阿凡达》票房收入

图 8.13　电影《阿凡达》在美国和世界其他地区票房收入对比

当带宽增加到文化信息和商品信息可以同步传播时，星巴克和麦当劳进入中国的大街小巷就成为了必然，而中国人对一些好莱坞明星的追捧甚至超过美国本土。而《泰坦尼克号》和《阿凡达》这些好莱坞影片在中国的票房收入则高过同时期任何一部本土的影片。事实上，《阿凡达》73% 的票房收入来自美国之外的国家和地区（见图 8.13）。

不过，在整个工业时代，带宽的费用还是相当昂贵的，要让一个小商家通过现代媒体将自己的商品信息传播出去几乎不可能。因此，在流通环节便出现了代理商或者批发商这样的中介，他们一边联系那些小的生产者，一边联系终端客户。在文化领域也是如此，很多艺术造诣很高但不知名的艺术家难免不被埋没。而那些被媒体捧红的艺术家则可以赢者通吃，这也使得很多人诟病在大工业时代，艺术中的商业化气息太浓了。在那个时代，商业的准则和公司所制定的销售策略都是围绕着渠道设定的，比如代理商制度，细分市场的原则。现在很多人抱怨商场里的商品价格太高，其实就是因为渠道的控制力太强，或者说带宽被它们所控制了。

到了互联网时代，互联网迅速地拓宽了生产者或者服务提供者和消费者之间的带宽。通过搜索引擎、电子商务或者社交网络，小商家和个体劳动者第一次有机会直接接触到全世界的终端用户，反过来也是如此。在这个时代最成功的公司，本质上做的都是同一件事：增加人和人之间交流的带宽。Google 和百度是靠将小广告主的商品信息送达终端用户，亚马逊、eBay 和阿里巴巴虽然所处的行业不同，但是提供的信息相似，而 Facebook 和腾讯则是增加了任何人之间直接沟通的带宽。

互联网的出现使得文化的传播进一步加速，iPhone 的快速推广，各种在线视频的传播，与其说是商业行为，不如说是一种文化迅速地抵达了另一个遥远的国度。在工业时代，一个文化的传播一直是阶梯型层层递进的 —— 从产地开始一级级向远处的市场推进，因为当时的带宽限制了各种信息的传播速度。但是到了信息时代，带宽迅速增加，渠道的阻塞现象消失，一种文化风潮可以迅速传遍全世界，比如韩国鸟叔的表演和芬兰游戏"愤怒的小鸟"，几乎都是一夜间风靡全球。在这样的传播速度下，各种新的产品和服务有望在几乎同一时间抵达全世界。这也导致了很多跨国公司甚至是小公司做事方式的改变，比如我们在前面讲到硅谷公司总是从一开始就设计服务于全球的产品，其背后的技术保证是，在信息时代通信带宽大大增加，如果不能迅速为全球设计产品，那么竞争对手会很快抵达在地理上处于远方的市场。而在大工业时代，这种必要性并不明显。

互联网思维的另一个特点，是因为带宽的增加使得网络效应远远超过了在工业时代对物质拥有的重要性。在工业时代，一个租车公司想要挣更多的钱，就需要拥有更多出租车，有更多的服务网点，对于其他类似的服务也是如此，比如连锁酒店总是通过并购拥有更多的客房，快餐店试图让更多的小店加盟。但是到了互联网时代，商业模式发生了变化，链接变得最为重要。Google 不拥有任何内容，却是全球访问量最大的互联网公司，Uber 或者中国的滴滴出行不拥有一辆出租车，却拥有各自国家最多的乘客，Airbnb 不拥有一间客房却拥有全球最多的旅客。这些都凸显出链接的重要性，而硅谷很多公司成功的秘诀恰恰是有意无意间适应了从工业时代到信息时代这种思维方式的转变。

由于带宽不断增加，各种产品和服务可以做到越来越个性化，这在互联网之前是不可能的事情，因为人类的通信网络无法传递那么大量的个性化信息，但是，这件事在今天正在变成现实。一个很简单的例子就是互联网广告。过去的广告都是通过广播的方式传递的，这是因为当时没有足够的带宽和计算机处理能力，无法为每一个人传送特定的广告。但是今天，这种个性化的广告在互联网上到处都是，而明天，可以预见电视广告也将是个性化的。这种由于带宽增加为通信带来的便利，将改变过去大批量制造的商业模式，也将改变人们做事的思维方式。

因此，互联网思维的本质也是信息论。

结束语

对于信息时代企业和商业出现的各种现象，很容易用控制论、信息论和系统论解释清楚。在信息时代，最重要的是信息的获取、利用和传播，而其后的科学基础则是香农的几个定律，这就如同在工业时代机械思维方式的科学基础来自于牛顿力学一样。硅谷有幸诞生在三论提出之后，采用了一种全新的方法论来指导其发展，这是硅谷成功的根本原因。类似地，以色列也是在三论之后诞生的，恰好免除了很多大工业时代的限制。

硅谷成功的奥秘对于中国的借鉴意义在于，我们需要使用一种全新的思维方式来考虑信息时代乃至后信息时代的信息产业和商业。机械的思维虽不能说是已经完全过时了，但是仅仅依靠它远远不能适应今天快速变化的社会发展。我们必须承认各种不确定性，利用数据和信息消除它们，而不是采用过去那种来自顶层的设计方式去解决问题。我们更多地需要采用一种自底向上，依靠反应而不是预测的工作方式。在公司内部的合作和外部商业的拓展上，我们必须最大限度地利用不断拓宽的信道，提高效率，降低成本。当然，在这一切之上，想象力和创造力是必不可少的。

附录　三论概述

1　维纳和控制论

诺伯特·维纳被誉为 20 世纪的神童之一。1894 年，维纳出生于一个俄裔犹太人的家庭，父亲是哈佛大学的教师。维纳从小智力超常，3 岁可以读写，3 年读完中学，12 岁申请大学时，他父亲为了不显得张扬，也为了保护他，没有让他报考哈佛大学，而是选择了哈佛北边 10 英里外的塔夫茨大学（Tufts University）。维纳 15 岁时获得数学学士学位，同年被哈佛研究生院录取，攻读动物学，但是一年后他又转入康奈尔大学攻读哲学，然后又转回到哈佛继续攻读哲学，18 岁就获得了哈佛大学的逻辑学博士学位。从维纳的求学经历来看，他在科学领域涉猎非常广泛。

在哈佛的最后一年，维纳到欧洲游学，他先在剑桥跟着逻辑大师罗素学习，后来又到了哥廷根大学跟随数学大师希尔伯特学习。回到美国后，维纳先在哈佛教授哲学，之后又在麻省理工学院教授数学，据说他的课讲得并不好。维纳一生的经历相当丰富，年轻时还做过报社记者，后来先后来到澳大利亚的墨尔本大学和中国的清华大学短期任教。在清华大学期间，他还指导过华罗庚等人的工作。后来在自述中，他将在清华任教的 1935 年作为开创控制论的起点。二战期间，维纳在研究火炮控制方面的工作，对通信理论和系统反馈产生了兴趣，这最终促成了控制论的诞生。

控制论的本质可以概括为下面三个要点。

首先，维纳突破了牛顿的绝对时间观。按照绝对时间观，时间是绝对恒定的物理量，比如昨天的一小时和今天的一小时是一样的，昨天出去玩了一小时没有做作业，今天多花一小时补上就可以了。维纳采用了法国哲学家伯格森的时间观，即 Duree 这样一个概念，译作中文时被称为"绵延"，意思是说，时间不是静态和片面的，事物发展的过程不能简单拆成一个个独立的因果关系。比如昨天浪费了一小时，今天多花了一小时做作业，就少了一小时休息，就可能造成第二天听课效果不好，因此浪费一小时和没有浪费一小时的人，其实已经不是同一个人了。如果我们把这种观点应用到企业管理上，那么工厂主强制员工在某一天加班一小时，未必能够多生产出通常一小时产生的产品，因为多加班一小时的员工们已经不是原本的员工了。

其次，任何系统（可以是我们人体系统、股市、商业环境、产业链，等等）在外界环境刺激（也称为输入）下必然做出反应（也称为输出），然后反过来影响系统本身。比如在资本市场上，购买一种股票，就会导致其股价被一定程度地抬高。正因如此，根据过去的经验或者任何已知的信号去操作当下的股市，都不可能达到预期，因为当你觉得便宜时进行购买，而这个行为本身抬高了股价，使你赚不到预想的收益。在维纳看来，任何系统，无论是机械系统、生命系统，乃至社会系统，撇开它们各自的形态，都存在有这样的共性。

为了维持一个系统的稳定，或者为了对它进行优化，可以将它对刺激的反应反馈回系统中，这最终可以让系统产生一个自我调节的机制。比如上百层楼高的摩天大厦，在自然状态下会随风飘摆，顶层的位移会在一到两米之间，在大楼的顶上安装一个非常重的阻尼减振球，让它朝着与大楼摇摆相反的方向运动，大楼顶端漂移（输入）得越多，它往相反方向运动（输出）也越多，而这种反方向的运动反馈给大楼，最终会让大楼稳定。在管理上，一个组织为了保证计划的实现，就要不断地对计划进行监控和调整，以防止偏差继续扩大。

2　香农和信息论

克劳德·香农和维纳一样，也是 20 世纪一位全才型科学家。他早在硕士期间就提出了利用布尔代数设计数字电路的原理，这成为后来计算机和其他数字电路设计的基础。香农因此在 24 岁时就获得了诺贝尔协会美国工程师奖，这是当时给美国工程师的最高奖。同年（1940 年），他被聘为普林斯顿高等研究院的研究员，成为冯·诺依曼和爱因斯坦的同事。二战期间，香农研究火炮的控制和密码学，在这个过程中他发现了后来成为信息论的基本概念和框架体系。香农是第一个认为密码学和通信都是数学问题的人，并且奠定了密码学和通信领域完备的数学基础。

1948 年，香农发表了他在二战前后对通信和密码学进行研究的成果，这就形成了日后的信息论。信息论是用于度量信息以及利用概率论阐述通信理论的新兴学科。在香农之前，没有人懂得如何量化地度量信息。香农借用热力学中熵的概念来描述信息世界的不确定性，并且将信息量和熵联系起来。香农指出，若要想消除系统内的不确定性，就要引入信息。

在信息论中，最重要的是香农的两个定律。香农第一定律又称香农信源编码定律，其意义在于可以将信号源内的符号（信息）变成任何通信的编码，而当这种编码尽量地服从等概率分布时，每个编码所携带的信息量达到最大，进而能提高整个通信系统的效率。霍夫曼在香农第一定律指导下提出的霍夫曼编码，是一种常用的最优化编码，其本质反映了将最好的资源（最短的编码）给予最常见的情况。

香农第二定律定量地描述了一个信道中的极限信息传输率和该信道能力（带宽）的关系。在香农之前，人们不懂得信道能力或者带宽的概念。比如在设置无线电台时，大家不知道为什么两个电台频率太接近了就要产生干扰，而是简单地以为是频率调制得不够精确。香农第二定律指出，当两个电台频率太接近时，其带宽就非常窄了，信道的容量非常低了，当它低过传输率时，就会出现信息的传输错误，其表现就是有干扰而听不清楚内容，此时将频率调得再准也没用。在香农提出他的第二定律之后，通信行业就有了理论基础。

值得一提的是，在信息论中有一个最大熵原理，大意是在对未知事件发生的概率分布进行预测时，我们的预测应当满足全部已知的条件，而对未知的情况不要做任何主观假设。我们平时常说的"不能把鸡蛋放在一个篮子里"就是这个道理。如欲了解最大熵原理的更多细节，可以参看拙作《数学之美》。

3　系统论

一般认为，1948 年奥地利生物学家贝塔朗菲出版的《生命问题》一书，标志着系统论的问世。虽然系统论源于对生物系统的研究，但是它适用于各种组织和整个社会。贝塔朗菲和其他系统论的奠基人[13]主要的观点如下。

13
布里渊、薛定谔和普利高津等人。

首先，一个有生命的系统和非生命的系统是不同的。前者是一个开放的系统，需要和外界进行物质、能量或者信息的交换。后者为了其稳定性，需要和外界隔绝，才能保持其独立性，比如一瓶纯净的氧气，盖子一旦打开，就和周围环境中的空气相混合，就不再是纯氧了。

其次，根据热力学第二定律，一个封闭系统总是朝着熵增加的方向变化的，即从有序变为无序，比如一杯冷水和一杯热水相混合，变成一杯温水，这是无序状态。用香农的理论来描述，也即一个封闭的系统的变化一定是不确定性不断增加。如果我们把一个公司或者一个组织看成是一个系统，如果它是一个封闭系统，一定是越变越糟糕。相反，对于一个开放的系统，因为可以和周围进行物质、能量和信息交换，有可能引入所谓的"负熵"，这样就会让这个系统变得更有序。最初薛定谔等人用负熵的概念来说明为什么生物能够进化（越变越有序），后来，管理学家们借用这个概念来说明一个公司或组织在外界环境的影响下，可以变得更好。中国的俗话"他山之石、可以攻玉"就是这个道理。这从某种角度解释了一个地区为什么近亲繁殖会道路越走越窄，而引入外来文化才有可能不断进步。

最后，对于一个有生命的系统，其功能并不等于每一个局部功能的总和，或者说将每一个局部研究清楚了，不等于整个系统研究清楚了。比如熟知人体每一个细胞的功能，并不等于研究清楚了整个人体的功能。这种理念和机械思维中的"整体总是能够分解成局部，局部可以再合成为整体"的思路完全不同。

参考文献

1. Jerry Sullivan, Coral Snodgrass. Tolerance of executive failure in American and Japanese organisations. Asia Pacific Journal of Management，1991，8 (1)：15-34.

2. 埃里克·布林约尔松，安德鲁·麦卡菲.与机器赛跑.闫佳，译.电子工业出版社，2014.

3. 彼得·格鲁克.卓有成效的管理者.许是祥，译.机械工业出版社，2005.

4. 埃里克·施密特，乔纳森·罗森伯格.重新定义公司：Google 是如何运营的.靳婷婷，陈序，何晔，译.中信出版社，2015.

5. 科弗·托马斯.信息论基础.阮吉寿，张华，译.机械工业出版社出版，2008.

6. 维纳.控制论：或关于在动物和机器中控制和通信的科学.郝季仁，译.北京大学出版社，2007.

7. L·贝塔兰菲.一般系统论.秋同，袁嘉新，译.社会科学文献出版社，1987.

索 引